Katharina Köberl

Marek Sitner

Starthilfe Strafrecht

manual

Katharina Köberl
Marek Sitner

Starthilfe Strafrecht

Allgemeiner Teil I

80 Kurzfälle samt Lösungen
Exkurse für Fortgeschrittene

3., aktualisierte Auflage

Wien 2020

facultas

Die Autoren:

KATHARINA KÖBERL promovierte 2018 im Bereich des Medizinstrafrechts und war Universitätsassistentin am Institut für Straf- und Strafprozessrecht in Wien. Sie ist mittlerweile in einem Informationsdienstleistungsunternehmen tätig und publiziert im Straf- und Medizinrecht.

MAREK SITNER arbeitet in einer Rechtsanwaltskanzlei in 1010 Wien, ist Doktorand im Bereich des Medizinstrafrechts, Autor zahlreicher Fachpublikationen und hält Kurse und Vorträge im Bereich des Straf- und Strafprozessrechts.

Bibliografische Information Der Deutschen Bibliothek

Die Deutsche Nationalbibliothek verzeichnet diese Publikation in der Deutschen Nationalbibliografie; detaillierte bibliografische Daten sind im Internet über http://dnb.d-nb.de abrufbar.

3., aktualisierte Auflage 2020

facultas Universitätsverlag, 1050 Wien, Österreich
Satz: Wandl Multimedia-Agentur
Druck: Facultas AG
Printed in EU
ISBN 978-3-7089-2039-9
e-ISBN 978-3-99111-166-5

Inhalt

Vorwort zur 3. Auflage

Liebe Studierende, Leserinnen und Leser!

Wir haben die letzten Jahre zum Anlass genommen und Feedback sowie Erfahrung aus unseren Vortragstätigkeiten und Rückmeldungen zu diesem Buch zusammengetragen, um es zu überarbeiten.

So bietet das vorliegende Lehrbuch für Studierende an allen österreichischen juristischen Fakultäten einen umfassenden Überblick über einen der wichtigsten Grundpfeiler des Strafrechts, nämlich den Allgemeinen Teil 1.

Von Anfang an haben wir es uns zur Aufgabe gemacht, vor allem das Verständnis und das notwendige „*Fingerspitzengefühl*" für strafrechtliche Probleme zu vermitteln und wir freuen uns, zahlreiche positive Berichte bekommen zu haben und, dass unser Werk Eingang in Lehrveranstaltungen in ganz Österreich finden konnte und somit Bestandteil der fundierten und erfolgreichen Vorbereitung ins Strafrecht wurde.

Dennoch arbeiten wir ständig an einer Optimierung, um eine gezielte und kompakte Prüfungsvorbereitung sowie einen reibungsfreien Einstieg in die Materie „*Strafrecht*" zu ermöglichen. Hierfür sind wir auch weiterhin auf dein/Ihr Feedback angewiesen und haben zu diesem Zweck eine Mailadresse erstellt, unter der wir Verbesserungsvorschläge entgegennehmen.

Über Rückmeldungen und Verbesserungsvorschläge freuen wir uns

strafrecht@jus-starthilfe.at

Katharina Köberl
Marek Sitner

1. Kapitel
Einführung

1. Fallprüfungsschemata

Strafrechtliche Delikte werden immer nach einem gewissen Stufenbau („*Schema*") geprüft. Dieser Aufbau sollte auch bei der Prüfung immer eingehalten werden. Hierbei dienen die in diesem Buch abgedruckten „*Fallprüfungsschemata*" als Aufbau- bzw. Orientierungshilfe.

Da die Delikte im Einzelnen im Besonderen Teil des Strafrechts behandelt werden, sollte der Besondere Teil des Strafrechts immer gleichzeitig mit den Fallprüfungsschemata gelernt werden.

Dabei gilt es zu beachten, dass alle Schemata im Wesentlichen immer gleich aufgebaut sind und aus den vier Hauptebenen – „*Tatbestand*", „*Zurechnung*", „*Rechtswidrigkeit*" und „*Schuld*" – bestehen.

Diese Ebenen können erneut unterteilt werden. So besteht die Ebene „Tatbestand" aus dem „objektiven Tatbestand" und dem „subjektiven Tatbestand". Die Ebene „Zurechnung" besteht aus den Elementen „*Kausalität*", „*Adäquanz*", „*Risikozusammenhang*", „*Risikoerhöhung gegenüber rechtmäßigem Alternativverhalten*".

Leider dürfen diese Schemen und Ebenen nicht schlicht *auswendig* gelernt werden. Zu beachten gilt es nämlich, dass nicht jedes Delikt die Prüfung eines jeden Elementes des Fallprüfungsschemas benötigt.

Ob ein Täter etwa ein Beamter ist, spielt zB bei der isolierten Prüfung des einfachen Diebstahls (§ 127 StGB) keine Rolle. Bei einem Sonderdelikt hingegen (man denke etwa an das Delikt „Amtsmissbrauch") wäre jedoch die Beamteneigenschaft ausdrücklich zu prüfen.

Obwohl die Schemata im Großen und Ganzen immer gleich sind, variieren die weiteren Ebenen eines Schemas von Delikt zu Delikt.

Um zu wissen bei welchem Delikt man welche Ebene eines Schemas prüft, muss der AT 1 im Zusammenspiel mit dem BT gelernt werden. Denn ohne zu wissen, dass etwa § 302 StGB ein besonderes Tatsubjekt (= besondere Merkmale der Person des Täters) erfordert, weiß man nicht, dass man im Rahmen des objektiven Tatbestandes dieses besondere Tatsubjekt anführen muss.

An dieser Stelle gilt es auch anzuführen, dass es Ebenen eines Prüfungsschemas gibt, die nur zu prüfen sind, wenn diese im Sachverhalt problematisch erscheinen. Dies betrifft zumeist die Ebenen „*Rechtswidrigkeit*" und „*Schuld*".

☞ **Info:** Unter „zu prüfen“ ist immer eine „ausführliche Begründung“ zu verstehen.

Wenn daher im Sachverhalt der Täter das Opfer plötzlich grundlos erschießt, erübrigt sich eine tiefere Beschäftigung mit der Rechtswidrigkeitsebene. Es reicht hierbei der Verweis in der Falllösung, dass die Rechtswidrigkeitsebene *„unproblematisch“* ist.

Da der richtige Aufbau einer strafrechtlichen Falllösung essentiell ist, werden im vorliegenden Lehrbuch die einzelnen Schemata tabellarisch skizziert und sollten von Anfang an verinnerlicht werden.

Zu beachten ist, dass zwischen den österreichischen Universitäten der Aufbau der Schemata (geringfügig aber dennoch) divergiert.

Es wird daher empfohlen sich mit dem von der jeweiligen Universität präferierten Aufbau der einzelnen Elemente eines Schemas auseinanderzusetzen. Es handelt sich hierbei jedoch nicht um inhaltliche Abweichungen, sondern um eine Abweichung, in der Reihenfolge der einzelnen Elemente, weshalb das vorliegende Lehrbuch für alle Universitäten gleichermaßen geeignet ist.

Die Universität Salzburg prüft die Ebene „Zurechnung“ etwa zwischen den Elementen *„objektiver Tatbestand“* und *„subjektiver Tatbestand“*, wobei die Universität Wien zumeist abhängig ist dies auch vom jeweiligen Prüfer/der jeweiligen Prüferin die Zurechnung erst im Anschluss an den *„subjektiven Tatbestand“* prüft.

2. Sachverhalt nicht hinterfragen

Wichtig ist, dass der Sachverhalt in einem Fall nicht zu hinterfragen ist. Das Beweisverfahren soll den Gerichten überlassen werden und ist nicht Gegenstand der Prüfung.

Dem Sachverhalt soll weder etwas unterstellt werden, noch soll eine Information aus dem Sachverhalt übergangen werden. Jedes Wort des Sachverhaltes hat eine Bedeutung und die darin zu lesenden Informationen sind als Tatsache hinzunehmen, auch wenn etwas unglaubwürdig oder unrealistisch erscheint. Dies haben akademische Musterfälle so an sich.

Es wird in diesem Zusammenhang empfohlen gleich zu Beginn einer jeden Falllösung alle Zahlen einzukreisen, um während der Prüfung eine solche Angabe nicht zu übersehen.

Sind nämlich *Jahreszahlen* angegeben, deutet dies eventuell auf eine Verjährungsproblematik hin. Ist das *Alter* der Protagonisten angegeben, könnte etwa das JGG zur

Anwendung kommen. *Promilleangaben* deuten darauf hin, dass die Schuldfrage genauer zu beleuchten sein wird.

Sind keine Promilleangaben angeführt, wird jedoch beschrieben, dass der Täter (etwa) Cannabis geraucht hat, so ist die Zurechnungsfähigkeit nur dann zu verneinen, wenn hierfür im Sachverhalt ein Hinweis vorhanden ist. Der Umstand eines Alkohol- oder Suchtgiftkonsums allein ist noch nicht ausreichend, um umgehend und ohne weitere Hinweise eine Schuldunfähigkeit anzunehmen (näheres im Kapitel „*Schuld*").

Umgekehrt muss man sich nicht mit der Frage einer Alkoholisierung der Täter auseinandersetzen, wenn im Sachverhalt kein Hinweis darauf zu finden ist, dass eine solche vorliegt.

Zu Beginn der Falllösung ist daher eine ausführliche Auseinandersetzung mit dem Sachverhalt zwingend notwendig. Das kann ruhig auch mehrere Minuten dauern. Wie bereits angeführt, ist jedes Wort wichtig, Sätze sollten daher nicht als belanglos abgestempelt oder überlesen werden. Erst wenn der Sachverhalt verinnerlicht ist, kann die Falllösung beginnen.

3. Meinungsstreitigkeiten

Bereits im Studienfach „*Römisches Sachen- und Schuldrecht*" kommen Studierende der Rechtswissenschaften zum ersten Mal mit „*Kontroversen*" in Kontakt.

Auch im Strafrecht gibt es zahlreiche Meinungen zu den verschiedenen strafrechtlichen Fragen. Es stellt sich zB die Frage, ob das Abheben von Geld am Bankomaten mit einer gestohlenen Bankomatkarte Diebstahl sein kann, oder es sich um einen betrügerischen Datenverarbeitungsmissbrauch (§ 148a) handelt, etc.

Hierbei gilt es zu beachten, dass es nicht immer nur zwei verschiedene Ansichten, nämlich Lehre und Praxis, gibt. Auch innerhalb der Lehre und der Praxis bestehen oft verschiedene Ansichten zur Lösung ein und desselben Problems.

Von den Studierenden wird erwartet, dass sie sich mit den wesentlichen Meinungsstreitigkeiten auseinandergesetzt haben und diese auch bei der Klausur oder Modulprüfung anführen. Es wird auch empfohlen, sich entweder der Meinung des eigenen Prüfers anzuschließen oder zumindest jener Meinung, mit welcher man die Falllösung nicht beendet, sondern weiterprüfen kann.

Denn die Tatsache allein, dass es zwei oder mehrere sich widersprechende Ansichten gibt, befreit nicht davon, den Fall zu lösen. Vielmehr hat man sich, nachdem man die Meinungen in seiner Falllösung ausgeführt hat, für eine Meinung zu entscheiden, diese Entscheidung kurz zu begründen, und den Fall anhand dieser Meinung fertig zu lösen.

Wenn man sich jedoch für jene Meinung entscheidet, mit welcher man die Lösung sofort beendet, so ist dies nicht unbedingt falsch, jedoch riskiert man weniger Punkte zu bekommen als für die *„lange“* Lösung, weil man weitere im Fall vorkommende Problembereiche übersieht.

Aufgrund der hohen Anzahl an *„Meinungsstreits“* werden in diesem Buch die wichtigsten Ansichten dargestellt. In Hinblick auf die Modulprüfung speziell für den Besonderen Teil, ist auf die weiterführende einschlägige Studienliteratur zu verweisen.

4. Üben

Wie in jedem anderen Fach, so ist auch im Strafrecht das Üben zahlreicher Fälle zentral. Hierbei ist insbesondere auf die Zeit, die man für eine Falllösung braucht, zu achten. Die Klausuren der Übungen sowie die Modulprüfungen sind derart gestaltet, dass man nicht sehr viel Zeit hat, an seinen Formulierungen zu arbeiten.

Gewisse *„Stehsätze“* wie etwa beim Diebstahl (§ 127 StGB) *„Die Sache ist fremd, beweglich und hat Tauschwert“* mit der jeweiligen Subsumtion (also Anwendung auf den konkreten Fall) müssen daher durch Übung *„in Fleisch und Blut“* übergehen. Hier hilft die regelmäßige Übung, um Fallprobleme, welche man einmal gelöst hat, wiederzuerkennen.

Es empfiehlt sich daher, neben dem Studium dieses Buches möglichst viele verschiedene Fälle beizuschaffen und diese selbst schriftlich auszuarbeiten/zu üben. Das wird leider immer wieder unterschätzt. Regelmäßiges Üben führt dazu, dass man bekannte und wiederkehrende Probleme des Strafrechts wiedererkennt und dadurch rascher im Erarbeiten der Lösung wird. Falllösung kann man daher nicht zu viel Üben.

Zusatzinformationen für dieses Buch:

1. Info: Exkurse (Ausführungen, welche über die Grundlagen hinausgehen, jedoch für das Verständnis wichtig oder für das weitere Studium für Relevanz sind) werden grau hinterlegt.

2. Info: Die Lösungen zu innerhalb dieses Werkes angeführten Beispielen finden sich im Anhang. Dabei ist die Beantwortung der konkreten Frage in Fettdruck und die gesamte Falllösung in Normaldruck. Dadurch kann nach der Lektüre des vorliegenden Werkes jeder Fall nochmals zur Übung herangezogen werden.

2. Kapitel
Was ist Strafrecht und wie nähere ich mich der Materie?

Die einzelnen vom Gesetz als Straftat beschriebenen Handlungen samt Rechtsfolgen werden als „*Delikt*“ bezeichnet. Alle Delikte bestehen ua aus einem objektiven und einem subjektiven Tatbestand (auch wenn der subjektive Tatbestand im Gesetz oft nicht ausdrücklich angeführt ist).

Auf diese beiden Elemente wird in den folgenden Kapiteln näher eingegangen. Vorab sollte man sich jedoch damit beschäftigen, wie man aus dem Gesetzestext den objektiven und den subjektiven Tatbestand herauslesen kann.

Grundsätzlich ist der objektive Tatbestand jenes Geschehen, welches sich außerhalb der Psyche des Täters abspielt.

Der subjektive Tatbestand hingegen beschreibt die inneren Vorgänge des Täters.

In den folgenden Beispielen ist der objektive Tatbestand (also alles außerhalb der Psyche des Täters) grün hinterlegt, während der subjektive Tatbestand (die inneren Vorgänge des Täters) gelb hinterlegt ist.

Beispiel:

§ 87 Abs 1 StGB lautet

„ *Wer einem anderen eine schwere Körperverletzung absichtlich zufügt*, …“

Im Fallprüfungsschema unter „*objektiver Tatbestand*“ wäre daher auf nachstehende Elemente einzugehen:

1. *Wer* (= Täter)
2. *einem anderen* (= Opfer)
3. *eine schwere Körperverletzung* (= Erfolg)
4. *zufügt* (= Tathandlung)

Im Fallprüfungsschema unter „*subjektiver Tatbestand*" wäre daher auf nachstehende Elemente einzugehen:

1. *absichtlich* hinsichtlich des Zufügens der schweren Körperverletzung
2. *Eventualvorsatz*[1] hinsichtlich aller anderen Elemente des objektiven Tatbestandes[2]

Wie im obigen Beispiel dargestellt ist, findet sich in der Handlungsbeschreibung eines Deliktes oftmals nicht der vollständige subjektive Tatbestand. So steht im Gesetzestext nur, dass der Täter die schwere Körperverletzung „*absichtlich*" zufügen muss oder Befugnisse „*wissentlich*" missbraucht werden müssen. Das bedeutet jedoch nicht, dass hinsichtlich der anderen Merkmale des objektiven Tatbestandes keinerlei Vorsatz gefordert wird.

Es gibt sogar Delikte, in welchen der gesamte subjektive Tatbestand keine ausdrückliche Erwähnung findet (vgl etwa § 75 StGB).

Dies erklärt sich daraus, dass das Gesetz selbst unter § 7 Abs 1 StGB normiert, dass, wenn nichts anderes angeführt ist, Vorsatz (damit gemeint: zumindest Eventualvorsatz) ausreicht. Betreffend das obige Beispiel zu § 87 Abs 1 StGB führt die Bestimmung des § 7 Abs 1 StGB zum Ergebnis, dass hinsichtlich des Zufügens der schweren Körperverletzung Absichtlichkeit vorliegen muss und hinsichtlich aller anderen Merkmale des objektiven Tatbestandes (Tätereigenschaft, Opfereigenschaft etc) Eventualvorsatz ausreicht.

Ein Beispiel für eine strafrechtliche Norm, welche überhaupt keinen subjektiven Tatbestand schriftlich anführt ist wie bereits erwähnt § 75 StGB:

> § 75 StGB lautet
>
> „*Wer einen anderen tötet* … "

Dieses Delikt besteht scheinbar nur aus einem objektiven Tatbestand. Da aber das StGB selbst in § 7 Abs 1 StGB normiert, dass, sofern nichts anderes angeführt ist, Eventualvorsatz anzunehmen ist, teilt sich der § 75 StGB in nachstehende Elemente.

1 Beim Eventualvorsatz hält es der Täter ernstlich für möglich, einen Erfolg herbeizuführen und er findet sich damit ab. Dazu genauer in Kapitel 3.

2 Warum dieser nicht explizit im Gesetzestext angeführt ist, siehe sogleich.

Objektiver Tatbestand:

1. *Wer* (= Täter)
2. *einen anderen* (= Opfer)
3. *tötet* (= Tathandlung)

Subjektiver Tatbestand:

1. *Eventualvorsatz* hinsichtlich aller Elemente des objektiven Tatbestandes

Immer wenn ein anderer Vorsatz als der bloße Eventualvorsatz gefordert ist, steht es ausdrücklich im Gesetz.

Es gilt daher nachstehende Faustregel hinsichtlich der Erkennung des subjektiven Tatbestandes:

1. **Eventualvorsatz** – im Gesetz nicht explizit angeführt. Dieser ist daher immer dann anzunehmen, wenn dem Gesetzestext weder die Notwendigkeit von Absichtlichkeit noch von Wissentlichkeit oder Fahrlässigkeit zu entnehmen ist. Dabei hält der Täter einen Erfolg ernstlich für möglich und findet sich dennoch (trotz der Möglichkeit des Eintritts eines Erfolges) damit ab.
2. **Absichtlichkeit** – im Gesetz steht explizit das Wort *„absichtlich"*. Bspw wie zuvor erwähnt in § 87 StGB: *„Wer einem anderen eine schwere Körperverletzung* ***absichtlich*** *zufügt, ..."*
   Hier kommt es dem Täter gerade darauf an, den gesetzlich umschriebenen Erfolg herbeizuführen. Im Rahmen von Fallangaben ist der Vorsatz der Absichtlichkeit zB an der Wortfolge *„um ... zu"* zu erkennen.
3. **Wissentlichkeit** – im Gesetz steht das Wort *„wissentlich"* – bspw § 302 StGB (Missbrauch der Amtsgewalt): *„Ein Beamter, der [...] seine Befugnis [...]* ***wissentlich*** *missbraucht, ..."*

Neben diesen drei Vorsatzformen gibt es Tatbestände, welche zusätzlich zum eigentlichen Vorsatz den sogenannten **erweiterten Vorsatz** benötigen. Das zeigt sich am nachstehenden Beispiel:

Beispiel:

§ 127 StGB lautet

„Wer eine fremde bewegliche Sache einem anderen mit dem Vorsatz wegnimmt, sich oder einen Dritten durch deren Zueignung unrechtmäßig zu bereichern, ist mit ..."

Im Fallprüfungsschema unter „*objektiver Tatbestand*" wäre daher auf nachstehende Elemente einzugehen:

1. *Wer*
2. *fremd*
3. *beweglich*
4. *Sache*
5. *einem anderen*
6. *wegnehmen*
7. *Zueignung*

Im Fallprüfungsschema unter „*subjektiver Tatbestand*" wäre auf nachstehende Elemente einzugehen:

1. *Eventualvorsatz* auf **alle Elemente** des objektiven Tatbestandes (§ 7 Abs 1 StGB)
2. mit dem Vorsatz, sich oder einen Dritten unrechtmäßig zu bereichern (*erweiterter Vorsatz, nämlich Bereicherungsvorsatz*).

Welche Delikte einen erweiterten Vorsatz benötigen, kann nur mit Hilfe von Literatur zum BT 1 und 2 gelernt werden.

Das Wechselspiel zwischen objektivem und subjektivem Tatbestand ist daher wie ein Baukasten aufgebaut. Jedes Element des objektiven Tatbestandes muss vom subjektiven Tatbestand umfasst sein.

Eine Ausnahme bildet der „erweiterte Vorsatz" (etwa Bereicherungsvorsatz). Dieser findet kein Pendant im objektiven Tatbestand.

Nehmen wir hierzu zur Verdeutlichung den § 127 StGB nochmals heran:

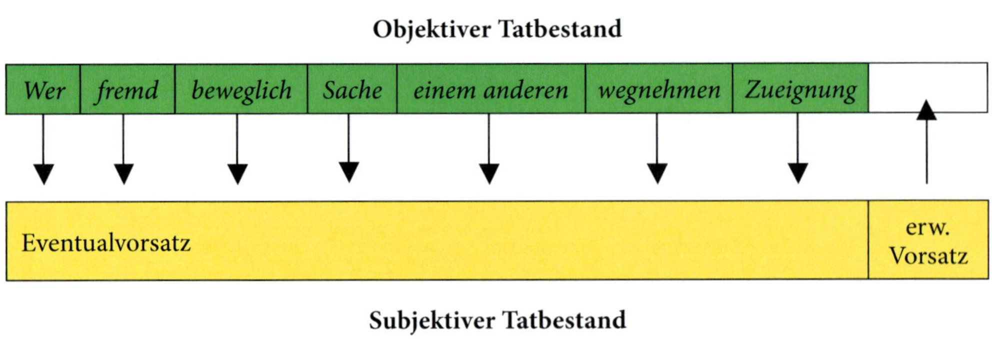

Hat der Täter auf eines der Elemente im objektiven Tatbestand keinen Vorsatz oder fehlt der erweiterte Vorsatz (weil der Täter weder sich noch einen Dritten bereichern wollte), kann er nicht für dieses Vorsatzdelikt bestraft werden. In Frage kommt hierbei allenfalls die Strafbarkeit nach einem anderen Vorsatzdelikt oder einem Fahrlässigkeitsdelikt (siehe näheres in Kapitel 3).

Bsp: Der Täter hat keinen Bereicherungsvorsatz beim Diebstahl. In Frage kommt uU § 134 StGB (Fundunterschlagung) oder § 135 StGB (dauerhafte Sachentziehung). Hierbei ist zunächst wieder der objektive Tatbestand und dann der subjektive Tatbestand zu prüfen. Wenn auch die Strafbarkeit dieser Delikte zu verneinen ist, muss man nach einem passenden Fahrlässigkeitsdelikt im Gesetz suchen. Gibt es kein zur Tathandlung passendes Fahrlässigkeitsdelikt ist der Täter mangels Deliktes nicht zu bestrafen (vgl § 1 Abs 1 StGB – nulla poena sine lege).

Info: In der Prüfungslösung muss bei unproblematischen Sachverhalten nicht bei jedem Element des objektiven Tatbestandes darauf hingewiesen werden, dass der Täter auf dieses Vorsatz hatte. In solchen Fällen reicht eine kurze Feststellung, dass der Täter auf alle Elemente des objektiven Tatbestandes (je nachdem welcher Vorsatz vom Gesetzestext gefordert wird) den entsprechenden Tatbildvorsatz hatte. Wird vom Gesetz der Bereicherungsvorsatz verlangt (etwa beim § 127 StGB), ist dies bei der Prüfung beim Punkt „subjektiver Tatbestand“ anzuführen.

Jedenfalls empfiehlt sich das Studium des Inhaltsverzeichnisses des StGB, um sich grob einzuprägen, welche Delikte es überhaupt gibt. Im Rahmen einer Fallangabe kann so schnell das passende Delikt gefunden werden. Auch hierbei muss neuerlich die Wichtigkeit des Übens hervorgehoben werden. Umso mehr Fälle man löst, umso schneller erkennt man die verschiedenen Delikte.

3. Kapitel
Vorsatz- und Fahrlässigkeitsdelikte

Wie bereits im Rahmen der Einleitung dargelegt, werden Delikte auf vier Ebenen geprüft.

Diese wären zunächst der (objektive und subjektive) Tatbestand, weiters die Zurechenbarkeit sowie schließlich die Ebenen der Rechtswidrigkeit und der Schuld.

Die Ebenen Rechtswidrigkeit und Schuld sind zwar bei der Prüfung immer anzuführen, jedoch nur dann inhaltlich zu prüfen, wenn dies laut Sachverhalt notwendig ist.

Der Aufbau des objektiven und subjektiven Tatbestandes unterscheidet sich je nach Deliktstyp (Vorsatz- bzw Fahrlässigkeitsdelikt). Die Rechtswidrigkeits- und Schuldebene sind bei allen Deliktstypen ähnlich.

Die nachstehende Tabelle dient als Orientierungshilfe.

☞ Nicht alle Elemente sind bei allen Delikten zu prüfen. Im Großen und Ganzen sollte man das logische Denken nicht vergessen. So ist zB die Prüfung eines Tätererfordernisses, wie der Eigenschaft als „Mutter", im Regelfall nicht nötig (hingegen wäre dies bei § 79 StGB der Fall).

Zur besseren Übersichtlichkeit werden die Elemente des Vorsatzdeliktes in Folge in roter Schrift die Elemente des Fahrlässigkeitsdeliktes wiederum in blauer Schrift abgedruckt.

Prüfungsschema für Vorsatz- und Fahrlässigkeitsdelikte	
Vorsatzdelikt	Fahrlässigkeitsdelikt
Handlungsbegriff	
I. TATBESTAND	
Objektiver Tatbestand	
evtl Tatobjekt evtl Täterqualifikation	
Tathandlung	obj Sorgfaltswidrigkeit
Erfolgseintritt	
Subjektiver Tatbestand	
Vorsatz auf den gesamten obj Tatbestand	Grobe oder einfache Fahrlässigkeit
evtl erweiterter Vorsatz	
II. ZURECHENBARKEIT	
• Kausalität Wenn erforderlich: • Adäquanzzusammenhang • Risikozusammenhang • Risikoerhöhung ggü rechtmäßigem Alternativverhalten	Stets: • Kausalität • Adäquanzzusammenhang • Risikozusammenhang • Risikoerhöhung ggü rechtmäßigem Alternativverhalten
III. RECHTSWIDRIGKEIT	
objektiv	
objektive Merkmale der Rechtfertigungsgründe	
subjektiv	
Kenntnis aller objektiven Merkmale	
IV. SCHULD	
Zurechnungsfähigkeit	
Unrechtsbewusstsein	
Entschuldigungsgründe	
	subj Sorgfaltswidrigkeit
	subj Zurechnung
	Zumutbarkeit

Zu den einzelnen Punkten dieses Prüfungsschemas:

Handlungsbegriff:

Das Element „*Handlungsbegriff*" ist dem allgemeinen Prüfungsschema vorgeschaltet und ist unbedingt vom Element „*Tathandlung*", welches Bestandteil des Tatbestandes ist, zu unterscheiden.

Eine gesonderte Prüfung des Elementes „*Handlungsbegriff*" hat nur dann zu erfolgen, wenn dem Sachverhalt ein Hinweis auf eines der unten angeführten Beispiele (Körperreflexe, Akte bewusstloser/schlafender Personen, vis absoluta) entnommen werden kann.

Auf der Ebene des „*Handlungsbegriffes*" muss man sich die Frage stellen, ob jedes menschliche Verhalten strafbar sein kann. Man denke an folgenden Fall: Ein Mensch fällt ohnmächtig um und verletzt dabei einen anderen. Handelt der „*Täter*" (also die ohnmächtig werdende Person) strafbar?

Zur Lösung dieser Frage muss man folgende Definition heranziehen:

Definition: ***Nur jenes Verhalten ist strafbar, das vom Willen des Täters beherrscht oder beherrschbar ist.***

Hat der Täter keinen Einfluss auf sein Verhalten, entfällt die Strafbarkeit, bevor überhaupt der Tatbestand an sich geprüft wird. Dabei ist es unerheblich, welcher Erfolg eintritt. So kann im oben angeführten Beispiel das Opfer sogar sterben – kann der Täter sein Verhalten nicht beherrschen, ist er straflos.

Grundsätzlich sollte im Sachverhalt auf eines der folgenden Elemente geachtet werden:

Körperreflexe: Diese sind jedenfalls willentlich nicht beherrschbar, weshalb eine daraus resultierende Rechtsgutverletzung (ohne Hinzutreten weiterer Umstände) straflos ist. Diesbezüglich muss man jedoch bedenken, dass nicht alles, das umgangssprachlich als „*Reflex*" beurteilt wird, auch einen solchen darstellt. Oft hört man jemanden sagen: „Da habe ich aus Reflex zurückgeschlagen." Ein Reflex ist jedoch ein medizinischer Terminus und umfasst ganz spezifische menschliche Reaktionen (etwa Kniesehnenreflex, Pupillenreflex etc). Wenn jemand „*aus Reflex*" zuschlägt, stellt dies sehr wohl ein menschlich beherrschbares Verhalten dar, welches (nach Prüfung des entsprechenden Schemas) zur Strafbarkeit führen kann.

Bewegungen schlafender oder ohnmächtiger Personen sind in der Regel straflos. Es sollte jedoch beachtet werden, dass die Strafbarkeit zu diesem Zeitpunkt zwar zu verneinen wäre, jedoch könnte sie zu einem anderen Zeitpunkt des Sachverhaltes zu bejahen sein. An dieser Stelle ist an folgenden Fall zu denken: Eine Kindesmutter nimmt ihr Neugeborenes zu sich ins Bett, wälzt sich im Schlaf und erdrückt dabei das Kind. Zum Zeitpunkt des „*Wälzens*" schläft die Kindesmutter, weshalb der Handlungsbegriff nicht erfüllt ist und die Mutter straffrei wäre. Man könnte der Kindesmutter aber den Vorwurf machen, dass sie überhaupt einen Säugling mit ins Bett genommen hat. Hierbei könnte es sich etwa um einen Fall der „*Übernahmsfahrlässigkeit*" handeln, welche im weiteren Verlauf des Buches erläutert wird und im Anschluss an die Ebene der „*subjektiven Sorgfaltswidrigkeit*" (Teil der Schuldebene) zu prüfen ist. Man sollte sich jedoch einprägen, dass man im Strafrecht „*momentbezogen*" prüft. Nur weil zu einem bestimmten Augenblick eine straflose Handlung vorliegt, heißt es nicht, dass zu einem anderen Zeitpunkt keine strafbare Handlung vorliegen kann. Die in Frage kommenden Sachverhaltszeitpunkte (im eben angeführten Beispiel daher Augenblick 1 „*Erdrücken des Kindes im Schlaf*" und Augenblick 2 „*Mitnahme des Kindes ins Bett*") sind **alle** durchzuprüfen. Dabei beginnt man immer mit dem letzten Zeitpunkt und erst wenn man die Strafbarkeit zu diesem Zeitpunkt verneinen muss, geht man auf der Zeitleiste in die Vergangenheit.

Letztendlich entfällt die Strafbarkeit auch bei Handlungen unter Einfluss von **„vis absoluta"**. Hierbei kann eine Person ihre Handlung nicht willentlich beherrschen. Dies ist etwa der Fall, wenn A den B vom Sprungbrett stößt und B in weiterer Folge auf den Schwimmer Y fällt. B konnte seine Bewegung nicht willentlich steuern. Es entfällt daher (in der Regel) seine Strafbarkeit. Diese Lösung schließt jedoch nicht aus, dass A strafbar gehandelt hat.

Von der „vis absoluta" ist die **„vis compulsiva"** zu unterscheiden. Bei Letzterer hätte der Täter anders handeln können. Dies wäre etwa der Fall, wenn A den B mittels Drohung gezwungen hätte, vom Sprungbrett zu springen. Unabhängig vom Inhalt der Drohung kann B sein Verhalten willentlich steuern und sich auch entscheiden, nicht zu springen, weshalb der Handlungsbegriff erfüllt ist. Ob eventuell Rechtfertigungs- oder Schuldausschließungsgründe für B vorliegen (man könnte hier an entschuldigenden Notstand denken), ist im späteren Verlauf der Fallprüfung zu klären.

Bei der Fallprüfung ist – wie bereits oben ausgeführt – auf dieses Element des Handlungsbegriffes nur einzugehen, wenn im Sachverhalt ein Hinweis auf eines der oben angeführten Beispiele finden ist.

Ist der Handlungsbegriff unproblematisch, beginnt man mit dem nächsten Element „Tatbestand" und hierbei mit dem Teilelement „objektiver Tatbestand".

a) Objektiver Tatbestand beim Vorsatzdelikt

Auch nachzulesen in: Fuchs/Zerbes, Strafrecht AT I[10], Kap 11; Kienapfel/Höpfel/Kert, Strafrecht AT[16], Kap 8; Steininger, Strafrecht AT Band I[2], Kap 6.

Wie bereits in Kapitel 2 ausgeführt, beschreibt der objektive Tatbestand jenes Geschehen, welches sich außerhalb der Psyche des Täters abspielt.

Zunächst sind folgende Elemente zu prüfen, wenn es hierfür Hinweise im Sachverhalt gibt.

Tatobjekt: Hierunter ist jenes Objekt zu verstehen an welchem die Tat begangen wird (getötete Person, verletzte Person, gestohlene Sache etc).

Dieses Element ist jedoch nur zu prüfen, wenn der Gesetzestext ein ganz spezielles Tatobjekt fordert. So sehen einige Delikte die Anwendung des Tatbestandes – insb als Privilegierung – nur vor, wenn diese Tat **an einem Verwandten** verübt wird. Wird die Tat an einer anderen Person verübt, kommt die Privilegierung mangels Vorliegen des spezifischen Tatobjektes nicht zum Tragen und der Täter ist für das nicht-privilegierte Delikt (etwa Mord, Körperverletzung etc) zu bestrafen.

Tatsubjekt:

Hierunter ist eine spezielle Eigenschaft, die der Täter aufweist, zu verstehen (etwa Beamter).

Dieses Element ist nur bei Sonderdelikten zu prüfen. Sonderdelikte sind jene Delikte, welche explizit verlangen, dass der Täter oder das Opfer eine bestimmte Eigenschaft aufweist.

Im Anschluss an die Prüfung eines Tatsubjekts bzw Tatobjektes (sofern dies für das Delikt relevant ist) prüft man stets die Tathandlung. Sollte kein spezielles Tatsubjekt oder Tatobjekt von der geprüften Norm verlangt werden, so beginnt mit dem Element „Tathandlung" erst die eigentliche Prüfung.

1. Tathandlung beim Vorsatzdelikt

Beim Vorsatzdelikt besteht die Tathandlung des objektiven Tatbestandes aus den Elementen „***strafrechtliche Handlung***" und gegebenenfalls „***Erfolgseintritt***".

1. Unter dem Element „*Tathandlung*" versteht man eine Deliktshandlung, die gesetzlich beschrieben ist.

2. Bei Delikten, welche neben einer Tathandlung auch einen Erfolg fordern, ist der *Erfolgseintritt* in der Fallprüfung festzustellen. Ob im Delikt ein Erfolg gefordert wird, ist dem jeweiligen Gesetzestext zu entnehmen (etwa Mord, Totschlag, Körperverletzung etc).

Wenn daher A auf B schießt, ist in weiterer Folge festzuhalten, ob B stirbt (also ob der tatbestandsmäßige Erfolg eingetreten ist), oder nicht. Nur wenn der tatbestandsmäßig geforderte Erfolg eingetreten ist, kann der Täter nach dem vollendeten Delikt bestraft werden. [Ansonsten könnte ein „*Versuch*" vorliegen (hierzu siehe im 8. Kapitel)].

Das StGB kennt aber auch Tatbestände, welche die bloße Gefährdung eines Rechtsguts unter Strafe stellen. Dies unabhängig davon, ob eine tatsächliche Verletzung eingetreten ist oder nicht (etwa § 89 StGB, Gefährdung der körperlichen Sicherheit).

Bei Delikten, welche die bloße Gefährdung unter Strafe stellen, ist nur zu prüfen, ob eine von der jeweiligen Norm geforderte konkrete oder abstrakte „*Gefährdung*" vorliegt.

> **Bsp 1:** Jasmin, Kristina und Franz bekommen von ihren Nachbarn eine wertvolle Kiste überreicht, mit der Bitte, diese aufzubewahren, bis Umbauarbeiten vollendet sind. Die drei sagen zu, verkaufen die Kiste aber, sobald sich die erste Möglichkeit dazu ergibt. Worin besteht im vorliegenden Sachverhalt der objektive Tatbestand? Handeln Jasmin, Kristina und Franz vorsätzlich oder fahrlässig?

2. Objektiver Tatbestand beim Fahrlässigkeitsdelikt

Beim Fahrlässigkeitsdelikt besteht der objektive Tatbestand aus den Elementen „***Erfolgseintritt***" und „***objektive Sorgfaltswidrigkeit***".

Alle Delikte erfordern die Prüfung beider Elemente.

1. *Erfolg:* Für fahrlässiges Verhalten kann der Täter nur bestraft werden, wenn auch tatsächlich ein *tatbestandsmäßiger Erfolg* eingetreten ist. Die Versuchsstrafbarkeit eines Fahrlässigkeitsdeliktes kommt nicht in Betracht. Fährt daher A ohne zu schauen über eine Kreuzung, macht er sich dadurch per se noch nicht strafrechtlich belangbar. Erst wenn er dabei B überfährt und ihn verletzt (= tatbestandsmäßiger Erfolg des § 88 StGB), kann er nach dem Fahrlässigkeitsdelikt bestraft werden. Der Erfolgseintritt muss daher bei der Prüfung eines Fahrlässigkeitsdelikts immer genau und ausdrücklich erwähnt werden.

2. *Objektive Sorgfaltswidrigkeit*: Bei einem sorgfältigen Verhalten könnte der Täter nicht einmal für ein Fahrlässigkeitsdelikt bestraft werden, weil er sich dann nichts zuschulden hat kommen lassen. Nur wenn sich der Täter objektiv sorgfaltswidrig verhalten hat, hat er fahrlässig gehandelt.

Die objektive Sorgfaltswidrigkeit kann sich aus einem der folgenden Umstände ergeben:

Verstoß gegen ein **Gesetz**: Indiz für einen Verstoß gegen die objektive Sorgfaltswidrigkeit haben nicht nur strafrechtliche, sondern auch bspw zivil- oder verwaltungsrechtliche Gesetze. Dabei muss der Gesetzesverstoß aber ein gewisses Risiko mit sich bringen. Bei der Prüfung ist nicht die exakte Norm anzugeben, jedoch sehr wohl, dass der Täter gegen das Gesetz (etwa StVO) verstößt, da dieses Gesetz etwa Geschwindigkeitsbeschränkungen normiert. Ob der eingetretene Erfolg im Schutzzweck der Norm liegt, ist an dieser Stelle nicht zu beleuchten. Der Schutzzweck der Norm wird erst bei der Zurechnung geprüft. Es kann daher sein, dass Erfolg und Norm überhaupt nicht miteinander in Verbindung stehen (zu schnell fahren, Unfall wegen Handytelefonie).

Verstoß gegen **Verkehrsnormen**: Verkehrsnormen sind Jagd- oder FIS-Regeln- sohin verbindliche Normen, die nicht von einem Gesetzgeber erlassen wurden. Keine (!) Verkehrsnorm ist daher die StVO. Die StVO regelt zwar den Verkehr, ist aber eine Verordnung und zählt somit zum Gesetzesverstoß. Mit Verkehr ist ein „*Verkehrskreis*" gemeint.

Verstoß gegen das Verhalten eines sorgfaltsgemäßen **Maßmenschen**: Das durch den Täter gesetzte Verhalten muss mit dem eines besonnenen und mit Rechten und Werten verbundenen Durchschnittsmenschen verglichen werden. Dabei wird dieser Durchschnittsmensch aus dem Kreis der Tathandlung herangezogen. Begeht der Täter eine Handlung, der er mangels bestimmter Fachkenntnisse nicht gewachsen ist, ist der sorgfaltsgemäße Maßmensch hingegen genau aus diesem Fach und daher in der Lage, dieselbe Handlung fehlerfrei zu vollziehen. Ist das vom Maßmenschen gesetzte Verhalten anders, als das des Täters, hat der Täter sorgfaltswidrig gehandelt.

Als sorgfaltsgemäßer Maßmensch ist Sonderwissen der entsprechenden Person in den geforderten Prüfungsmaßstab einzubeziehen und zu berücksichtigen. So muss ein Autofahrer, der weiß, dass hinter einer unübersichtlichen Kurve oftmals Kinder die Straße queren, ohne auf Autofahrer zu achten, seine Geschwindigkeit entsprechend anpassen, auch wenn er gesetzlich 50 km/h fahren dürfte.

Sonderkönnen dagegen erhöht den Sorgfaltsmaßstab des Täters nicht, auch ein exzellenter Chirurg muss nur durchschnittlich operieren und ein Marathonläufer darf beim Holen von Hilfe für einen Verletzten die Geschwindigkeit eines Durchschnittsmenschen wählen, ohne dabei gegen das Verhalten eines sorgfaltsgemäßen Maßmenschen zu verstoßen.

Es genügt, wenn einer der Verstöße gegeben ist, denkbar sind aber auch mehrere kumulierend (zB verstößt der Täter gegen ein Gesetz, dann hätte sich der Maßmensch auch an das Gesetz gehalten, somit wird sowohl gegen das Verhalten des Maßmenschen als auch gegen Gesetz oder Verkehrsnorm verstoßen). Bei der Prüfung muss aber nur ein Verstoß angeführt werden. Kommt ein Verstoß gegen eine Rechtsnorm und gegen das Verhalten eines Maßmenschen in Frage, ist zu empfehlen, die Rechtsnorm anzuführen und den Maßmenschen lediglich ergänzend zu erwähnen.

Hat der Täter einen solchen Verstoß (gegen Gesetz/Verkehrsnorm/Verhalten eines sorgfaltsmäßigen Maßmenschen) begangen, muss in weiterer Folge festgestellt werden, ob dieser Verstoß **grob** oder **leicht** fahrlässig war.

Bei leichter Fahrlässigkeit handelt es sich um ein Außerachtlassen von Sorgfalt, das dazu führt, dass der Täter einen Sachverhalt verwirklicht, der einem gesetzlichen Tatbild entspricht.

Bei grober Fahrlässigkeit handelt es sich um eine so auffallende Sorglosigkeit, dass die Herbeiführung des Erfolges als s**elbstverständlich und nahezu unausweichlich** erscheint.

Bei der Prüfung ist das Vorliegen einer leichten bzw groben Fahrlässigkeit immer positiv zu prüfen. Es reicht daher nicht, wenn man feststellt, dass die Handlung grob fahrlässig war, weil sie nicht als leicht fahrlässig einzustufen ist. Es ist immer die entsprechende oben angeführte Definition der leichten oder groben Fahrlässigkeit anzuführen und zu begründen weshalb diese Form der Fahrlässigkeit hier gegeben ist.

---

§ 6 StGB

*(1) Fahrlässig handelt, wer die Sorgfalt außer Acht lässt, zu der er nach den Umständen verpflichtet und nach seinen geistigen und körperlichen Verhältnissen befähigt ist und die ihm zuzumuten ist, und deshalb **nicht erkennt, dass er einen Sachverhalt verwirklichen könne, der einem gesetzlichen Tatbild entspricht**.“*

*(2) Fahrlässig handelt auch, wer es für möglich hält, dass er einen solchen Sachverhalt verwirkliche, ihn aber **nicht herbeiführen will**.*

*(3) Grob fahrlässig handelt, wer **ungewöhnlich und auffallend sorgfaltswidrig** handelt, sodass der Eintritt eines dem gesetzlichen Tatbild entsprechenden Sachverhaltes als **geradezu wahrscheinlich vorhersehbar** war.*

Zur Abgrenzung zum Vorsatz lässt sich festhalten:
Fahrlässig handelt, wer eine Tathandlung setzt oder einen Erfolg herbeiführt, dies aber nicht möchte und nicht einmal ernstlich für möglich hält.

Der Vollständigkeit halber sei angemerkt, dass bei Vorliegen mehrerer leicht fahrlässiger Verhaltensweisen unter Umständen grobe Fahrlässigkeit vorliegen könnte (etwa wenn ein Busfahrer übermüdet mit überhöhter Geschwindigkeit auf regennasser Fahrbahn mit Spikereifen durch ein Schulgebiet fährt, obwohl die Schulkinder gerade die Schule verlassen und über die Straße gehen).

Bei der Fallprüfung muss man sich entscheiden, ob „einfache" oder „grobe" Fahrlässigkeit vorliegt. Hierbei gibt es manchmal keine „richtige" oder „falsche" Lösung. Man muss sich schlicht für eine Ansicht entscheiden und seine Lösung dabei begründen. Das ist notwendig, weil einige Delikte grobe Fahrlässigkeit voraussetzen (etwa § 88 Abs 3, § 81 Abs 1 StGB).

Ob leichte oder grobe Fahrlässigkeit gefordert wird, ist dem Gesetzestext zu entnehmen. Spricht der Gesetzestext nur von „Fahrlässigkeit", so reicht „leichte" Fahrlässigkeit. Grobe Fahrlässigkeit wird daher explizit als solche im Gesetzestext angeführt.

§ 80 StGB

*(1) Wer **fahrlässig** den Tod eines anderen herbeiführt, ist mit Freiheitsstrafe bis zu einem Jahr oder mit Geldstrafe bis zu 720 Tagessätzen zu bestrafen.*

§ 81 StGB

*(1) Wer **grob fahrlässig** (§ 6 Abs. 3) den Tod eines anderen herbeiführt, ist mit Freiheitsstrafe bis zu drei Jahren zu bestrafen.*

Wenn weder die Worte „fahrlässig" oder „grob fahrlässig" im Gesetzestext stehen, so handelt es sich immer um reine Vorsatzdelikte.

§ 125 StGB

Wer eine fremde Sache zerstört, beschädigt, verunstaltet oder unbrauchbar macht, ist mit Freiheitsstrafe bis zu sechs Monaten oder mit Geldstrafe bis zu 360 Tagessätzen zu bestrafen.

§ 127 StGB

Wer eine fremde bewegliche Sache einem anderen mit dem Vorsatz wegnimmt, sich oder einen Dritten durch deren Zueignung unrechtmäßig zu bereichern, ist mit Freiheitsstrafe bis zu sechs Monaten oder mit Geldstrafe bis zu 360 Tagessätzen zu bestrafen.

§ 125 und § 127 StGB können daher, im Gegensatz zu § 80 und § 81, nur vorsätzlich begangen werden. Als Vorsatzform reicht dabei der Eventualvorsatz, da im Gesetz weder das Wort „absichtlich“ noch „wissentlich“ steht.

Begeht ein Täter ein Delikt, welches die Fahrlässigkeit nicht erwähnt, „nur“ fahrlässig, ist er nicht zu bestrafen.

Bsp 2: Anton ist am Christkindlmarkt unterwegs, als er an einem Stand besonders schöne Wachsfiguren sieht. Er schaut diese an und lässt eine davon irrtümlich fallen. Die Figur im Wert von 32 Euro zerbricht. Worin besteht im vorliegenden Sachverhalt der objektive Tatbestand? Handelt Anton vorsätzlich oder fahrlässig?

Bsp 3: Luis bekommt einen Anruf seiner Frau, dass sie im Spital ist und nun operiert wird. Da er sofort zu ihr möchte, nimmt er mit dem Auto eine Abkürzung über eine gesperrte Straße. Dabei fährt er über einen zur Absperrung verwendeten Leitkegel, welcher, wie erwartet, danach platt und nicht mehr funktionstüchtig ist. Worin besteht im vorliegenden Sachverhalt der objektive Tatbestand? Handelt Luis vorsätzlich oder fahrlässig?

Bsp 4: Benedikt borgt sich Stephans Laptop aus, um seine Masterarbeit darauf zu verfassen. Leider passiert ihm dabei ein Missgeschick, denn er stellt sein Bier einmal zu schwungvoll ab, weshalb es überschwappt und den Laptop beschädigt. Worin besteht im vorliegenden Sachverhalt der objektive Tatbestand? Handelt Benedikt vorsätzlich oder fahrlässig?

Bsp 5: Severin fährt mit seinem Fahrrad täglich an einem digitalen Geschwindigkeitsmessgerät neben einer Volksschule vorbei. Er sieht die Geschwindigkeitsanzeige weniger als Information und Warnung, sondern mehr als Highscore. So versucht er seinen bisherigen „Score“ von 40 km/h zu überbieten und radelt um 14:00 mit 45 km/h durch die kleine Gasse. In seinem Geschwindigkeitsrausch übersieht er die kleine Ivana und stößt sie nieder. Ivana bricht sich den Arm und beide Beine. Worin besteht im vorliegenden Sachverhalt der objektive Tatbestand? Handelt Severin vorsätzlich oder fahrlässig? Welche Art der Fahrlässigkeit ist wahrscheinlich?

Bsp 6: Busfahrer Jenko fährt einen kleinen Pass an einigen Bergen entlang hinauf. Es ist 2 Uhr nachts und nieselt ein wenig. Dennoch ärgert ihn ein langsamer Autofahrer so sehr, dass er diesen kurzerhand bergauf in einer Kurve überholt. Dabei streift er den Gegenverkehr. Im Gegenverkehr befindet sich Verena, welche durch den folgenden Unfall starke Prellungen erleidet. Worin besteht im vorliegenden Sachverhalt der objektive Tatbestand? Handelt Jenko vorsätzlich oder fahrlässig? Welche Art der Fahrlässigkeit ist wahrscheinlich?

Info: Es kann sein, dass die Herbeiführung desselben Erfolgs einmal als Vorsatzdelikt und einmal als Fahrlässigkeitsdelikt vertypt ist. So ist die vorsätzliche Körperverletzung in § 83 StGB normiert, die fahrlässige Herbeiführung einer Körperverletzung findet sich dagegen in § 88 StGB. Je nachdem, ob der Täter vorsätzlich oder fahrlässig gehandelt hat, kommt das eine oder das andere Delikt infrage. Niemals aber können beide Delikte gleichzeitig begangen werden.

§ 83 StGB

(1) Wer einen anderen am Körper verletzt oder an der Gesundheit schädigt, ist mit Freiheitsstrafe bis zu einem Jahr oder mit Geldstrafe bis zu 720 Tagessätzen zu bestrafen.

§ 88 StGB

*(1) Wer **fahrlässig** einen anderen am Körper verletzt oder an der Gesundheit schädigt, ist mit Freiheitsstrafe bis zu drei Monaten oder mit Geldstrafe bis zu 180 Tagessätzen zu bestrafen.*

b) Subjektiver Tatbestand

Auch nachzulesen in: Fuchs/Zerbes, Strafrecht AT I^{10}, Kap 12; Kienapfel/Höpfel/Kert, Strafrecht AT^{16}, Kap 11 und 27; Reindl-Krauskopf in Höpfel/Ratz, WK^{2} StGB § 5; Burgstaller/Schütz in Höpfel/Ratz, WK^{2} StGB § 6; Steininger, Strafrecht AT Band I^{3} Kap 8.; Stricker in Leukauf/Steininger, StGB Online, § 5.

Wie bereits in Kapitel 2 ausgeführt, beschreibt der subjektive Tatbestand jenes Geschehen, welches die Psyche des Täters betrifft.

Bei der subjektiven Seite des Tatbestandes wird auf die Vorstellung des Täters geachtet. Dabei fragt man sich, ob der Täter den objektiven Tatbestand verwirklichen wollte oder nicht. Es ist gleichgültig, ob der Täter sein Opfer aus Rache töten wollte, aus Eifersucht oder um vor einem noch größeren Unheil zu bewahren. Es geht einzig und allein darum, ob mit Vorsatz oder rein aus Fahrlässigkeit hinsichtlich der Erfüllung des objektiven Tatbestandes gehandelt wurde.

1. Subjektiver Tatbestand beim Vorsatzdelikt

Hat der Täter es zumindest **ernstlich für möglich** gehalten und **sich damit abgefunden**, dass er dadurch die Tathandlung verwirklicht oder den Erfolg herbeiführt spricht man vom „**Eventualvorsatz**“.

Ist dem Täter sogar bewusst, dass er durch sein Verhalten den Erfolg herbeiführen wird, handelt er mit „**Wissentlichkeit**". Es kommt ihm dabei nicht gerade darauf an und er will den Erfolg nicht gezielt herbeiführen, aber er weiß, dass er ihn herbeiführen wird.

Die stärkste Form des Vorsatzes ist die „**Absichtlichkeit**", bei dieser kommt es dem Täter gerade darauf an, die pönalisierte Tathandlung zu begehen oder den Erfolg herbeizuführen.

Bei allen drei Formen handelt es sich um Arten des Vorsatzes. Grundsätzlich genügt das Vorliegen vom Eventualvorsatz, um sich eines Vorsatzdelikts strafbar zu machen (§ 7 Abs 1 StGB). Nur manchmal verlangt das Gesetz, dass eine spezielle Form des Vorsatzes vorhanden ist, beispielsweise in § 87 StGB die Absichtlichkeit in Hinblick auf die schwere Köperverletzung. Dies ist jedoch explizit dem Gesetzestext zu entnehmen.

§ 87 StGB

(1) Wer einem anderen eine schwere Körperverletzung (§ 84 Abs. 1) ***absichtlich*** *zufügt, ist mit Freiheitsstrafe von einem bis zu zehn Jahren zu bestrafen.*

Steht nichts im Paragraphen, wird Eventualvorsatz verlangt. Bei einer Prüfungslösung muss erwähnt werden, dass der Täter „zumindest mit Eventualvorsatz" handelt.

Ob er eventuell sogar wissentlich oder absichtlich gehandelt hat, ist nicht weiter relevant (Ausnahme: Delikte, welche explizit Absichtlichkeit oder Wissentlichkeit verlangen – siehe oben). Es genügt, wenn die Mindestvoraussetzungen, die das Gesetz im Tatbestand verlangt, erfüllt sind.

Wichtig ist, dass der Täter nicht genau wissen muss, welche Norm er verletzt. Es reicht, wenn ihm bewusst ist, dass er etwas Verbotenes macht. Er muss den Unwertgehalt seiner Handlung als Laie erfassen („Parallelwertung der Laiensphäre"). Es ist daher bei einem Diebstahl nicht notwendig, dass der Täter die Voraussetzung „fremde Sache" exakt juristisch definieren kann. Es reicht, wenn er es für möglich hält und sich damit abfindet, dass die Sache einem anderen gehört.

2. Subjektive Seite beim Fahrlässigkeitsdelikt

Hat der Täter keinen Vorsatz, gibt es grob gesagt zwei Möglichkeiten:

1. Entweder er hat sich so konform verhalten, dass er **von vornherein straflos** ist, weil er sich für kein falsches Verhalten verantworten muss.

2. Andernfalls handelt er grob oder leicht **fahrlässig**.
[Möglich wäre auch, dass der Täter den Unrechtsgehalt seiner Handlung nicht erkennt, also einem Tatbild- oder Verbotsirrtum unterliegt, sh Exkurs unter d]

c) Vorsatz-Fahrlässigkeits-Kombinationen

Ein Sonderfall liegt unter anderem bei § 83 Abs 2 StGB und § 84 Abs 1 StGB vor. Diese sind sogenannte Vorsatz-Fahrlässigkeits-Kombinationen. Es empfiehlt sich Vorsatz-Fahrlässigkeitsdelikte erst dann zu studieren, wenn man das Prüfungsschema für Vorsatz- und Fahrlässigkeitsdelikte beherrscht, weil bei der Prüfung von Vorsatz-Fahrlässigkeitskombinationen beide Schemata angewendet werden müssen.

§ 83 StGB

(1) Wer einen anderen am Körper verletzt oder an der Gesundheit schädigt, ist mit Freiheitsstrafe bis zu einem Jahr oder mit Geldstrafe bis zu 720 Tagessätzen zu bestrafen.

*(2) Ebenso ist zu bestrafen, wer einen anderen am Körper misshandelt und dadurch **fahrlässig** verletzt oder an der Gesundheit schädigt.*

Bei einer Vorsatz-Fahrlässigkeits-Kombination möchte der Täter das Opfer zwar misshandeln, hat aber keinen Vorsatz auf die dadurch eingetretene Verletzung als Erfolg der Misshandlung.

☞ **Info: Misshandlung** bedeutet, dass ein Verhalten gesetzt wird, das den anderen noch nicht verletzen, also auch keine körperlichen Wunden zufügen, soll, aber für ihn unangenehm ist (Bsp: Bewerfen mit Büroklammern, stoßen, Bein stellen, leichte Schläge, an den Haaren ziehen.) Eine Strafbarkeit ist nur dann möglich, wenn durch solche Misshandlungen eine Verletzung entsteht, also bspw Augenentzündung durch die Büroklammern, Niederfallen und Prellungen erleiden, etc.

Es muss in der Konstellation also ein Eventualvorsatz auf die Misshandlung bestehen und Fahrlässigkeit hinsichtlich des Erfolges der Körperverletzung. Die Sorgfaltswidrigkeit für die Fahrlässigkeit liegt dabei in der Misshandlung, also darin, dass der Täter das Opfer vorsätzlich misshandelt. Denn bereits einen anderen so zu behandeln, dass er sich unwohl und in seiner Integrität beeinträchtigt fühlt, ist sorgfaltswidrig.

Bsp 7: Da Marizza ihren Schulkollegen Pablo nicht leiden kann, stellt sie ihm in der Pause das Bein. Sie denkt nicht daran, dass er auf einen der Klassentische fallen und sich verletzen könnte. Leider passiert aber genau das und Pablo erleidet eine Gehirnerschütterung. Worin besteht im vorliegenden Sachverhalt der objektive Tatbestand? Handelt Marizza vorsätzlich oder fahrlässig?

Bsp 8: Als Mateo mit seinem Chef im Gespräch ist, verlässt ihn die Geduld und er stößt ihn von sich weg. Dabei ging es ihm vor allem darum, schneller nach Hause zu kommen und das Gespräch abzubrechen. Sein Chef stürzt durch den Stoß und verstaucht sich den Knöchel. Worin besteht im vorliegenden Sachverhalt der objektive Tatbestand? Handelt Mateo vorsätzlich oder fahrlässig?

d) Tatbildirrtum

Zur Verübung eines Vorsatzdeliktes ist also, wie der Name schon sagt, Vorsatz notwendig. Daraus folgt auch, dass man in Ermangelung dieser Voraussetzung zur Straflosigkeit gelangen muss.

Es ist aber denkbar, dass der Täter über die tatsächlichen Gegebenheiten irrt. Er erfasst die Wirklichkeit anders, als sie ist, und setzt deswegen ein Verhalten, das im Normalfall zu bestrafen wäre: So denkt er zB, dass ihm eine teure Jacke gehört, und nimmt diese vom Garderobenhaken und nach Hause, hatte aber an dem Tag gar keine Jacke mit. Der Irrtum bezieht sich dabei auf das Tatbestandsmerkmal „fremd".

In solchen Situationen spricht man von einem „Tatbildirrtum" oder „Tatbestandsirrtum". Dabei sieht der Täter die Realität nicht, wie sie wirklich ist, und handelt deswegen ohne Vorsatz auf das Delikt („Vorsatzmangel") – obwohl er sich in seinem Verhalten selbst bewusst verhält. Häufig wird das, wie im Beispiel zuvor gezeigt, bei der Prüfung von Diebstählen wichtig sein. Denn immer, wenn der Täter denkt, dass ihm eine an sich genommene Sache gehört, fehlt ihm der Vorsatz auf das Tatbestandsmerkmal „fremd". Dennoch hat er Willen darauf, die entsprechende Sache an sich zu nehmen. Er unterliegt dabei aber eben einem – auf das Tatbestandsmerkmal „fremd" bezogenen – Tatbildirrtum.

Bekannt ist auch ein Beispiel, in welchem ein LKW-Fahrer eine Kiste überfährt, nicht ahnend, dass sich darin ein Kind versteckt hatte. Auch der LKW-Fahrer verhält sich zwar bewusst, als er die Kiste überfährt, aber Vorsatz auf das konkrete Delikt (§ 75 StGB) fehlt, weil er ja nicht erkennt, dass sich in der Kiste ein Kind befindet. Er hat lediglich Vorsatz auf das Überfahren der Kiste (daher ggf § 125 StGB).

Bsp 9: Linda findet auf dem Weg zur Uni eine Geldbörse mit 200 Euro darin. Die Geldbörse hat ihre Initialen eingraviert und sieht auch so aus wie ihre Geldbörse. Sie geht davon aus, dass sie die Geldbörse verloren hat, nimmt sie an sich und behält auch das Geld. In Wirklichkeit gehört die Geldbörse Max. Worin besteht im vorliegenden Sachverhalt der objektive Tatbestand? Handelt Linda vorsätzlich?

Zur Lösung, ob sich der Irrende strafbar macht, braucht es die doppelt bedingte Fahrlässigkeitsprüfung. Einerseits muss geschaut werden, ob das verwirklichte Delikt ein fahrlässiges Äquivalent hat. Beim Überfahren des Kindes würde man von Mord sprechen, fahrlässiges Äquivalent wäre also § 80 StGB, die fahrlässige Tötung. Der zweite Schritt ist die berechtigte Frage: Hätte der LKW-Fahrer erkennen können oder müssen, dass sich in der Kiste ein Kind versteckt hat und hat sich sohin objektiv (gemessen am Verhalten eines Maßmenschen) und subjektiv (an seiner eigenen gegenwärtigen Verfassung gemessen) sorgfaltswidrig verhalten? Hätte ein maßgerechter Mensch das Kind in der Kiste bemerkt, so hat der LKW-Fahrer fahrlässig gehandelt, wenn er das Kind nicht erkannte. Konsequenz ist dann die Haftung nach dem jeweiligen Fahrlässigkeitsdelikt (in concreto: § 80 StGB).

Hätte eine Maßfigur aber ebenso wie er geirrt und es nicht erkannt, gelangt man zur Straflosigkeit.

Wenn es kein entsprechendes Fahrlässigkeitsdelikt gibt, wie beispielsweise beim Diebstahl, kann man den Irrenden nicht bestrafen. Eine Ansichnahme einer fremden Sache, im fahrlässigen Glauben, es sei die eigene, bleibt daher straflos, weil es keinen fahrlässigen Diebstahl gibt. Nur wenn der Täter in Folge beschließt die Sache für sich oder einen Dritten zu behalten, gelangt der Täter in eine Strafbarkeit, dann aber nicht mehr für einen Diebstahl [sondern je nach Konstellation für §§ 134, 135 StGB].

e) Error in objecto vel persona

Auch nachzulesen in: Lewisch, Casebook Strafrecht[7], 14.

Irrt der Täter darüber, welches Objekt oder welches Mordopfer er trifft, so ändert das nichts an seiner Strafbarkeit, sofern es sich um zwei gleichartige Objekte handelt. Es genügt also, dass der Täter **einen Menschen** töten möchte. Er haftet dann auch nach § 75 StGB, wenn er irrtümlich einen anderen Menschen tötet als den, welchen er eigentlich töten wollte (zB Verwechslungen oder ungenaue Angaben eines Auftraggebers an den Berufskiller). Der Täter erkennt dabei oftmals zunächst gar nicht, dass er nicht seinen gewünschten Erfolg herbeigeführt hat, sondern erst später wird ihm klar, dass er den falschen Menschen getötet oder die falsche Sache vernichtet hat.

Wenn es sich hingegen um ungleichartige Objekte handelt (der Täter möchte etwa eine Schaufensterpuppe treten und in Wahrheit handelt es sich um einen Menschen, der in Folge sogar stirbt) wäre der Täter für das Objekt, das er tatsächlich getroffen hat (den Menschen) nach dem entsprechenden Fahrlässigkeitsdelikt (§ 80 StGB) und für das Objekt das er treffen wollte (Schaufensterpuppe) nach dem entsprechenden Vorsatzdelikt – jedoch lediglich als „Versuch“ (etwa §§ 15 Abs 1, 125 StGB) strafbar.

f) Exkurs: Aberratio ictus

Auch nachzulesen in: Lewisch, Casebook Strafrecht[7], 14f.

Bei einem aberratio ictus liegt keine Verwechslung des Täters vor, sondern es geht bei der Tathandlung etwas schief, zB der Schuss geht fehl, der Täter rutscht aus und trifft deswegen eine falsche Person, oder eine nicht anvisierte Person wirft sich schützend vor das geplante Opfer. Dabei haftet der Täter hinsichtlich des gewollten Opfers für die versuchte Tat (zB einen versuchten Mord: § 15, 75 StGB) und hinsichtlich des tatsächlich Getroffenen für das entsprechende Fahrlässigkeitsdelikt (zB fahrlässige Tötung: § 80 StGB).

Als Hilfsbrücke zur Unterscheidung des aberratio ictus vom error in persona vel objecto könnte auch folgendes dienen: Beim error in persona vel objecto befinden sich laut Sachverhalt im jeweiligen Augenblick objektiv (lediglich) 2 Personen vor Ort. Beim aberratio ictus – da der Erfolg bei einem anderen Tatobjekt als dem Avisierten eintritt – befinden sich 3 Personen vor Ort. Außerdem ist beim aberratio ictus dem Täter zu jeder Zeit klar, wer welche Person ist. Es liegt hier also kein Verwechslungsspiel vor, wogegen der error in persona vel objecto zwingend eines Irrglaubens bedarf.

g) Zusammenfassung

Ein Delikt kann vorsätzlich oder fahrlässig begangen werden. Fahrlässige Begehung muss im Paragraphen selbst erwähnt sein. Handelt der Täter nicht einmal fahrlässig und fordert das Delikt Fahrlässigkeit, so ist der Täter nicht strafbar. Zur Unterscheidung zwischen Vorsatz und Fahrlässigkeit zählt die Vorstellung des Täters. Hält der Täter den Erfolg ernstlich für möglich und findet sich zumindest damit ab, liegt Vorsatz vor.

Bsp 10: Vor Natalies Wohnungstüre steht Damian und versucht einzubrechen. Natalie ist das unheimlich und sie öffnet die Tür und schlägt ihm fest ins Gesicht, womit sie ihm die Nase bricht. Worin besteht im vorliegenden Sachverhalt der objektive Tatbestand? Handelt Natalie vorsätzlich oder fahrlässig?

Bsp 11: Katharina möchte das Handy ihres Cousins Benedikt sehen, weshalb sie es ihm aus der Hand reißt. Dabei fällt es zu Boden und zerbricht. Worin besteht im vorliegenden Sachverhalt der objektive Tatbestand? Handelt Katharina vorsätzlich oder fahrlässig?

Bsp 12: Julia möchte nicht, dass ihre Schwester Conny mit dem Nachbarskind Frank spricht, daher geht sie dazwischen und stößt Frank zur Seite. Dass Frank dabei niederfällt und sich das Handgelenk verstaucht, wollte Julia nicht. Worin besteht im vorliegenden Sachverhalt der objektive Tatbestand? Handelt Julia vorsätzlich oder fahrlässig?

Bsp 13: Um den Dieb Martin aufzuhalten, schießt Passant Philipp dem Martin in den Unterschenkel. Worin besteht im vorliegenden Sachverhalt der objektive Tatbestand? Handelt Philipp vorsätzlich oder fahrlässig?

Bsp 14: Um einen vermeintlichen Dieb aufzuhalten, schießt Passant Philipp dem Martin in den Unterschenkel. Schlussendlich stellt sich heraus, dass Martin nur ein zufällig vorbei gekommener Jogger war, den Philipp irrtümlich für den Dieb hielt. Worin besteht im vorliegenden Sachverhalt der objektive Tatbestand? Handelt Philipp vorsätzlich oder fahrlässig?

4. Kapitel
Zurechenbarkeit

Die Zurechenbarkeit besteht aus Kausalität und normativer Zurechnung. Bei Vorsatzdelikten gibt es selten Konflikte bei der normativen Zurechnung, nur unter besonderen Umständen sind dort Probleme auf der Ebene der normativen Zurechnung denkbar. Meistens prüft man bei einem Vorsatzdelikt daher nur die Kausalität.

Wann man auch bei einem Vorsatzdelikt die normative Zurechnung prüfen muss, kann durch Übung vieler Fälle trainiert werden, zumeist ist es durch einen *atypischen Verlauf* erkennbar:

> **Bsp 15:** Ares stößt Bonifatius aus dem Fenster. Bonifatius fällt, kann sich aber noch auf einem darunterliegenden Balkon festhalten. Dies sieht Caesar, der Bonifatius als den Liebhaber seiner Frau erkennt und ihm auf die Finger schlägt, weswegen Bonifatius in den Tod stürzt. Ist der Tod des Bonifatius dem Ares zurechenbar?

Wichtig: Die Zurechenbarkeit ist stets nur bei Erfolgsdelikten zu prüfen. Denn zugerechnet wird **der Erfolg** zum Verhalten des Täters. Gibt es keinen Erfolg, etwa weil die **Handlung** bereits für sich betrachtet Unrecht darstellt (bspw § 94 Abs 1: Unterlassen der Hilfeleistung) oder weil es beim Versuch blieb und der Erfolg daher ja gerade ausbleibt, muss auch nichts zugerechnet werden.

☞ Bei der Prüfung einer Versuchsstrafbarkeit oder bei einem echten Unterlassungsdelikt in seiner Grundform ist keine Zurechenbarkeit zu prüfen.

a) Kausalität

Kausalität: Nachdem geprüft wurde, ob ein strafrechtlich relevantes Verhalten vorliegt und der tatbestandsmäßige Erfolg eingetreten ist (der objektive Tatbestand damit erfüllt ist), ist zu prüfen, ob der Erfolg *aufgrund dieses Verhaltens* eingetreten ist.

Wenn A auf B schießt und B stirbt, ist die Schlussfolgerung, dass B aufgrund des Schusses gestorben ist, zwar naheliegend, aber nicht zwingend. Denkbar ist, dass B zeitgleich und rein zufällig einen Herzinfarkt hatte und daher aus diesem Grund gestorben ist.

Um zu beantworten, ob eine Handlung kausal für den Erfolg war, können zwei Formeln herangezogen werden. Die meisten Kausalitätsfrage lassen sich mit der *conditio-sine-qua-non (kurz: csqn-) Formel* lösen. Für Fälle der *„alternativen Kausalität“*[3] ist die csqn-Formel nicht zielführend und man wendet daher die *„Formel der gesetzmäßigen Bedingung“* an.

Definition csqn-Formel: Kausalität ist gegeben, wenn der Erfolg in seiner konkreten Gestalt entfallen würde, wenn man sich die Handlung des Täters wegdenkt.

Wenn A auf B schießt und dieser durch den Schuss stirbt, dann lässt sich der Schuss nicht wegdenken, ohne dass der Tod des B entfallen würde. Bei der Prüfung der Kausalität wird das Verhalten des Täters zur Gänze weggedacht. Wenn dadurch auch der Erfolg in seiner konkreten Gestalt entfällt, war die Tat des Täters kausal für den Erfolg.

[Im Gegensatz dazu wird bei der Risikoerhöhung (sh sogleich) das Verhalten des Täters durch rechtmäßiges Verhalten ersetzt, nicht aber komplett weggedacht!]

Wenn jedoch B an einem zufälligen Herzinfarkt gestorben ist, weshalb nicht der Schuss sondern der Herzinfarkt für den Tod des B kausal war, scheitert die Zurechnung des Schusses zum Tod des A. Denkt man sich nämlich den Schuss weg, wäre B ohnehin gestorben – nämlich an dem Herzinfarkt. A ist jedoch nicht straffrei, denn für Fälle, in denen kein Erfolg oder kein *zurechenbarer* Erfolg eintritt, kommt die Versuchsstrafbarkeit (siehe Kapitel 8) in Frage.

Dazu ein weiteres Beispiel: A fährt in einer 30er Zone mit 50 km/h und überfährt ein spielendes Kind. Hätte A das Kind auch mit 30 km/h überfahren, so ändert dies trotzdem nichts an der Kausalität, A ist **kausal** für den Tod des Kindes. [Erst auf der Ebene der Risikoerhöhung kommt man dann zu dem Ergebnis, dass A auch bei rechtmäßigem Verhalten das Kind überfahren hätte und daher die normative Zurechnung scheitert.]

Exkurs: Kumulative Kausalität

Auch nachzulesen in: Lewisch, Casebook Strafrecht[7], 10.

Das klassische Beispiel zur kumulativen Kausalität ist, dass zwei Personen (unabhängig voneinander) einen Dritten vergiften wollen, beide aber nur die Hälfte an Gift verwenden. Nur in der gemeinsamen Menge reicht das Gift aus und das

3 Sh Seite 41.

Mordopfer stirbt. Die Kausalität mittels der csqn-Formel ist bei jeder der beiden Personen erfüllt, denn denkt man sich eines der Gifte weg, so entfällt auch der Tod des Opfers. Das Handeln beider Täter war daher kausal.

Exkurs: Alternative Kausalität

Auch nachzulesen in: Lewisch, Casebook Strafrecht⁷, 11.

Die csqn-Formel hilft jedoch nicht, wenn es darum geht, dass nicht zwei Mengen nur in ihrer Gesamtheit den Tod eines Dritten herbeiführen, sondern jede Dosis alleine genügt.

Es führt in einem solchen Fall nämlich jede der beiden Mengen für sich selbst zum Erfolg in der konkreten Gestalt, zu derselben Zeit. Denkt man sich daher (mit Hilfe der csqn- Formel) die Handlung eines Täters weg, wäre das Opfer (da der andere ebenfalls die tödliche Dosis verabreicht) ohnehin gestorben. Nach der csqn- Formel wäre daher keiner der beiden Täter kausal für den Erfolg und es käme höchstens eine Versuchsstrafbarkeit in Betracht. Behält man jedoch im Hinterkopf, dass beide Täter jeweils die tödliche Menge an Gift verwendet haben und auch vollen Tatbildvorsatz hatten, scheint es unverständlich, weshalb „nur“ eine Versuchsprüfung in Frage kommen sollte.

Um sich über solche Probleme auf Kausalitätsebene zu helfen, gibt es die *„Formel von der gesetzmäßigen Bedingung“*, mittels welcher letztlich beide Täter für den Tod kausal und somit strafbar sind.

Definition Lehre von der gesetzmäßigen Bedingung: Diese Theorie besagt, dass eine Handlung kausal ist, wenn sich daran nach allgemeiner oder sachverständiger Erfahrung ein Ergebnis angeschlossen hat, das mit der Handlung in einem naturgesetzlichen Zusammenhang steht und Bestandteil eines strafrechtlichen Erfolges ist.[4]

Bei der Prüfung muss auf der Ebene „Kausalität“ nicht nur die Frage beantwortet werden, ob die Handlung des Täters für den Erfolg kausal war, sondern auch angeführt werden, welche der beiden Formeln hierbei angewendet wurde. Dabei sollte die jeweilige Definition erwähnt werden.

Achtung: Ist nur ein Gift tödlich und es kann nicht herausgefunden werden, welches Gift den Tod bewirkt hat, sind beide Täter in Zweifel für den vollendeten Mord freizusprechen („in dubio pro reo“) und, bei entsprechendem Vorsatz, nur für Mordversuch zu bestrafen.

4 *Maleczky*, Strafrecht AT¹², 9.

b) Normative Zurechnung

Die Elemente der **normativen** Zurechnung müssen beim Vorsatzdelikt nur in Ausnahmefällen geprüft werden. Gewöhnlich ist jedes kausale Handeln beim Vorsatzdelikt auch normativ zurechenbar. Auf diese Prüfungsschritte wird daher in der Regel nur bei der Lösung eines Fahrlässigkeitsdeliktes Bezug genommen.

Die einzelnen Elemente sollen helfen festzustellen, ob der Erfolg dem Täter zuzurechnen ist oder nicht. Sie haben daher eine gewisse Filterfunktion. So bildet die Adäquanz den gröbsten Filter, während die Risikoerhöhung den feinsten Filter bildet. Erst wenn alle drei Elemente positiv geprüft werden, kommt es zu einer normativen Zurechnung der Handlung zum Erfolg und somit zur Strafbarkeit. Andernfalls ist die Zurechnung zu verneinen und der Täter somit straflos.

1. Adäquanz

Auch nachzulesen in: Fuchs Strafrecht AT I[9], Kap 13 Rz 24ff.

Das erste Element, das der „*Adäquanz*", ist der gröbste Filter der normativen Zurechnung. Es stellt sich die Frage, ob der Erfolg „*außerhalb der Lebenserfahrung*" eingetreten ist.

Bsp: A ärgert sich über den langsam vor ihm fahrenden B. Er hupt diesen daher an. C, welcher gerade auf seinem Balkon die Sonne genießt, erschrickt sich dadurch und erleidet einen tödlichen Herzinfarkt.

Die Definition „außerhalb der Lebenserfahrung" ist jedoch noch zu ungenau. Jeder der dies liest hat eine eigene Lebenserfahrung, weshalb das Ergebnis zu sehr von der jeweiligen Betrachtung und Lebenserfahrung des Prüfungskandidaten/Staatsanwaltes/Richters abhängen würde. Aus diesem Grund gilt es zu fragen, welche Lebenserfahrung heranzuziehen ist.

Zur Beurteilung der Frage welche Lebenserfahrung heranzuziehen ist, gibt es zwei Ansichten, die beide bei der Prüfung angeführt werden müssen.

1. So kann die Adäquanz dann fehlen, wenn der Erfolgseintritt **außerhalb der gewöhnlichen Lebenserfahrung** ist (in dem Fall: Hupen im Straßenverkehr führt dazu, dass Dritte einen tödlichen Herzinfarkt erleiden). Der Erfolg (Tod des C) wäre nach dieser Ansicht dem A **nicht** zurechenbar, da es außerhalb der **gewöhnlichen** Lebenserfahrung ist, dass Personen auf Grund von Verkehrsgeräuschen einen Herzinfarkt erleiden. Um festzulegen ob etwas „außerhalb der gewöhnlichen Lebenserfahrung" ist, gibt es keine festgelegten Parameter. Hierbei entscheidet oft das Bauchgefühl.

2. Einer anderen Ansicht zur Folge kann die Adäquanz dann fehlen, wenn der Erfolgseintritt **außerhalb jeder Lebenserfahrung** ist (in dem Fall: Hupen im Straßenverkehr führt dazu, dass Dritte einen tödlichen Herzinfarkt erleiden). Der Erfolg (Tod des C) wäre nach dieser Ansicht dem A **zurechenbar** da es innerhalb **jeder** Lebenserfahrung ist, dass Personen auf Grund von Verkehrsgeräuschen einen Herzinfarkt erleiden. Da nahezu alles bereits vorstellbar und somit im Möglichen liegt, muss mit dieser Formel die Adäquanz praktisch immer bejaht werden.

Bei der Prüfung ist auf beide Ansichten kurz einzugehen und es wird erwartet, dass man sich für eine der Ansichten entscheidet und an Hand dieser den Fall zu Ende prüft. Es ist ratsam, sich für jene Lösung zu entscheiden, nach der noch weiter geprüft werden kann, um sich nicht von Vorneherein einem Teil des Falles zu berauben.

2. Risikozusammenhang

Auch nachzulesen in: Fuchs, Strafrecht AT I⁹, Kap 13, Rz 28ff.

Nach der Prüfung der Adäquanz betrachtet man den *„Risikozusammenhang“*, um zu sehen, ob die Verhinderung des Erfolges im *„Schutzzweck der Norm war“*. Diese Definition mutet kompliziert an, sie kann jedoch in 3 Stufen umgesetzt werden.

1. Zunächst sollte sich ins Gedächtnis gerufen werden, gegen welche **konkrete** Norm der Täter bei der objektiven Sorgfaltswidrigkeit verstoßen hat (Rechtsnorm, Verkehrsnorm, Maßfigur). Bei einer Rechts-/Verkehrsnorm ist diese Feststellung relativ einfach. Die StVO als Rechtsnorm verbietet zu schnelles Fahren und die FIS-Regeln als Verkehrsnorm verbieten bspw das Einfahren zu Pisten auf denen Lawinengefahr besteht. Schwieriger ist die Feststellung der Norm beim Maßmenschen: Da der Maßmensch sich an kein *„geschriebenes“* Recht hält, muss eine solche Norm erst überlegt werden. Brüllt der Täter im Sachverhalt lautstark aus dem Fenster, so ist die Norm, an die sich der Maßmensch gehalten hätte: *„Man brüllt nicht grundlos lautstark aus dem Fenster“.*

   Von Prüfungskandidaten wird aber nicht erwartet, dass sie sämtliche Normen (Gesetze und Verkehrsnormen) sowie deren Schutzzweck auswendig kennen. Welche Normen beim Risikozusammenhang geprüft werden, lernt man schnell durch das Lösen vieler unterschiedlicher Fälle bzw lässt sich durch das logische Denken oft erkennen.

2. Im zweiten Schritt ist zu fragen, welche Erfolge durch die jeweilige Norm vermieden werden sollten. Hierbei handelt es sich um den sogenannten „Schutzzweck der Norm“. Eine Norm, welche das zu-schnelle Fahren verbietet, soll verhindern,

dass andere Verkehrsteilnehmer (etwa Passanten) übersehen oder auf Grund des langen Bremsweges angefahren werden (=Schutzzweck der Norm).

3. Die Feststellung des Inhaltes der Norm und dessen Schutzzweck reicht jedoch noch nicht zur Beurteilung für einen konkreten Fall aus. Im dritten und letzten Schritt muss daher festgestellt werden, ob der gemäß Sachverhalt eingetretene Erfolg im Schutzzweck der Norm war. Wenn im obigen Beispiel nicht ein anderer Verkehrsteilnehmer angefahren wird, sondern sich ein Dritter, der aus einem Fenster auf die Straße blickt, sich dermaßen erschrickt, dass er aus dem Fenster fällt, ist der Erfolg nicht im Schutzzweck der Norm.

Dies deshalb, da die Norm des § 20 Abs 2 StVO: *„Sofern die Behörde nicht gemäß § 43 eine geringere Höchstgeschwindigkeit erlässt oder eine höhere Geschwindigkeit erlaubt, darf der Lenker eines Fahrzeuges im Ortsgebiet nicht schneller als 50 km/h, auf Autobahnen nicht schneller als 130 km/h und auf den übrigen Freilandstraßen nicht schneller als 100 km/h fahren"* in ihrem Schutzzweck die Verhinderung von Unfällen mit anderen Verkehrsteilnehmern auf Grund überhöhter Geschwindigkeit hat.

Die Norm soll jedoch nicht verhindern, dass sich Dritte erschrecken und aus dem Fenster fallen. Der eingetretene Erfolg ist daher außerhalb des Schutzzweckes der Norm.

Ein weiteres Bsp zur Verdeutlichung: A fährt mit seinem Fahrzeug in der Nacht. Er hat das Fernlicht eingeschaltet, um besser sehen zu können. B kommt auf der Gegenfahrbahn A mit seinem Auto entgegen. A schaltet das Fernlicht nicht aus. B wird dadurch geblendet, verliert die Kontrolle über sein Fahrzeug und prallt gegen einen Baum, wodurch er schwer verletzt wird.

Frage: Ist die eingetretene Verletzung vom Risikozusammenhang erfasst?

Prüfung:
1. Die objektive Sorgfaltswidrigkeit ergibt sich in diesem Bsp aus einem Verstoß gegen eine Rechtsnorm, nämlich die StVO.
2. Die StVO regelt, dass das Fernlicht abgedreht werden muss, wenn ein Fahrzeug entgegenkommt.
3. Das wird von der StVO geregelt, um zu vermeiden, dass andere Autofahrer auf der Gegenfahrbahn geblendet werden und dadurch die Kontrolle über das Fahrzeug verlieren.

Ergebnis: Der eingetretene Erfolg ist daher in diesem Fall innerhalb des Risikozusammenhanges.

Denkbar wäre auch folgender Fall:

Bsp: A ist auf dem Weg nach Wien, als er eine Abfahrt übersieht. Er entschließt sich, umzudrehen, weil gerade wenig Verkehr ist. Eine Gefährdung anderer hält er für unmöglich. So fährt er entgegen der Fahrtrichtung auf der Autobahn und kollidiert mit dem entgegenkommenden X. X erleidet einen Schlüsselbeinbruch. Er lässt den Schlüsselbeinbruch nicht behandeln, weshalb es zu einer Komplikation kommt und X verstirbt. Zur Zeit des Autounfalls war Y in seinem Garten damit beschäftigt, Äpfel zu pflücken. Durch den lauten Knall erschrickt er, verliert das Gleichgewicht und fällt von der Leiter. Dabei bricht er sich das Handgelenk.

Es stellen sich nun zwei Probleme. Erstens: Ist A für das gebrochene Handgelenk des Y zu bestrafen? Kausal dafür war er allemal. Zweitens: Ist A für den Tod des X zu bestrafen? Das erscheint zu streng, weil A darauf ja gar nicht mehr einwirken konnte, da sich X nicht behandeln ließ.

Wichtig ist, die gesamte Fallprüfung durchzuführen, auch wenn vielleicht schon zu Anfang erkennbar ist, worauf der Fall hinaus möchte.

So ist zunächst die **Strafbarkeit des A für die Verletzung des Y nach § 88 Abs 3, 4 StGB** zu prüfen.[5]

Dabei wird festgestellt werden, dass der **Erfolg**, nämlich die schwere Körperverletzung in Form eines Knochenbruchs (Handgelenk des Y), **eingetreten** ist. A hat sich **objektiv sorgfaltswidrig** verhalten, weil er **gegen ein Gesetz**, nämlich die StVO, **verstoßen** hat. Er verhält sich durchaus **grob fahrlässig**, denn beim Geisterfahren auf der Autobahn ist es nahezu unausweichlich, dass der Erfolg eintritt und jemand verletzt wird.[6]

A war für die Verletzung des Y auch **kausal**, wäre er nicht gegen die Einbahn gefahren, wäre Y nicht erschrocken und damit nicht von der Leiter gefallen (csqn). Eine solche Verletzung ist **innerhalb jeglicher Lebenserfahrung**, denn, dass Personen über Unfälle erschrecken, ist denkbar (Adäquanz).[7]

Allerdings ist die Verletzung **nicht im Risikozusammenhang**. Der Schutzzweck der StVO und der Verhaltensanordnung, dass man nicht gegen Einbahnen fahren soll, dient nicht dazu, um Dritte zu schützen, die sich erschrecken könnten. Man muss da-

5 Zur unterschiedlichen Schreibweise „§ 88 Abs 1, 3, 4 StGB“ oder „§ 88 Abs 3, 4 StGB“ im Anhang 1.

6 AA möglich.

7 Bei Fokus auf die „gewöhnliche“ Lebenserfahrung wäre dies durchaus diskutabel. Um einen Fall nicht zu früh abzubrechen, empfiehlt es sich daher, die Formel „jede“ Lebenserfahrung zu verwenden und lediglich darauf hinzuweisen, dass es auch noch eine andere Ansicht dazu geben könnte.

her an diesem Punkt die Fallprüfung abbrechen und zu dem Ergebnis kommen, dass A hinsichtlich der Verletzung des Y straflos ist.

Ob A nun für den Tod des X haftet, mit welchem er im obigen Beispiel kollidiert ist, ist dagegen diffiziler. Liegen zwei nacheinander liegende Erfolge vor (in concreto: Schlüsselbeinbruch und in weiterer Folge Tod) muss die Fallprüfung immer beim Enderfolg begonnen werden. Nur wenn dieser aus bestimmten Gründen (zB Rücktritt, tätige Reue, Probleme auf Zurechenbarkeitsebene) dem Täter nicht angelastet werden kann, können auch Zwischenerfolge geprüft werden. Bei A in Verbindung mit dem Tod des X lässt dieser den Bruch nicht behandeln, weshalb er stirbt. Da X stirbt muss auch zwingend beim letzten Erfolg (hier: Tod) zu prüfen begonnen werden muss Zunächst soll zur Veranschaulichung **§ 81 Abs 1 StGB**[8] komplett durchgeprüft werden:

1. **Tatbestandsmäßigkeit**

   Objektiver Tatbestand: Der Erfolg, der Tod des X, ist eingetreten. X ist ein anderer und somit Tatobjekt.

   Objektive Sorgfaltswidrigkeit: A verstößt gegen eine Rechtsnorm, nämlich gegen die StVO, da diese das Umkehren auf Autobahnen verbietet

   A hat **grob fahrlässig** gehandelt, weil er die notwendige Sorgfalt außer Acht gelassen hat und ein solcher Erfolg nahezu unausweichlich schien.

2. **Zurechenbarkeit**

   - *Kausalität*:
     Wenn man sich das Verhalten von A gemäß csqn-Formel wegdenkt, hätte er nicht gegen die Rechtsnorm verstoßen und wäre nicht entgegen der Fahrtrichtung gefahren. Dann hätte X keine Verletzung erlitten und wäre anschließend auch nicht gestorben.
   - *Adäquanz*:
     Es liegt innerhalb jeglicher sowie der gewöhnlichen Lebenserfahrung, dass manche Menschen nicht zum Arzt gehen, sich nicht behandeln lassen wollen und dadurch versterben.
   - *Risikozusammenhang*:
     Die StVO verbietet das Umkehren auf Autobahnen um einen Zusammenstoß mit anderen Verkehrsteilnehmern zu verhindern (= Schutzzweck der Norm). In concreto hat sich der Schutzzweck der Norm im Eintritt des Erfolges (Tod des X auf Grund des Umkehrens von A) verwirklicht.

8 Wird nur einfache Fahrlässigkeit angenommen, muss es hier systemkonsequent § 80 Abs 1 StGB sein.

Hier kann der Risikozusammenhang jedoch dadurch durchbrochen sein, weil der Verletzte, also X, den Schlüsselbeinbruch nicht behandeln ließ. Das ist auch der Fall. Aufgrund des grob unvernünftigen Fehlverhaltens des X ist der Tod dem A nicht zurechenbar.

A ist daher für den Tod des X nicht strafbar.

Eine Strafbarkeit für die Körperverletzung ist aber dennoch gegeben:

<u>**Strafbarkeit des A nach § 88 Abs 3, 4 StGB**</u>

1. **Tatbestandsmäßigkeit**

   Objektiver Tatbestand: Erfolg ist die schwere Körperverletzung (Schlüsselbeinbruch) des X. X ist ein anderer und daher taugliches Tatobjekt.

   A handelt **objektiv sorgfaltswidrig**, weil er gegen eine Rechtsnorm verstößt, da die StVO das Umkehren auf Autobahnen verbietet

   A hält eine Gefährdung anderer für unmöglich und denkt nicht daran, jemanden zu verletzen. Daher handelt er fahrlässig. Da das Fahren gegen die Fahrtrichtung ungewöhnlich und auffallend sorgfaltswidrig ist und nahezu unausweichlich zu einem Unfall führt, liegt **grobe Fahrlässigkeit** vor.

2. **Zurechenbarkeit**

   Kausalität: Denkt man sich das Verhalten des A gemäß der csqn-Formel (conditio sine qua non) weg, wäre X unverletzt. Daher ist das Verhalten des A kausal für den Erfolg.

   Adäquanz: Es liegt innerhalb jeder sowie der gewöhnlichen Lebenserfahrung, dass man eine Kollision hervorrufen und Menschen verletzen kann, wenn man entgegen der Fahrtrichtung fährt.

   Risikozusammenhang: Der Risikozusammenhang ist gegeben. Die StVO verbietet ein Fahren entgegen der Fahrtrichtung, weil das Risiko besteht, dass es zu einer Kollision kommt und jemand verletzt werden könnte. Exakt jener Schutzzweck der Norm hat sich in concreto verwirklicht (A dreht auf der Autobahn um und stößt mit X zusammen).

   Risikoerhöhung gegenüber rechtmäßigem Alternativverhalten: Wäre A bei der nächsten Abfahrt abgebogen, gäbe es keine Kollision und X hätte auch keinen Schlüsselbeinbruch erlitten. Das Risiko für den Erfolgseintritt (Zusammenstoß) hat sich daher durch die Handlung des A (Umkehren auf der Autobahn) <u>**zweifelsfrei**</u> erhöht.

3. Rechtswidrigkeit

   A hat rechtswidrig gehandelt, es liegen keine Rechtfertigungsgründe vor.

4. Schuld

   Es gibt keine Schuldausschließungsgründe.

   4.1. subj. Sorgfaltswidrigkeit unproblematisch, insbesondere war A ein anderes Verhalten zumutbar.

A ist gemäß § 88 Abs 3, 4 strafbar

Gründe, warum die Zurechenbarkeit auf der Ebene des Risikozusammenhangs durchbrochen werden kann, liegen oft im Fehlverhalten einer weiteren Person, die somit die Verantwortung des Täters am Erfolg schmälert. Wichtig ist jedoch, dass zunächst der Risikozusammenhang bejaht und erst in Folge durchbrochen wird. Liegt nämlich der Erfolg nicht im Schutzzweck der Norm (und ist damit der Risikozusammenhang zu verneinen), kann logischerweise der Risikozusammenhang auch nicht durchbrochen werden.

Wenn jedoch der Eintritt des Erfolges grundsätzlich im Schutzzweck der Norm ist, so wird der Risikozusammenhang durchbrochen bei:

- nachträglichem, grob fahrlässigem Handeln eines Dritten
- vorsätzlichem Handeln eines Dritten
- grob unvernünftigem (nach Judikatur: schlechthin unbegreiflichem) Fehlverhalten des Opfers selbst

Aber auch andere Gründe können den Risikozusammenhang durchbrechen:

- Verwirklichung eines allgemeinen Lebensrisikos, so zB Folgeerkrankungen (sofern sie nicht aus der speziellen Gefahr einer vom Täter verursachten Verletzung resultieren) oder eine schlechte körperliche Konstitution des Opfers
- Verwirklichung eines Berufsrisikos
- Schaulustige, auch wenn sie durch die vom Täter geschaffene Gefahr verletzt werden
- Einmischen von Rettern (sog „*Retterproblematik*"): Ein Retter setzt sich freiwillig einer Gefahr aus um ein Opfer zu retten. Hier prallen daher zwei Ebenen aufeinander. Einerseits ist sich der Retter (zumindest partiell) der Gefahr bewusst und geht daher das Risiko selbst ein, weshalb argumentiert werden könnte, dass der Täter für diese „*freiwillige Risikoaussetzung*" nicht zu bestrafen wäre, jedoch handelt der Retter in der Absicht dem Opfer zu helfen. Die Judikatur verneint das Durchbrechen des Risikozusammenhangs und verurteilt Täter auch für Verletzungen von Rettern. Die Lehre hingegen sieht hier einen Fall der freiwilligen

Selbstgefährdung, weshalb der Risikozusammenhang hinsichtlich von Verletzungen beim Retter durchbrochen ist.

Gründe welche den Risikozusammenhang durchbrechen lassen könnten, sollten für die Prüfung verinnerlicht werden, da der Risikozusammenhang oftmals problematisiert werden muss.

Bsp 16: Eduardo ärgert sich bei einem Schulausflug über seine Klassenkollegin Petra und stellt dieser das Bein. Petra stolpert und bricht sich den Knöchel, weswegen sie die restlichen Tage zu Hause verbringen muss. Zwei Tage später kommt es in ihrem Wohnhaus zu einer Gasexplosion, bei der Petra und ihre Familie sterben. Wäre Petra in der Schule gewesen und hätte nicht wegen des verstauchten Knöchels das Bett gehütet, wäre sie nicht gestorben. Ist der Tod der Petra dem Eduardo zurechenbar?

Bsp 17: Als die Brüder Severin und Elias einander zum Spaß hin und her schubsen, fallen sie dabei auf Nora, die eine Kopfverletzung erleidet. Nora weigert sich aber, ihre Verletzung behandeln zu lassen. Durch das Nichtbehandeln entzündet sich die Wunde und muss schlussendlich operiert werden und 36 Tage einen großen Verband tragen. Ist die Verletzung und Operation der Nora den Brüdern Severin und Elias zurechenbar?

Bsp 18: Alex ist unaufmerksam, so rutscht ihm beim Kochen ein Messer aus der Hand und fällt ungünstig auf Fabians Fuß. Sofort eilt Medizinstudent Daniel zu Hilfe und säubert die Wunde mit Kirschlikör, weil das der einzige Alkohol in der Umgebung ist. Danach möchte er eine Creme auf die Wunde schmieren, findet aber keine und verwendet stattdessen Seife. Fabians Fuß schwillt die nächsten Tage an und er muss schlussendlich ins Krankenhaus, sich die Wunde desinfizieren lassen. Durch die Entzündung humpelt er einen Monat und kann seiner Arbeit nicht nachgehen. Ist die Verletzung und einmonatige Berufsunfähigkeit des Fabian dem Alex zurechenbar?

3. Risikoerhöhung

Als letzter Filter ist zu prüfen, ob sich das Risiko des Erfolgseintrittes durch das Verhalten des Täters ***„zweifelsfrei erhöht“*** hat.

Hat sich nämlich das Risiko des Erfolgseintrittes kaum oder nur ein wenig durch die Handlung des Täters erhöht und wäre der Erfolg ohne Verhalten des Täters in derselben Weise eingetreten, kann er dem Täter nicht zugerechnet werden. Dieses Element kann jedoch nur im Nachhinein, sohin nach Eintritt des Erfolges, festgestellt werden (= ex post).

Als klassisches Beispiel sei der Autofahrer A angeführt, welcher in einer 30er-Zone 60 km/h fährt und den B, welcher plötzlich und unerwartet zwischen zwei parkenden Autos hervorspringt, überfährt und dabei schwer verletzt.

Hätte A den B auch schwer verletzt, wenn A 30 km/h schnell gefahren wäre, ist das Risiko des Erfolgseintrittes durch die Handlung des A nicht zweifelsfrei erhöht worden. Die Verletzung wäre nämlich auch bei 30 km/h eingetreten. Diesfalls wäre die Zurechenbarkeit zu verneinen und A wäre wegen der Verletzung des B nicht zu bestrafen. [Allenfalls käme eine Fallprüfung betreffend eines Gefährdungsdeliktes infrage, wenn eine konkrete Gefahr für eine andere Person bestanden hatte.]

Erst wenn auch diese letzte Ebene, nämlich die Risikoerhöhung gegenüber rechtmäßigem Alternativverhalten geprüft und bejaht wurde, dann liegt eine zum Erfolg zurechenbare Handlung vor. An dieser Stelle ist nur nochmals anzumerken, dass bei einfachen Vorsatzdelikten die Prüfung des Elementes „*Kausalität*“ ausreicht und bei Handlungs- oder Versuchsdelikten überhaupt keine Zurechnung geprüft wird.

5. Kapitel
Rechtswidrigkeit

Auch nachzulesen in: Fuchs/Zerbes, Strafrecht AT I[10], Kap 17; Kienapfel/Höpfel/Kert, Strafrecht AT[16], Kap 13–15; Lewisch in Höpfel/Ratz, WK[2] StGB § 3; Steininger, Strafrecht AT Band I[3] Kap 11.

Allgemeines

Grundsätzlich indiziert Tatbestandsmäßigkeit die Rechtswidrigkeit. Hat jemand ein Delikt tatbestandsmäßig begangen, ist es wahrscheinlich, dass er dabei auch rechtswidrig gehandelt hat. In diesem Fall braucht nur angeführt werden, dass die „*Rechtswidrigkeit unproblematisch*" ist.

Allerdings muss das nicht immer sein. Selbst wenn der Täter den Erfolg gewollt und zurechenbar verursacht hat oder eine pönalisierte Handlung bewusst vorgenommen hat, gibt es noch Möglichkeiten dafür, dass er dennoch nicht zu bestrafen ist, weil er gerade nicht rechtswidrig sondern gerechtfertigt gehandelt hat.

An dieser Stelle gilt es zu betonen, dass zwischen Rechtfertigung und Schuldausschließung in der Lehre streng unterschieden werden muss, und auch für einige Feinheiten in Bezug auf die Frage der Gegenwehr gegen ein von der Rechtsordnung toleriertes Verhalten diese Unterscheidung eine wichtige Rolle spielt. Bitte lesen Sie daher stets genau, ob ein Verhalten „*gerechtfertigt*" oder „*entschuldigt*" wird.

Rechtfertigungsgründe sind der Reihe nach zu prüfen, das bedeutet, das mit der Notwehr begonnen wird und erst, wenn diese zu verneinen ist, der rechtfertigende Notstand geprüft werden soll. Danach kommen die übrigen Rechtfertigungsgründe in Betracht. Die spezielleren Rechtfertigungsgründe wie bspw § 80 (2) StPO und § 19, 344 ABGB sind immer zusätzlich zu Notwehr zu prüfen.

Erst wenn alle Rechtfertigungsgründe verneint werden können, steigt man von der Rechtswidrigkeitsebene auf die Schuldebene „hinab" – zumeist zum entschuldigenden Notstand gemäß § 10 StGB, eine strenge Trennung der Rechtswidrigkeits- von der Schuldebene ist aber wichtig! Die sprachliche und stilistische Unterscheidung der beiden Ebenen ist daher zwingend.

Bei der Prüfung müssen nicht immer alle sogleich angeführten Rechtfertigungsgründe geprüft werden, bevor man zur Schuldebene gelangt. Lediglich solche Rechtfertigungsgründe müssen geprüft werden, für die es auch Ansätze im Sachverhalt zu finden gibt. Eine Rechtfertigung aus dem Grund des „*Erziehungsrechtes*" muss nicht geprüft werden, wenn im Sachverhalt nicht einmal ein Hinweis auf ein Kind oder die Ausübung eines solchen Rechtes thematisiert wird. Man sollte daher bereits beim Lesen der Angabe stichwortartig die angeschnittenen Rechtfertigungsgründe notieren, um nicht zu übersehen, worauf der Fall abzielt, oder solche zu prüfen, die nicht einmal ansatzweise vorkommen.

Bei der Prüfung eines Rechtfertigungsgrundes (Notwehr, rechtfertigender Notstand, …) gibt es drei Elemente, die zu prüfen sind:

1. Rechtfertigungssituation } objektive Seite
2. Rechtfertigungshandlung }
3. Subjektives Element (nur bei Vorsatzdelikten; bei Fahrlässigkeitsdelikten ist dieses Element nicht zu prüfen)

Jeder Rechtfertigungsgrund sollte daher immer methodisch sauber an Hand dieser Elemente geprüft werden.

a) Notwehr

Der bekannteste Rechtfertigungsgrund ist die Notwehr in § 3 StGB.

§ 3 StGB

(1) Nicht rechtswidrig handelt, wer sich nur der Verteidigung bedient, die notwendig ist, um einen gegenwärtigen oder unmittelbar drohenden rechtswidrigen Angriff auf Leben, Gesundheit, körperliche Unversehrtheit, Freiheit oder Vermögen von sich oder einem anderen abzuwehren. […]

Wichtig ist, dass Notwehr (und so auch jeder andere Rechtfertigungsgrund) immer erst geprüft wird, wenn das begangene Delikt selbst geprüft wurde. Zunächst muss eine Tathandlung vorliegen, diese kann dann gerechtfertigt sein. Gibt es keine Tathandlung, weil sich das Opfer beispielsweise durch „böse schauen" gewehrt und so einen Angreifer in die Flucht geschlagen hat, gibt es auch kein Delikt, das zu rechtfertigen wäre.

Bsp: Marek ärgert sich bei einer Projektarbeit über Katharinas Anmerkungen. Deswegen möchte er sie eigentlich aus dem Fenster werfen. Als er jedoch dazu ansetzt, fängt diese an, zu lachen und wehrt sich nicht einmal. Marek ist dadurch irritiert und überlegt es sich schließlich anders.

Hierbei wäre nach der Strafbarkeit des Mareks auch jene der Katharina zu prüfen. Diese setzt sich ja zur Wehr. Da die Handlung „lachen" aber kein Delikt erfüllt, bleibt sie von vornherein straflos. Eine Rechtfertigung muss daher weder gesucht noch geprüft werden, denn es gibt keine Tathandlung, die zu rechtfertigen wäre.

Eine solche braucht es nur, wenn der Verteidigende eine strafrechtlich relevante Tathandlung setzt.

Bsp: Schlägt Anton den Bruno und wirft Bruno den Angreifer Anton daraufhin zu Boden, sodass dieser sich die Schulter ausrenkt, hat Bruno ein Delikt begangen, nämlich eine Körperverletzung nach § 83 Abs 2 StGB (bei entsprechendem Verletzungsvorsatz § 83 Abs 1 StGB). Sowohl der objektive als auch der subjektive Tatbestand und die Zurechnung des Verletzungserfolges zum Handeln des Bruno sind erfüllt. Erst auf der Rechtfertigungsebene kann nun § 3 StGB erwähnt werden und hier sind sodann die einzelnen Elemente der Notwehr durchzuprüfen.

1. Objektive Seite

Notwehrsituation

Notwehr üben darf nur, wer angegriffen wird. Die Notwehrsituation muss daher **objektiv** vorliegen. Glaubt das Opfer, es wird angegriffen, und verteidigt sich, kann es sich nicht auf Notwehr berufen, wenn der Täter es in Wirklichkeit nicht angreifen wollte (A joggt nachts im Park, als sie B bemerkt, der ihr hinterherläuft. Sie dreht sich um und schlägt ihm ins Gesicht, weil sie vermutet, er könnte sie überfallen. In Wahrheit ist aber B auch nur ein Jogger. A kann sich nicht auf Notwehr berufen. Eventuell kommt Putativnotwehr nach § 8 StGB infrage (siehe g)).

Ein **Angriff** bedeutet, dass ein **notwehrfähiges Rechtsgut** in Gefahr ist. Es droht einem der im Paragraphen aufgezählten Güter Leben, Gesundheit, körperliche Unversehrtheit, sexuelle Integrität und Selbstbestimmung, Freiheit oder Vermögen ein Nachteil. Dieser Nachteil liegt darin, dass eine Zustandsänderung zu erwarten ist, das Vermögen würde verringert, das Leben gefährdet oder die Freiheit eingeschränkt werden. Werden Rechtsgüter nicht aufgezählt, sind sie nicht notwehrfähig: Die Ehre beispielsweise ist in Österreich kein notwehrfähiges Rechtsgut.

> **Bsp 19:** Der Ganove Gustav wartet, bis Jurist Josef aus der Kanzlei kommt, und sprintet an ihn heran, um ihm seine Aktentasche aus der Hand zu reißen. Josef reagiert jedoch blitzschnell und stößt Gustav von sich. Durch den Stoß verstaucht sich Gustav den Knöchel und muss etliche Tage einen Verband tragen. Handelt Josef gerechtfertigt?
>
> **Bsp 20:** Viktor beschimpft Bräutigam Hugo auf seiner Hochzeit vor all seinen Freunden und Verwandten. Das möchte sich Hugo nicht gefallen lassen, deswegen schlägt er Viktor ins Gesicht und bricht ihm die Nase. Handelt Hugo gerechtfertigt?

Bsp 21: Diebin Liane ist bei Alexander eingebrochen und steckt gerade Goldmünzen ein, als dieser sie entdeckt und mit dem Gewehr bedroht. Erschrocken läuft sie davon. Handelt Alexander gerechtfertigt?

Der Angriff muss **gegenwärtig oder unmittelbar drohend** sein. Bei bereits abgeschlossenen Angriffen gibt es keine Notwehr. Hat A daher den B geschlagen und verlässt A den Tatort bereits, dann kann B nicht A nachlaufen und ihn aus „Notwehr" verprügeln. Es drohte nämlich zu diesem Zeitpunkt keine (weitere) Rechtsgutverletzung. Es würde sich daher um einen extensiven (zeitlich bedingten) Notwehrexzess handeln. Dafür wird gehaftet, als wäre kein Angriff vorgelegen.

Bsp 22: Angelo möchte sich an seinem Exfreund Julian rächen und hat dazu ein Messer besorgt. Als er am Tag X mit ihm am Donaukanal spazieren geht, erahnt Julian, was Angelo im Schilde führt. Kurzerhand stößt Julian Angelo in den Donaukanal, wo dieser leider unvorhergesehen ertrinkt. Handelt Julian gerechtfertigt?

Bsp 23: Kristina und ihre Freundin Jasmin sind am Handelskai unterwegs, als eine Jugendbande mit schwarzen Masken vor ihnen auftaucht und beginnt, sie einzukreisen. Sofort nutzen die beiden ihre Karatekünste und eliminieren die gesamte Jugendbande, wovon drei Jugendliche nun blaue Flecken und Prellungen erlitten haben. Handeln Kristina und Jasmin gerechtfertigt?

Es zählen zudem nur **menschliche** Angriffe. Das bedeutet, dass der Angriff zumindest von einem Menschen koordiniert werden muss.

Bsp 24: Yagmur kann Pascal nicht leiden, weshalb sie eines Tages ihrem Hund sagt: „Fass", und ihn auf Pascal hetzt. Pascal wehrt sich mit einem Stock und bricht dem Hund dabei sämtliche Knochen. Handelt Pascal gerechtfertigt?

Bsp 25: Michaels Katze war nie ein Fan von Menschen. So auch an jenem Mittwoch nicht, an dem Michael seine Freundin Marie zu sich nach Hause nimmt. Eifersüchtig springt die Katze auf Marie, rammt ihr die Krallen in die Oberarme und setzt zum nächsten Schlag an. Geistesgegenwärtig wirft Marie die Katze aus dem Fenster, wodurch diese ihr Ende findet. Handelt Marie gerechtfertigt?

Bsp 26: Als Barbara ihre neue Drohne wiederholt auf Klaudia zusteuert und dieser damit auf den Kopf oder gegen die Schultern fliegt, wird es Klaudia genug und sie schlägt auf die Drohne, welche dadurch irreparabel zerstört wird. Handelt Klaudia gerechtfertigt?

Die Unterscheidung zwischen Rechtfertigungs- und Schuldausschließungsgründen ist deswegen so bedeutsam, weil Notwehr nur gegen jene Angriffe gilt, die **rechtswidrig** erfolgen. Ist also ein Verhalten auf der Rechtfertigungsebene gerechtfertigt, darf sich das Gegenüber dagegen nicht mehr mit § 3 StGB zur Wehr setzen, weil dieser Angriff eben nicht mehr rechtswidrig ist. Ist der Angriff aber **nicht** gerechtfertigt, weil kein entsprechender Rechtfertigungsgrund greift, kann er immer noch entschuldigt sein. Dann bleibt er auf der Rechtfertigungsebene rechtswidrig und daraus folgt, dass sich dagegen mit Notwehr zur Wehr gesetzt werden darf.

Als plakatives Beispiel gilt hierbei die Titanic-Situation in welcher Jack und Rose nur ein Brett zur Verfügung haben. Wenn Rose auf dem Brett liegt, kann Jack aus einem entschuldigenden Notstand heraus Rose vom Brett stoßen und sich selbst darauf legen. Da er aber nur entschuldigt und nicht gerechtfertigt handelt, darf sich Rose dagegen mit § 3 StGB wehren: Ein gegenwärtiger menschlicher Angriff auf ihr Leben wird mit dem schonendsten Mittel abgewehrt. Gegen diese Notwehrhandlung hat Jack keine weitere Notwehr, weil Rose ja gerechtfertigt handelt und daher kein rechtswidriger Angriff auf Jack vorliegt. Er kann sich daher neuerlich nur auf § 10 StGB berufen.

Bsp 27: (Vgl Bsp 19) Der Ganove Gustav wartet, bis Jurist Josef aus der Kanzlei kommt, und sprintet an ihn heran, um ihm seine Aktentasche aus der Hand zu reißen. Josef reagiert jedoch blitzschnell und stößt Gustav von sich. Gustav rappelt sich aber ebenso schnell wieder auf und schlägt Josef mit der Faust ins Gesicht und bricht diesem so die Nase. Handelt Gustav gerechtfertigt?

Bsp 28: Georg hat einem Juwelier 1000 Euro gestohlen. Als er damit auf der Flucht ist, sprintet der Juwelier nach und hält ihn fest. Georg wehrt sich dagegen durch einige schwere Tritte, wodurch der Juwelier blaue Flecken erleidet. Handelt Georg gerechtfertigt?

Bsp 29: Georg hat einem Juwelier 1000 Euro gestohlen. Als er bereits in seiner Wohnung angekommen ist, wird er von der Polizei gefasst und in Handschellen gelegt. Aus Wut rammt er seinen Kopf einem der Polizisten gegen die Brust. Den roten Fleck davon wird der Polizist noch tagelang haben. Handelt Georg gerechtfertigt?

Notwehrhandlung

Mittels Notwehr darf nur in jene **Rechtsgüter** eingegriffen werden, **die der angreifenden Person gehören**. Diese hat schließlich den negativen Appell gesetzt und muss daher damit rechnen, dass sie den Nachteil tragen könnte.

Bsp 30: Nico ist gerade dabei, in das Haus der Murwareed einzubrechen, als diese ihn dabei erwischt und auf ihn einschlägt. Dabei schlägt sie ihm bewusst auch den Dietrich[9], mit dem er das Schloss aushebeln wollte, aus der Hand und dieser zerbricht. Handelt Murwareed gerechtfertigt?

Bsp 31: Tamara sieht, wie sich Damian an der Wohnungstür von Natalie zu schaffen macht. Um ihn zu verjagen, nimmt sie den Schirm der Nachbarn und schlägt Damian damit über den Kopf. Damian erleidet eine Beule, der Schirm der Nachbarn wird dabei so verbogen, dass er nicht mehr verwendet werden kann. Handelt Tamara gerechtfertigt?

Die Notwehrhandlung muss außerdem das „zur Verteidigung notwendige" Mittel sein, sich also auf die Notwendigkeit beschränken. Zentraler Prüfschritt ist dabei, darauf zu achten, dass nur die **schonendste mögliche Handlung** gesetzt werden darf. Gibt es mehrere Möglichkeiten, wie sich ein Opfer verteidigen kann, hat es die Methode zu wählen, bei der es am wenigsten in die Rechtsgüter des Täters eingreift. Risiko muss dabei keines eingegangen werden. Das bedeutet, dass durchaus eine unangemessene Handlung gesetzt werden darf und mehr geopfert werden darf, als bedroht wurde. Nur wenn es eine genauso effektive Möglichkeit gibt, sich „sanfter" zu verteidigen und den Angriff dadurch dauerhaft abzuwehren, muss diese gewählt werden.

Angemessenheit zwischen der Verteidigungshandlung und dem drohenden Nachteil ist also nicht nötig und daher keine Voraussetzung für die Notwehrhandlung.

Nur bei der **Bagatellnotwehr** (auch: Unfugabwehr) muss darauf geachtet werden, dass die Verteidigungshandlung **angemessen** ist. Bagatellnotwehr liegt vor, wenn dem Opfer nur ein geringer Nachteil droht. Dabei spricht *Fuchs* von 1000 Euro, *Kienapfel/Höpfel/Kert* verstehen darunter, angelehnt an die Wertgrenze in § 141 StGB, rund 100 Euro, und *Lewisch* würde die Grenze bei circa 250 Euro ansetzen. Angemessenheit bedeutet, dass die Rechtsgüter gegeneinander abgewogen werden müssen und dabei Gleichwertigkeit bestehen muss. Um sich gegen einen Bagatellangriff auf das Vermögen zu wehren, darf also nicht Leib und Leben des Angreifenden gefährdet werden.

Bsp 32: Die Meisterschützin Evita ist nicht mehr die Jüngste und beobachtet, wie zwei Kinder auf ihren Apfelbaum klettern und sich an den reifen Äpfeln bedienen. Kurzerhand nimmt sie ihre Schrotflinte und schießt die beiden vom Ast. Beide Kinder werden von Evita mitten ins Herz getroffen und sind sofort tot. Handelt Evita gerechtfertigt?

9 Einbruchswerkzeug.

Bsp 33: Irrtümlich wählte der Kleinkriminelle Matthias gerade einen ehemaligen Boxchampion (Bruno) als Opfer aus. Als Matthias Bruno die Pistole auf die Brust setzt und „Geld oder Leben" fordert, schlägt Bruno den Matthias mit einem einzigen Schlag ins Koma, nach einer Woche verstirbt dieser. Natürlich hätte Bruno den Matthias auch nur zur Seite schieben können, aber Bruno wollte, so seine Aussage, „bisschen angeben, wie fest ein Schlag sein kann". Ob Matthias dabei stirbt, war Bruno egal. Handelt Bruno gerechtfertigt?

2. Subjektive Tatseite

Auf der subjektiven Seite ist wichtig, dass dem Opfer auch bewusst ist, dass es sich gerade in einer Notwehrsituation befindet. Erkennt es nicht, dass es angegriffen wird oder gerechtfertigt handelt, gibt es verschiedene Arten der Lösung.[10] Nochmals zur Erinnerung: Die subjektive Tatseite – sprich Kenntnis vom Vorliegen einer Rechtfertigungssituation – ist nur bei Vorsatzdelikten zu prüfen. Bei Fahrlässigkeitsdelikten entfällt dieser Prüfungsschritt.

Bsp 34: Paul möchte seinen Feind Ferdinand ärgern und wirft deshalb auf einem Event Ferdinands Aktenkoffer in den See. Kurz darauf ist im See eine Explosion zu sehen, gerade zur selben Zeit hat Ferdinand nämlich die im Koffer befindliche Bombe gezündet. Das hat Paul nicht geahnt, er ist nun sehr überrascht. Ist Paul für sein Handeln gerechtfertigt?

Einwandfrei als Notwehr ist eine Handlung also nur zu sehen, wenn dem Notwehrübenden auch bewusst ist, dass er sich in einer entsprechenden Situation befindet. Dieses Element wird beim Fahrlässigkeitsdelikt **nicht** geprüft.

3. Notwehrexzess

Es ist zwischen zwei Arten des Notwehrexzesses zu unterscheiden. Man kann einen Notwehrexzess dadurch begehen, dass man das Maß des zur Notwehr Notwendigen überschreitet (intensiver Notwehrexzess), oder dadurch, dass die zeitlichen Grenzen überschritten werden (extensiver Notwehrexzess).

---

10 Vertreten wird nahezu alles: die Annahme eines Versuches mit der Konsequenz der Straflosigkeit oder der Strafbarkeit sowie reine Straflosigkeit oder reine Strafbarkeit.

Ist ein Angriff bereits vorbei, begeht der Notwehrübende also einen **extensiven Notwehrexzess**, wenn er sich dennoch verteidigt und den Angreifenden verletzt. Der Handelnde ist dabei, weil es sich um keinen gegenwärtigen oder unmittelbar drohenden Angriff mehr handelt, für seinen extensiven Notwehrexzess nach dem vollen Vorsatzdelikt strafbar. Er wird bestraft, als hätte nie ein Angriff auf ihn stattgefunden, wobei dieses Faktum aber natürlich prozessual durch den Richter bei der Strafzumessung bedacht werden kann.

Bsp 35: Carlos wurde seine wertvolle Armbanduhr gestohlen. Er läuft dem Täter 16 Häuserblöcke lang nach und erwischt ihn dann, indem er sich von hinten auf ihn stürzt und ihn zu Boden reißt. Dabei bricht sich der Dieb sämtliche Rippen, Carlos erlangt aber seine Armbanduhr zurück. Handelt Carlos gerechtfertigt?

Bsp 36: Josefine wurde ihr Fahrrad gestohlen. Als sie es einige Tage später eindeutig bei ihrem Studienkollegen Ludwig sieht, ist sie bitterböse. Kurzerhand läuft sie auf Ludwig zu und tritt ihn vom Fahrrad. Ludwig bricht sich beim Sturz vom Fahrrad das Handgelenk. Handelt Josefine gerechtfertigt?

Bei einem **intensiven Notwehrexzess** bedient sich der Täter eines Mittels, welches nicht das Schonendste unter seinen verfügbaren Eventualitäten ist. Das kann aus einem sthenischen oder astehnischen Affekt passiert sein. Sthenisch bedeutet kraftvoll, aus einer Kraft heraus (zB Wut, Hass, Rache), während asthenisch das Gegenteil darstellt, also eine defensive Gemütsbewegung: Angst, Bestürzung, Furcht, Schrecken (§ 3 Abs 2 StGB).

§ 3 StGB

(2) Wer das ***gerechtfertigte Maß der Verteidigung überschreitet*** *oder sich einer offensichtlich unangemessenen Verteidigung (Abs. 1) bedient, ist, wenn dies lediglich aus* ***Bestürzung, Furcht oder Schrecken*** *geschieht, nur strafbar, wenn die Überschreitung auf Fahrlässigkeit beruht und die fahrlässige Handlung mit Strafe bedroht ist.*

Hat der Notwehrübende also das notwendige Maß der Verteidigung überschritten und sich nicht des schonendsten Mittels bedient, das zur Abwehr nötig war, kann er, sofern er aus einem asthenischen Affekt heraus gehandelt hat, immer noch straffrei sein.

In diesem Fall ist die doppelt bedingte Fahrlässigkeitsprüfung erforderlich. Im ersten Schritt achtet man darauf, ob das entsprechende Delikt ein fahrlässiges Gegenstück hat, wie Mord beispielsweise in fahrlässiger Form § 80 StGB als Gegenstück hat oder die Körperverletzung aus § 83 Abs 1 StGB sich in § 88 Abs 1 StGB widerspiegelt.

Sodann muss das Verhalten des Notwehrübenden mit dem Verhalten eines normgetreuen Maßmenschen verglichen werden. Hätte sich dieser genauso verteidigt, war der Notwehrexzess nicht fahrlässig. Der Handelnde ist dann jedenfalls straflos, genauer gesagt für den Exzess „*entschuldigt*". Würde sich ein maßgerechter Mensch nicht so exzessiv wehren, beruht der Exzess auf Fahrlässigkeit und es besteht dann eine Strafbarkeit für das im ersten Schritt erwähnte Fahrlässigkeitsdelikt.

Bsp 37: Angela wird von Aslan regelmäßig ausgelacht und verspottet. Als er eines Tages auch noch ihre Geldbörse nimmt und mit dieser davonlaufen möchte, packt sie ihn in grenzenloser Wut so fest am Handgelenk, dass es bricht. So kann sie ihre Geldbörse wieder zurückerlangen. Handelt Angela gerechtfertigt?

Bsp 38: Martha (26 Jahre) beobachtet, wie ihr kleiner Bruder (9 Jahre) von zwei Klassenkollegen umzingelt und gestoßen wird. Entsetzt und in Angst um ihren Bruder eilt sie zu den beiden Rowdys und nutzt ihre Judokenntnisse, um diese zu Boden zu bringen. Dabei bricht sie einem der beiden den Oberarm. Handelt Martha gerechtfertigt?

Bsp 39: Angelika geht im Wald spazieren, als sie hinter sich lautes Atmen hört und merkt, wie ihr jemand nachgeht. Als die Person, nämlich der Mörder Stanislaus, sie an der Schulter fasst, dreht sie sich blitzschnell um und nutzt ihren Pfefferspray. Stanislaus fällt zu Boden und hält sich die Augen, da tritt Angelika ihm auf den Hals und tötet ihn dadurch. Handelt Angelika gerechtfertigt?

Bsp 40: Tags später geht Titus im Wald spazieren, als er hinter sich lautes Atmen hört und merkt, wie ihm jemand nachgeht. Wissend, dass der Wald gefährlich ist, hat Titus ein Messer eingesteckt. Als der Dieb Gustav seine Hand nach der Tasche von Titus ausstreckt, erschrickt Titus, der 40 Euro bei sich trägt, sodass er sofort das Messer zückt und Gustav in die Brust sticht. Dabei verfehlt er das Herz, verletzt Gustav aber dennoch schwer. Handelt Titus gerechtfertigt?

b) Nothilfe

Notwehr kann problemlos auch in Form der Nothilfe geübt werden. Hierbei tritt ein Unbeteiligter zum Opfer hinzu und verteidigt dieses oder dessen Rechtsgüter. Es gelten dieselben Voraussetzungen wie bei Notwehr, sowohl die objektiven als auch die subjektiven. Wichtig ist jedoch die sprachliche Unterscheidung, sodass bei der Prüfung strikt zu trennen ist, ob Notwehr (also eine Verteidigungshandlung des Opfers selbst) oder Nothilfe (also eine Verteidigungshandlung eines Dritten zu Gunsten des Opfers) vorliegt.

c) Rechtfertigender Notstand

Da ein Eingreifen in Rechtsgüter **dritter Personen** durch Notwehr nicht möglich ist, braucht es weitere Konstrukte, um potenzielle Täter wieder in die Straflosigkeit zu rücken, wenn sich diese lediglich gegen einen Täter zur Wehr gesetzt und dabei in fremde Rechtsgüter eingegriffen haben.

Eine Möglickeit, dass das Opfer dennoch straffrei wird, ist der rechtfertigende Notstand. Dieser ist übergesetzlich, findet sich also in keinem Paragraphen. Der rechtfertigende Notstand ist, wie der Name bereits verrät, wie die Notwehr und die Nothilfe, auf Rechtfertigungsebene zu prüfen.

In weiterer Folge wird der rechtfertigende Notstand, wie eben die Notwehr auch, in den Ebenen „Rechtfertigungssituation", „Rechtfertigungshandlung" sowie „Kenntnis vom Vorliegen der Rechtfertigungssituation" geprüft.

1. Objektive Seite

Notstandssituation

In einer Notstandssituation droht dem Betroffenen ein Nachteil für ein Rechtsgut. Eine Einschränkung auf bestimmte Rechtsgüter gibt es dabei aber nicht, dadurch kann jedes gefährdete Rechtsgut eine Notstandssituation auslösen.

Genauso benötigt es keinen Angriff, der Nachteil kann auch durch eine Naturkatastrophe, einen unglücklichen Zufall oder Krankheiten entstehen.

> **Bsp 41:** Da sie sich auf ihrer Wanderung verschätzt haben, wird es bereits dunkel, ehe Franziska und Felicitas das gebuchte Hotel erreichen können. Um sich in der Nacht vor der Kälte zu schützen, zerbrechen sie das Vorhängeschloss an einem Holzschuppen und nächtigen dort. Der Besitzer des Schuppens, Ingo, ist darüber wenig erfreut. Handeln Franziska und Felicitas gerechtfertigt?

Notstandshandlung

Um den Nachteil von sich abzuwenden, wird das Rechtsgut eines anderen beeinträchtigt oder zerstört. Dabei muss das zerstörte Rechtsgut aber **weniger wiegen** als das gerettete, die Handlung muss **angemessen** sein. Gibt es andere Möglichkeiten, um das gefährdete Rechtsgut zu retten, müssen diese genommen werden; der Notstand fungiert somit nur als Auffangfunktion und ist ultima ratio, wenn es sonst keinen anderen Ausweg mehr gibt.

An dieser Stelle wird zum Vergleich zum sogenannten *„entschuldigenden Notstand"* vorgegriffen: Beim entschuldigenden Notstand muss das gerettete Rechtsgut zumindest genauso viel wiegen wie das zerstörte. Darin besteht auch der große Unterschied zwischen dem rechtfertigenden Notstand auf der Rechtswidrigkeitsebene und dem entschuldigenden Notstand auf der Schuldebene. Wenn daher der rechtfertigende Notstand ausscheidet, weil das zerstörte Rechtsgut nicht weniger wiegt als das gerettete (daher das Verhalten nicht gerechtfertigt werden kann), kann der Täter auf der Schuldebene dennoch straffrei sein, wenn das gerettete Rechtsgut mindestens genauso viel wiegt wie das zerstörte (und das Verhalten sodann entschuldigt wird).

Bsp 42: Daniela droht beim Schitourengehen zu erfrieren. Nur ihr Freund Erwin weiß, wo sie gerade unterwegs ist. Bis die Rettung zu ihr kommen könnte, wäre es zu spät. Als Retter in der Not eilt Erwin zu ihr und stößt dabei jeden beiseite, der in seinem Weg ist. So erwischt er auch Ulrich, den er auf einem schmalen Pfad entlang einer Schlucht beiseite und somit in den Tod gestoßen hat. Handelt Erwin gerechtfertigt?

Bsp 43: Um einen Einbrecher vom Haus seines Nachbarn Norbert zu vertreiben, nimmt Max den Gartenzwerg seiner Frau Michelle und bewirft den Einbrecher damit. Max ist erfolgreich, der Einbrecher rennt davon. Der Gartenzwerg von Michelle hat es allerdings nicht überlebt, in Einzelteile zerbrochen liegt er nun in Norberts Garten. Handelt Max gerechtfertigt?

2. Subjektive Seite

Auch bei einer Handlung im rechtfertigenden Notstand beim Vorsatzdelikt muss dem Handelnden bewusst sein, dass er sich in einer entsprechenden Situation befindet. Er muss seine Handlung natürlich nicht juristisch korrekt unter die passende Rechtfertigungssituation subsumieren, aber der Notstandsübende muss sich zumindest in einer laienhaften Parallelbewertung bewusst sein, dass er einen Rechtfertigungsgrund nutzt.

3. Überblick

Notwehr	Rechtfertigender Notstand
§ 3 StGB (auf Ebene der RW)	/ (auf Ebene der RW)
Notwehrsituation: gegenwärtiger oder unmittelbar drohender menschlicher rechtswidriger (zivilrechtswidrig genügt) Angriff (Zustandsänderung droht) auf ein notwehrfähiges Rechtsgut (Vermögen, LuL, Freiheit, körperliche Integrität)	**Notstandssituation**: unmittelbar drohender bedeutender Nachteil für ein Rechtsgut nur durch Opfern eines anderen Rechtsguts zu retten
Notwehrhandlung: notwendige Aktion um den Angriff dauerhaft und sofort abzuwehren; nur gegen Rechtsgüter des Angreifenden Unter den verfügbaren **das schonendste Mittel**	**Notstandshandlung**: Ultima-ratio-Handlung zur Rettung des gefährdeten Rechtsguts; die Handlung bringt mehr als nur minimal erhöhte Chancen zur Rettung
Angemessenheit nur bei Bagatellnotwehr!	Das zu rettende Rechtsgut wiegt schwerer als das geopferte; **Angemessenheit**
Subj Element: Kenntnis der Notwehrsituation	**Subj Element**: Kenntnis der Notstandssituation
Beispiele: Angriff eines Räubers; jemand hetzt einen Hund; Ladendiebstahl; Mörder abwehren	**Beispiele**: Tierattacken; Zufälle; Naturkatastrophen (Hochwasser, Feuer, …); das Verwenden von Sachen Dritter, um Gefahren/Angriffe abzuwenden

d) Mutmaßliche Einwilligung

Auch nachzulesen in: Fuchs,/Zerbes Strafrecht AT I[10], Kap 16 Rz 37ff; Kienapfel/Höpfel/Kert, Strafrecht AT[16], Kap 15 6. Unterkapitel; Steininger, Strafrecht AT Band I[2] Kap 11 Rz 72f, 98ff.

Bei der mutmaßlichen Einwilligung geht es darum, dass angenommen werden kann, dass das Opfer der Handlung mit der Rechtsgutsbeeinträchtigung einverstanden wäre. Das wird immer dann der Fall sein, wenn durch die Opferung des einen Rechtsguts ein anderes, höherwertiges Gut gerettet wird oder dies zumindest ex ante anzunehmen war.

Bsp 44: Rita hat vergessen, den Herd abzudrehen, weswegen sich auf der Herdplatte befindende Staubpartikel selbst entzünden und aus ihrem Küchenfenster Rauch zieht. Geistesgegenwärtig nutzt Ines ihre Sportlichkeit dazu, Ritas Tür einzutreten, um das Feuer zu löschen. So kann der Schaden eingegrenzt werden. Die Tür ist dabei allerdings zu Bruch gegangen. Handelt Ines gerechtfertigt?

Bsp 45: Als Mara gerade von einem Kunstladen kommt, wird sie von einem Räuber bedroht. Das bemerkt die vorbeikommende Ella, die eine von Maras neuen Vasen nimmt und dem Räuber damit auf den Kopf schlägt. Sowohl Vase als auch Räuber gehen zu Boden. Mara kann entkommen, ihre Vase ist aber irreparabel zerstört. Handelt Ella gerechtfertigt? [Nur hinsichtlich der Vase prüfen.]

Indikation dafür, dass das Opfer einverstanden gewesen wäre, wenn man es gefragt hätte, ist meist das Interesse: Ist es im Interesse des Opfers, wie gehandelt wird, ist ein Einverständnis mutmaßlich gegeben. Sind allerdings abweichende konkrete Vorstellungen bekannt, ist das Handeln nicht gerechtfertigt.

Bsp 46: (Vgl Bsp 45) Als Mara gerade von einem Kunstladen kommt, wird sie von einem Räuber bedroht. Das bemerkt die vorbeikommende Ella, die eine von Maras neuen Vasen nimmt und dem Räuber damit auf den Kopf schlägt. Sowohl Vase als auch Räuber gehen zu Boden. Mara kann entkommen, ihre Vase ist aber irreparabel zerstört. Im Grunde hätte sich Judokämpferin und Krav-Maga-Trainerin Mara innerhalb der nächsten Minute selbst verteidigt, und die Vase hätte sie für so eine Situation nie opfern wollen. Das wusste Ella. Handelt Ella gerechtfertigt? [Nur hinsichtlich der Vase prüfen.]

Aber auch ohne Interesse des Rechtsgutsbeeinträchtigten kann eine Handlung durch mutmaßliche Einwilligung gerechtfertigt sein: Besteht ein enges Verhältnis und gab es in ähnlichen Situationen schon mehrmals eine tatsächliche Zustimmung, kann angenommen werden, dass diese wieder erteilt werden würde.

Bsp 47: Als Klaudia überraschend Gäste hat, geht sie schnell zum Garten ihrer besten Freundin Barbara, die gerade auf Urlaub ist. Sie steigt über den Gartenzaun und holt aus der Gartenhütte ein paar Weinflaschen, welche sie ihren Gästen dann serviert. Das Prozedere ist nicht neu, Barbara und Klaudia tauschen regelmäßig Getränke aus. Handelt Klaudia gerechtfertigt?

e) Anhalterecht Privater

Auch nachzulesen in: Fuchs/Zerbes, Strafrecht AT I[10], Kap 18, Rz 23ff; Kienapfel/Höpfel/Kert, AT[16] Kap 15, 1. Unterkapitel; Lewisch, Casebook Strafrecht[7] 46; Maleczky, Strafrecht AT I[12] 25; Schwaighofer in Fuchs/Ratz, WK StPO § 80 Rz 45; Steininger, AT Band 1[2] Kap 11 Rz 74ff

1. Objektive Seite

Anhaltesituation

Führt jemand eine **strafbare Handlung** aus und wird dabei beobachtet, sodass ein **konkreter Tatverdacht** gegeben ist, liegt eine Anhaltesituation iSd § 80 Abs 2 StPO vor.

§ 80 StPO

(2) Wer aufgrund bestimmter Tatsachen annehmen kann, dass eine Person eine strafbare Handlung ausführe, unmittelbar zuvor ausgeführt habe oder dass wegen der Begehung einer strafbaren Handlung nach ihr gefahndet werde, ist berechtigt, diese Person auf verhältnismäßige Weise anzuhalten, jedoch zur unverzüglichen Anzeige an das nächst erreichbare Organ des öffentlichen Sicherheitsdienstes verpflichtet.

Anhaltehandlung

Ein jeder darf, auf § 80 Abs 2 StPO gestützt, gegen den Begehenden einer strafbaren Handlung eine Anhaltehandlung setzen und den (zB gerade flüchtenden) Täter anhalten. Dabei muss die gesetzte Anhaltehandlung **verhältnismäßig** sein. So darf der von seinem Anhalterecht Gebrauch Machende nach einer teleologischen Betrachtung den Täter vorsätzlich nur leicht verletzen. Eine vorsätzliche schwere Körperverletzung wäre nicht mehr verhältnismäßig.

2. Subjektive Seite

Als subjektives Element ist Kenntnis der Anhaltesituation notwendig.

f) Offensive Selbsthilfe

Auch nachzulesen in: Fuchs/Zerbes, Strafrecht AT I[10], 17. Kapitel, Rz 75ff; Kienapfel/Höpfel/Kert, AT[16] Kap 15, 2. Unterkapitel; Spielbüchler in Rummel, ABGB[3] § 344 ABGB Rz 5; Steininger, AT Band 1[3] Kap 11 Rz 80.

1. Objektive Seite

Selbsthilfesituation

Möchte sich jemand ohne gegenwärtigen oder unmittelbar drohenden Angriff gegen einen Täter zu Wehr setzen, kann er sich eventuell auf das allgemeine Selbsthilferecht nach dem ABGB berufen. Es besteht dann, wenn ein Anspruch gegen den Täter vorliegt und behördliche Hilfe zur Sicherung des Anspruchs zu spät kommen würde. Sind diese Voraussetzungen erfüllt, liegt eine Selbsthilfesituation nach **§§ 19, 344 ABGB** vor.

Selbsthilfehandlung

Als Selbsthilfehandlung ist das gelindeste Mittel anzuwenden, das den Anspruch durchsetzt. Zu beachten ist, dass es nicht außer Verhältnis zum durchzusetzenden Anspruch stehen darf. Ein Angriff auf den Besitz kann zB durch Nötigung oder kurzfristige Freiheitsberaubung abgewehrt werden, nicht aber durch einen Mord.

2. Subjektive Seite

Auch hier wird bei Vorsatzdelikten Kenntnis der Selbsthilfesituation benötigt.

g) Irrtümliche Annahme eines rechtfertigenden Sachverhalts

Auch nachzulesen in: Höpfel in Höpfel/Ratz, WK² StGB § 8; Fuchs/Zerbes, Strafrecht AT I¹⁰, Kap 20; Kienapfel/Höpfel/Kert, Strafrecht AT¹⁶, Kap 20; Steininger, Strafrecht AT Band 1³, Kap 14 Rz 14ff.

Um gerechtfertigt zu handeln, braucht es, wie bisher dargelegt, **eine Rechtfertigungssituation, eine entsprechende Rechtfertigungshandlung und das Wissen über die Situation, also das subjektive Element der Kenntnis.**

Fehlt es an der Kenntnis über das Vorliegen einer Rechtfertigungssituation, werden verschiedenste Meinungen darüber vertreten, wie die Strafbarkeit zu beurteilen ist.[11]

Denkbar ist aber auch der umgekehrte Fall, dass es an der Situation fehlt: Der Handelnde denkt, sich in einer rechtfertigenden Situation zu befinden, tatsächlich ist eine solche aber nicht gegeben: **Diesfalls liegt ein Irrtum über einen rechtfertigenden Sachverhalt vor.**

---

11 Vgl FN 10: Vertreten wird nahezu alles: die Annahme eines Versuches mit der Konsequenz der Straflosigkeit oder der Strafbarkeit sowie reine Straflosigkeit oder reine Strafbarkeit.

In solchen Fällen ist § 8 StGB zu prüfen. Dabei ist zu beachten, dass § 8 StGB wirklich immer nur dann geprüft wird, wenn der Sachverhalt, also die tatsächliche Situation, missinterpretiert wird. Es sind also nicht die Grenzen der Rechtfertigung oder rechtliche Zuordnungen Gegenstand des Irrtums, sondern die faktische Realität, das tatsächliche Geschehen wird fehlinterpretiert. Das vermeintliche Opfer glaubt daher etwa an einen bevorstehenden Angriff, welcher jedoch gar nicht droht und wehrt sich daher irrtümlich gegen einen Unschuldigen.

Die entsprechende Fallprüfung hat dabei, wie gewöhnlich, zunächst das begangene Delikt zu prüfen. Auf Rechtfertigungsebene bei der Prüfung der Rechtfertigungssituation ist sodann festzustellen, dass eine solche objektiv betrachtet nicht vorliegt. Nur der Protagonist denkt, dass eine entsprechende Situation vorliegen würde, irrt aber darüber.

Nun werden die Ebenen der Notwehr (Notwehrsituation und Notwehrhandlung) hypothetisch (sohin nach den Vorstellungen des Täters) geprüft: Wäre die Situation so, wie der Protagonist denkt, wäre es dann eine der Rechtfertigung zugängliche Situation?

Kann darauf mit „Ja" geantwortet werden, ist die gesetzte Handlung zu prüfen: Würde ein rechtfertigender Sachverhalt vorliegen, wäre die Handlung, die tatsächlich gesetzt wurde, „passend" (also bei Notwehr das schonendste Mittel, bei rechtfertigendem Notstand angemessen etc) gewesen?

Lautet die Antwort, dass hypothetisch gesehen die Handlung „richtig" gesetzt wurde, liegt **Putativnotwehr oder Putativnotstand** vor.

Um zur Strafbarkeit oder Straflosigkeit zu gelangen, muss zusätzlich nun die doppelt bedingte Fahrlässigkeitsprüfung gemacht werden.

Dabei wird im ersten Schritt geprüft, ob das begangene Delikt ein fahrlässiges Äquivalent hat. Körperverletzung nach § 83 StGB hat, wie bereits erwähnt, § 88 StGB als entsprechendes Fahrlässigkeitsdelikt, Mord den § 80 StGB. Sachbeschädigung dagegen hat kein entsprechendes Fahrlässigkeitsdelikt.

Im zweiten Schritt muss dann überprüft werden, ob ein sorgfältiger Maßmensch den Sachverhalt ebenfalls falsch eingeschätzt hätte und gedacht hätte, dass er sich in einem rechtfertigenden Sachverhalt, in einer Rechtfertigungssituation befinde. Wäre die Maßfigur auch in den Irrtum geraten, gelangt man zur Straflosigkeit. Hätte die Maßfigur aber erkannt, dass die Situation anders gelagert war, als sie schien, und sich daher nicht fälschlich zur Wehr gesetzt, ist nach dem im ersten Schritt der doppelt bedingten Fahrlässigkeitsprüfung erkannten Fahrlässigkeitsdelikt zu bestrafen.

Der Aufbau der Prüfung des § 8-Irrtums ist daher wie folgt:

1. Verneinen einer objektiven oder unmittelbar drohenden Gefahr;
2. Prüfung der hypothetischen (sohin angenommenen Notwehrsituation) und ob unter dieser Annahme eine Rechtfertigungsstiuation vorliegen würde;
3. Prüfung der tatsächlich erfolgten Handlung des Täters und Beantworten der Frage, ob diese Rechtfertigungshandlung im Sinne der Bestimmungen des jeweiligen Rechtfertigungsgrundes liegt;
4. Doppelt bedingte Fahrlässigkeitsprüfung.

An dieser Stelle gilt zu betonen, dass die irrtümliche Annahme eines rechtfertigenden Sachverhaltes nicht einheitlich auf Rechtswidrigkeitsebene geprüft wird. Nach der herrschenden Meinung sollte dieser Irrtum – da es um die persönliche Vorwerfbarkeit und damit die Schuld geht – auf Schuldebene geprüft werden. Bei der Prüfung ist es jedoch wichtig, dass man entweder auf Rechtswidrigkeits- oder Schuldebene prüft und dann den jeweilig richtigen Terminus *„gerechtfertigt“* oder *„entschuldigt“* verwendet.

Bsp 48: Michi, der am Heimweg von einer Party ist, meint, von Samuel und Stephan verfolgt zu werden. Diese gehen ihm seit geraumer Zeit nach und reden dabei mit leiser Stimme miteinander, wobei Michi denkt, dass sie auf ihn gezeigt hätten. Er dreht sich daher an einer Straßenkreuzung plötzlich um und schlägt Samuel ins Gesicht, welcher ein blaues Auge davonträgt. Samuel wollte Michi nie angreifen, er wollte lediglich mit seinem Freund Stephan spazieren gehen. Handelt Michi gerechtfertigt? Wie wirkt sich sein Irrtum auf die Strafbarkeit aus?

Bsp 49: Daniel, Fabian und Nora drehen einen Zombiefilm. Dazu haben sie ein Tretboot organsiert und sind extra auf eine kleine Insel im Ottensteiner Stausee gefahren. Ungünstigerweise wollte das Paar Erik und Dagmar sich schon zuvor dort sonnen. Auf einmal von „Zombies“ umgeben, bekommen die beiden einen Riesenschreck. Zunächst rufen sie den dreien etwas zu, doch als sie keine Antwort erhalten, bewirft Erik die drei Amateurschauspieler mit Steinen. Daniel wird dabei im Gesicht getroffen, seine Brille zerbricht. Handelt Erik gerechtfertigt?

Bsp 50: Die etwas paranoide Nina ist gerade im Supermarkt, als sie jemand nach der Uhrzeit fragt und gleichzeitig anrempelt. Ganz sicher, dass sie gerade bestohlen wurde, tritt sie der Person fest gegen das Schienbein, um sie so aufzuhalten und sich ihre Habseligkeiten wieder zu holen. Erst als ihr vermeintlicher Angreifer vor Schmerzen über den Tritt und den dadurch gerade entstehenden Bluterguss am Boden liegt, erkennt sie, dass sie nicht bestohlen wurde. Handelt Nina gerechtfertigt? Wie wirkt sich ihr Irrtum auf die Strafbarkeit aus?

b) Zurechnungsunfähigkeit aufgrund von Geisteskrankheit

Per Sachverständigen-Gutachten kann festgestellt werden, dass sich ein Täter im Zeitpunkt der Tatbegehung in einem Zustand einer so tiefgreifenden Bewusstseinsveränderung oder Bewusstseinsstörung befand, dass er nicht in der Lage war, zu erkennen, was er tat, oder es als falsch zu realisieren. Auch Geisteskrankheiten können so schwer sein, dass der Täter dadurch zurechnungsunfähig wird, wobei auch zur Beurteilung dazu ein Sachverständigengutachten notwendig ist.[13]

§ 11 StGB

Wer zur Zeit der Tat wegen einer Geisteskrankheit, wegen einer geistigen Behinderung, wegen einer tiefgreifenden Bewusstseinsstörung oder wegen einer anderen schweren, einem dieser Zustände gleichwertigen seelischen Störung unfähig ist, das Unrecht seiner Tat einzusehen oder nach dieser Einsicht zu handeln, handelt nicht schuldhaft.

Das kann beispielsweise bei Schizophrenie oder dissoziativen Persönlichkeitsstörungen der Fall sein: In einem akuten psychotischen Schub kann der Täter nicht zwischen Realität und Wahn unterscheiden. Bei Sachverhalten in Prüfungssituationen kann aber davon ausgegangen werden, dass die Akteure geistig gesund sind, für Abweichungen bräuchte es konkrete Hinweise.

In der Praxis spielt die Zurechnungsfähigkeit eine weitaus größere Rolle. Solche Personen werden dann als *„geistig abnorme Rechtsbrecher"* nach § 21 StGB in speziellen Anstalten untergebracht und in Hinblick auf eine mögliche Resozialisierung behandelt. Auch die strafprozessuale Behandlung ist ein wenig anders.

c) Zurechnungsunfähigkeit aufgrund von Rauschmitteln

Hat sich der Täter bei der Tat in einen Zustand einer groben Alkoholisierung oder in einen Rauschzustand durch andere Suchtmittel versetzt, kann auch dadurch die Zurechnungsfähigkeit ausgeschlossen sein. Der Gesetzgeber hat dabei keine speziellen Promillegrenzen vorgesehen, als Indiz zur Untergrenze in einem Sachverhalt in einer Prüfungsangabe werden **zumeist 2,5 bis 3 Promille** gesehen. **Kennzeichen** einer vollen Berauschung sind in der Praxis vielmehr eine **falsche Beurteilung der Umwelt**, ungenügende Orientierung in Zeit und Raum, Sinnlosigkeit des Handelns, **Erinnerungsverlust** in Bezug auf die Tatereignisse und Gegensatz des Tatverhaltens zum sonstigen Charakter des Täters.[14]

13 Und würde bei der Prüfung auch entsprechend Erwähnung finden.

14 *Plöchl* in *Höpfel/Ratz*, WK^2 StGB § 287 Rz 14.

Personen im Vollrausch oder massiv durch Suchtmittel berauschte Personen sind zurechnungsunfähig. Mangels Zurechnungsfähigkeit kann ihnen daher keine Schuld zugesprochen werden und es würde damit Straflosigkeit erzielt werden. Dies führt manchmal zu unbefriedigenden Ergebnissen, wenn etwa eine Person sich in einen die Zurechnungsfähigkeit ausschließenden Zustand trinkt, um dann straffrei Delikte zu begehen.

Um dieses Ergebnis zu verhindern, gibt es zweierlei Konstrukte:

Option 1: Alic[15]

Hat sich der Täter in den Zustand der Zurechnungsunfähigkeit versetzt, gerade um ein Delikt zu begehen, trägt er die volle Konsequenz seines Handelns und ist zu bestrafen, als wäre er bei seiner Tat zurechnungsfähig gewesen. Das Konstrukt, über welches die Strafbarkeit, „als ob" der Täter nüchtern gewesen wäre, erzielt wird, nennt sich **actio libera in causa** und wird mit alic abgekürzt. Der Täter führt zunächst seine Schuldunfähigkeit vorsätzlich oder fahrlässig herbei, danach begeht er in diesem Zustand eine rechtswidrige Tat.

Dabei sind nicht nur jene Fälle erfasst, in denen der Täter tatsächlich aus (vermeintlichen) strafrechtlichen Überlegungen den Vollrausch für seine Tat wählte, sondern auch Täter, welche sich zunächst Mut durch die Berauschung verschafft haben oder aus sonstigen Gründen der Meinung waren, dass eine Berauschung ihnen bei der Tat helfen würde.

Bei der ALIC werden zwei Formen unterschieden. Wichtig ist, dass bei beiden Formen der Täter im Anschluss immer ein Delikt begeht. Bei der vorsätzlichen Alic wird der Zustand der Zurechnungsunfähigkeit vorsätzlich herbeigeführt, während bei der fahrlässigen Alic dieser Zustand fahrlässig herbeigeführt wird.

> **Bsp 51:** Caroline weiß, dass sie im betrunkenen Zustand nicht ausreichend Herrin ihrer Sinne ist und dann dazu neigt, Dinge zu stehlen. Bei einer Party im Nachbarshaus eingeladen empfindet sie diesen Drang aber durchaus als Gabe, weil sie über die wertvollen Gegenstände der Gastgebenden Bescheid weiß und diese sowieso haben wollte. Deswegen betrinkt sie sich schon vorab ausreichend (3,1 Promille), um dann ihre Diebstähle durchzuziehen. Auf diese Art erlangt sie drei wertvolle Ketten. Ist Caroline strafbar?

15 Actio libera in causa heißt übersetzt „freie Handlung in der Ursache".

Bsp 52: Ruprecht traut sich nicht, seinen Erzfeind Nikolaus zu eliminieren, weil er es psychologisch nicht schafft, einen anderen Menschen zu töten. Um diese psychologische Hemmschwelle auszuschalten, trinkt er eines Abends einen Liter Wodka und schafft, so gestärkt mit 3 Promille, den Mord an Nikolaus. Ist Ruprecht strafbar?

Option 2: § 287 StGB

Hat der Tatbegehende zunächst nicht gewusst und erst recht nicht geplant, dass er im Rauschzustand ein Delikt begehen könnte, kommt eine Strafbarkeit für das begangene Delikt nicht in Betracht. Es muss bereits auf der Schuldebene ausgestiegen und die Strafbarkeit nach dem jeweiligen Delikt verneint werden.

Eine Strafbarkeit – in einem zum Teil weitaus geringeren Maße – kann dann nur mehr über einen eigenen Tatbestand (§ 287 StGB) erzielt werden. § 287 StGB ist ein eigenständiges Delikt und bestraft die Begehung *irgendeiner* **Tat im Zustand völliger Berauschung**.

§ 287 StGB

(1) Wer sich, wenn auch nur fahrlässig, durch den Genuß von Alkohol oder den Gebrauch eines anderen berauschenden Mittels in einen die Zurechnungsfähigkeit ausschließenden Rausch versetzt, ist, wenn er im Rausch eine Handlung begeht, die ihm außer diesem Zustand als Verbrechen oder Vergehen zugerechnet würde, mit Freiheitsstrafe bis zu drei Jahren zu bestrafen. Die Strafe darf jedoch nach Art und Maß nicht strenger sein, als sie das Gesetz für die im Rausch begangene Tat androht.

Als objektive Bedingung der Strafbarkeit wird die Tatbegehung verlangt. Gab es keine Tat, beispielsweise weil diese nur in einer Halluzination des vermeintlichen Täters vorkam, gibt es keine Strafbarkeit nach § 287 StGB. Nur wenn die objektive Bedingung der Strafbarkeit vorliegt, kann überhaupt auf das Delikt eingegangen werden und können die Tatbestandsmerkmale durchgeprüft werden.

Zwar sind Wahndelikte per se nicht strafbar (etwa wenn ein Täter glaubt, er begehe einen Diebstahl, dabei aber lediglich träumt), die Wahrscheinlichkeit eines solchen Irrtums ist aber bei § 287 StGB aufgrund der Alkoholisierung höher, weshalb hier besonders bei der Prüfung darauf einzugehen ist, dass im Rahmen der Alkoholisierung eine Tat begangen wurde.

Objektives Tatbestandsmerkmal gibt es nur eines, nämlich das Vorliegen des Vollrausches.

Bei der Fallprüfung muss also zunächst darauf geachtet werden, ob ein strafrechtliches Delikt begangen wurde. Danach (objektiver Tatbestand) muss der Vollrausch geprüft werden. Als subjektiver Tatbestand wird die zumindest fahrlässige Berauschung in einen die Zurechnungsfähigkeit ausschließenden Zustand verlangt. Rechtswidrigkeit ergibt sich meist aus dem Vorliegen des Tatbestandes. Bei der Schuldfrage genügt die Prüfung, ob die Schuldfähigkeit im Zeitpunkt der Berauschung vorlag. Nach erfolgter Prüfung der einzelnen Punkte gelangt man zum Ergebnis, dass der Täter nach § 287 StGB in Verbindung mit dem Delikt, welches er im zurechnungsunfähigen Zustand begangen hat, zu bestrafen ist.

Bsp 53: Kevin beschließt im Vollrausch nach einer Saisonabschlussfeier, Richards Turnschuhe zu stehlen, weil er weiß, dass Richard nur Markensachen besitzt. Ist Kevin strafbar?

Bsp 54: Bei 3,1 Promille erscheint es Lisi sinnvoll, Günther anzurufen, zu einem Treffen zu bitten und ihn sodann mit einer Axt zu überfallen. Günther erleidet schwere Schnittverletzungen (Heilungsdauer 40 Tage). Ist Lisi strafbar?

Abgrenzung: Übernahmsfahrlässigkeit

War der Täter im Zeitpunkt der Tat **nicht in einem Vollrausch** und auch **nicht** aus sonstigen Gründen **gänzlich zurechnungsunfähig**, kann es für ihn zB im Falle einer leichten Alkoholisierung oder sonstigen Einschränkung aber dennoch eine Entlastung bzw Möglichkeit der Strafverminderung geben.

Dabei ist das entsprechende Delikt zu prüfen, wobei zunächst auf allen Ebenen die Strafbarkeit bejaht wird. Erst auf der Schuldebene ist die subjektive Sorgfaltswidrigkeit zu prüfen, wobei festgestellt wird, dass sich der Täter gar nicht hätte anders verhalten können, weil er im Zeitpunkt der Tat zu keiner anderen Handlungsweise fähig war.

Das kann sich etwa aufgrund einer leichten Alkoholisierung (oder sonstigen Berauschung) oder Müdigkeit ergeben, kann aber auch darin liegen, dass der Täter einer Aufgabe (zB Autofahren) nicht gewachsen ist, weil ihm die nötige Ausbildung dazu fehlt.

Wichtig ist, immer darauf zu achten, dass es zum Erfolg auf Grund dieses subjektiven Unvermögens gekommen ist. Ist der Täter leicht angetrunken und es laut Sachverhalt aber auf Grund einer anderen Ursache als der Alkoholisierung zum Erfolg gekommen, dann ist die Übernahmsfahrlässigkeit nicht zu prüfen. Typische Indizien für eine Prüfung der Übernahmsfahrlässigkeit im Sachverhalt sind: *„aufgrund der Müdigkeit“*, *„alkoholbedingt“* etc.

Mangels subjektiver Sorgfaltswidrigkeit ist somit die Schuldfrage zu verneinen und der Täter wäre straflos. Der Täter hätte ja im Zeitpunkt der Erfolgsherbeiführung nicht anders handeln können. Allerdings ist es bereits verwerflich, dass jemand überhaupt eine Tätigkeit annimmt, bei der ihm bewusst ist oder bewusst sein müsste, dass er ihr nicht gewachsen ist. Ein solches Verhalten (also die Übernahme einer Handlung, welcher man nicht gewachsen ist) ist fahrlässig. Deswegen spricht man auch von „**Übernahmsfahrlässigkeit**" oder „**Einlassungsfahrlässigkeit**".

Der Täter verhält sich bereits im Zeitpunkt der Übernahme der Tätigkeit/der Einlassung in die Tätigkeit fahrlässig. Der Täter hätte nämlich zum Zeitpunkt der Übernahme der Handlung anders handeln können und sich etwa entscheiden können, nicht mit dem Auto zu fahren oder die Tätigkeit nicht zu übernehmen, der er nicht gewachsen war.

Bei der Fallprüfung muss man daher zunächst die subjektive Sorgfaltswidrigkeit verneinen und nun die Situation neuerlich prüfen, diesmal aber in einem früheren Zeitpunkt, nämlich **nicht** dem Zeitpunkt, „als etwas passiert" – also als das Delikt begangen wird –, sondern im Zeitpunkt der Einlassung in die Tätigkeit.

Die Kausalitätskette auf der Zurechnungsebene (sprich: der Abstand zwischen Tathandlung und Erfolg) wird dadurch entsprechend länger, der Erfolg kann so aber dem Täter zugerechnet werden. Auf der Schuldebene ergeben sich sodann keine Probleme mehr, weil im Zeitpunkt der Übernahme der Tätigkeit es dem Täter auch subjektiv möglich gewesen sein muss, zu sagen, dass er sich die Handlung nicht zutraue, bzw die Tätigkeit gänzlich zu vermeiden.

> **Bsp 55:** Liridona fährt mit dem Auto nach Hause, obwohl sie gerade von einem Klassentreffen kommt, bei dem sie sämtliche weiße Spritzer getrunken hat (0,9 Promille). Alkoholbedingt übersieht sie einen Fußgänger und rammt diesen. Dabei bricht sie ihm beide Beine. Ist Liridona strafbar? Wie wird diese Strafbarkeit erzielt?
>
> **Bsp 56:** Hausmeister Franz hat noch niemals ein Stiegenhaus geputzt. Deswegen mischt er die Lauge „nach Gefühl" und verwendet viel zu viel Seife. Das Stiegenhaus wird dadurch spiegelglatt, und „Achtung"-Schilder stellt Franz auch keine auf. Es kommt daher, wie es kommen musste und Sonja rutscht aus und bricht sich das Genick. Ist Franz strafbar?
>
> **Bsp 57:** Mathematiker Marius steht auf seinem Hausdach und deckt die Ziegel. Er war der Meinung, dass er Ziegel nicht nur berechnen, sondern diese auch legen kann. Dabei hat er sich aber geirrt. Wegen seiner Unerfahrenheit rutscht ihm ein Ziegel aus der Hand und fällt zu Boden, dabei trifft er die Passantin Cornelia

und verletzt diese an der Halswirbelsäule (Blutergüsse, Abschürfungen, motorische Einschränkungen). Ist Marius strafbar?

Indizien auf eine Übernahmsfahrlässigkeit sind, wie bereits erwähnt, häufig die Formulierungen „*wegen* der Übermüdung", „*aufgrund* der Unerfahrenheit", „*alkoholbedingt*", ... vorausgesetzt, dass aber die Schuldfähigkeit nicht von vornherein zu verneinen gewesen wäre.

Zur Verdeutlichung ein weiteres Beispiel, das sogleich exemplarisch hier gelöst wird:

Bsp.: Jenny, Dominik und Anna beschließen, ihren Schulabschluss feiern zu gehen. Anna trinkt etliche Bier (Promille: 0,9). Als sie schließlich den Heimweg antreten, möchte Anna mit ihrem Fahrrad fahren. Sie merkt zwar, dass ihre Reaktionszeit langsamer ist, aber dennoch schwingt sie sich aufs Rad und tritt die Heimreise an. Dabei übersieht sie alkoholbedingt den Passanten Marc, der plötzlich die Straße überquert. Marc erleidet einen Armbruch. Nüchtern wäre es leicht gewesen, rechtzeitig zu bremsen, in Annas Zustand aber nahezu unmöglich.

Strafbarkeit der Anna

§ 88 Abs 1, 4, 1. Fall StGB

Info: Abs 3 verweist auf § 81, darin wird zwar neben der groben Fahrlässigkeit auch die Alkoholisierung behandelt, allerdings muss dabei die Tat vorhersehbar gewesen sein. Zum Zeitpunkt des Betrinkens war Anna aber nicht bewusst, dass sie mit dem Rad fahren würde (aA möglich, muss sodann aber begründet und argumentiert werden).

1. Tatbestand

Objektiver Tatbestand:

Objektive Sorgfaltswidrigkeit: Anna **bremst nicht rechtzeitig**, daher ist sie vermutlich nicht auf Sicht gefahren, weil sie den Passanten zu spät sah. Auch schreibt die StVO vor, dass man aufmerksam sein sollte, das war Anna sichtlich nicht (Verstoß gegen Rechtsnorm bzw Maßfigur).

Erfolg: Marc erleidet durch den Armbruch eine an sich schwere Körperverletzung (nicht unerhebliche Beeinträchtigung der körperlichen Integrität). Gebrochene Knochen sind an sich schwer.[16]

16 Exkurs: Ausgenommen „kleiner, unbedeutender Knochen" wie dem kleinen Zeh oder einer einzelnen Rippe.

Anna handelt **fahrlässig**. Es war nicht grob fahrlässig, weil es nicht nahezu unausweichlich schien, dass etwas passieren würde (auch hier ist eine andere Ansicht möglich).

2. Zurechenbarkeit

Kausalität: **Hätte Anna rechtzeitig gebremst**, hätte Marc keine Körperverletzung erlitten (csqn).

Adäquanz: Es ist nicht außerhalb jeglicher/der gewöhnlichen Lebenserfahrung, dass man, wenn man **unaufmerksam fährt**, jemanden überfahren kann und dieser dabei verletzt wird.

Risikozusammenhang: Die StVO verlangt genau deswegen **aufmerksames Fahren**, damit man nicht andere Personen übersieht.

Risikoerhöhung gegenüber rechtmäßigem Alternativverhalten: Wäre A **aufmerksam gefahren**, hätte sie Marc rechtzeitig gesehen und gebremst. Das Risiko wurde also durch ihr Verhalten erhöht.

3. Rechtswidrigkeit: Anna handelt rechtswidrig, sie hat keine Rechtfertigungsgründe.

4. Schuld

Subjektive Sorgfaltswidrigkeit: Anna **konnte in der Situation nicht anders handeln**, weil sie alkoholbedingt eine langsamere Reaktionszeit hatte (**ihr also die Fähigkeiten fehlten**).

Es kommt nun die **Übernahmsfahrlässigkeit** zur Anwendung, weil eine Tätigkeit übernommen wurde, der die Akteurin nicht mehr gewachsen ist.

Wir knüpfen an den Zeitpunkt an, in dem Anna beschloss mit dem Rad zu fahren, denn da konnte sie subjektiv noch erkennen, dass sie „der Sache nicht gewachsen" war.

Objektive Sorgfaltswidrigkeit: **Betrunken auf ein Rad zu steigen** ist sorgfaltswidrig weil es gegen eine Rechtsnorm, nämlich die StVO, verstößt.

Erfolg: Der Erfolg ist wie zuvor gegeben, es liegt nämlich die schwere Körperverletzung des Passanten Marc vor.

Kausalität: Wäre Anna nicht auf das Rad gestiegen, hätte sie Marc nie überfahren (csqn).

Adäquanz: Es ist nicht außerhalb jeglicher Lebenserfahrung, dass **beim betrunkenen Radfahren** jemand überfahren wird

Risikozusammenhang: Das Verbot, betrunken zu fahren, **dient genau jenem Zweck**, Passanten nicht wegen der verringerten Reaktionszeit zu übersehen und daher zu überfahren.

Risikoerhöhung ist zweifellos gegeben, **wäre Anna nüchtern gewesen**, hätte sie bremsen können und Marc wäre unverletzt geblieben.

Rechtswidrigkeit und Schuld sind nun unproblematisch

→ Strafbar nach § 88 Abs 1, 4, 2. Fall

d) § 10 StGB – Entschuldigender Notstand

Ist der Täter an sich schuldfähig, kann er für sein Verhalten aber durch § 10 StGB entschuldigt sein. Das Konzept des entschuldigenden Notstands ist den Rechtfertigungsgründen ähnlich gelagert. Auch der entschuldigende Notstand nach § 10 StGB verlangt objektive und subjektive Elemente. Er wird aber, und das muss in der Fallprüfung stets beachtet werden, auf der Schuldebene geprüft – also erst nachdem die „*Rechtswidrigkeit*" bejaht wurde.

Als objektives Element braucht es einen drohenden Nachteil für ein Rechtsgut. Notstandshandlung ist die Vernichtung oder Beschädigung eines anderen Rechtsguts zur Rettung des Gefährdeten. Dabei darf jedes andere Rechtsgut vernichtet werden, solange es nicht schwerer wiegt als das Gerettete. Eine Gleichrangigkeit schadet also (im Gegensatz zum rechtfertigenden Notstand) nicht.

Bsp 58: Autolenker Manfred ist zu schnell unterwegs und kann vor einer Kurve nicht mehr bremsen. Er weiß auch, dass er aufgrund seiner Geschwindigkeit die Kurve nicht mehr treffen würde und daher mit seinem Auto in parkende Autos geraten würde. Um sein Auto nicht zu beschädigen, fährt er daher geradeaus weiter, wissend, dass er dabei einen anderen Menschen mitreißt und tötet. Wird Manfred für sein Verhalten entschuldigt?

Bsp 59: Als Justin sein Haus in Brand sieht, ergreift er die einzige Leiter und tritt damit die Flucht an. Dass nach ihm der Weg dann versperrt sein wird und die ebenfalls im Haus wohnende Tracy sterben wird, ist ihm egal. Wird Justin für sein Verhalten entschuldigt?

Leben ist nicht quantifizierbar. Das bedeutet, dass das Leben einer Person immer im gleichen Gewicht wie das Leben vieler Personen steht. Auch zählen keine Unterschiede in Bezug auf Alter oder Lebenserwartung.

> **Bsp 60:** Trolley-Problem von Philippa Foot 1967:[17] Eine Straßenbahn ist außer Kontrolle geraten und droht fünf Personen zu überrollen. Durch Umstellen einer Weiche kann die Straßenbahn auf ein anderes Gleis umgeleitet werden. Unglücklicherweise befindet sich dort eine weitere Person. Darf (durch Umlegen der Weiche) der Tod dieser Person in Kauf genommen werden, um das Leben der fünf Personen zu retten?

Wer sich selbst in eine Situation gebracht hat, aus der ihm dann die Gefahr droht, kann sich nicht mehr auf entschuldigenden Notstand berufen (**Verschuldenskorrektiv**). Zudem muss die Notstandshandlung mit dem Handeln einer rechtstreuen und werteverbundenen Person abgeglichen werden. Nur wenn diese rechtstreue Figur gleich gehandelt hätte, ist der Täter entschuldigt. Ein komplett altruistisches Verhalten und eine Selbstopferung für andere verlangt die österreichische Rechtsordnung nicht, auch der wertverbundene Mensch darf also Handlungen setzen, die ihn vor fremde Personen reihen (Selbstschutz vor Fremdschutz).

Das subjektive Element des entschuldigenden Notstands ist, wie auch bei rechtfertigendem Notstand und Notwehr, das Wissen, sich in einer entsprechenden Situation zu befinden.

Entschuldigender Notstand
§ 10 StGB (auf Schuldebene)
Notstandssituation: Es droht ein bedeutender Nachteil für ein Rechtsgut
Notstandshandlung: Opferung eines Rechtsguts, das geopferte Rechtsgut darf nicht unverhältnismäßig schwerer wiegen, als das gerettete
Ein mit den rechtlich geschützten Werten verbundener Mensch aus dem Verkehrskreis des Täters hätte in dieser Situation ebenfalls so gehandelt
Verschuldenskorrektiv
Subj Element: Kenntnis der Notstandssituation
Beispiele: Jemanden vom Boot werfen, damit das Boot nicht untergeht; Brett des Karneades; Trolley-Problem; Leben-gegen-Leben-Konflikte

17 Im deutschsprachigen Raum bereits 1951 von Hans Welzel als Weichenstellerproblem bekannt geworden.

e) Exkurs: Verbotsirrtum

Auch nachzulesen in: Fuchs/Zerbes, Strafrecht Allgemeiner Teil I[10], Kap 23.

Strafbarkeit des Handelns ist bereits dann gegeben, wenn der Täter in seiner Laiensphäre weiß, dass er Unrecht verwirklicht. Welches Delikt er dabei verübt oder ein Wissen darüber, ob er sich mit seiner Tat im Straf-, Zivil- oder Verwaltungsrecht befindet, ist nicht notwendig.

Befindet sich der Täter aber in einem Rechtsirrtum, weil er nicht erkennt, dass er Unrecht verwirklicht, fehlt es ihm an der Schuld. Diesen Zustand nennt man „Verbotsirrtum“, er ist in § 9 StGB normiert.

§ 9 StGB (1) Wer das Unrecht der Tat wegen eines ***Rechtsirrtums*** *nicht erkennt, handelt* ***nicht schuldhaft, wenn ihm der Irrtum nicht vorzuwerfen ist.***

Wann ein Irrtum vorwerfbar ist, besagt Abs 2:

(2) Der Rechtsirrtum ist dann vorzuwerfen, wenn das Unrecht für den Täter wie für jedermann leicht erkennbar war oder wenn sich der Täter mit den einschlägigen Vorschriften nicht bekannt gemacht hat, obwohl er seinem Beruf, seiner Beschäftigung oder sonst den Umständen nach dazu verpflichtet gewesen wäre.

Mit „leichter Erkennbarkeit“ ist gemeint, dass die allgemein anerkannten Werte befolgt werden müssen. Eine Rechtsauskunft einer verlässlichen Fachperson lässt die Vorwerfbarkeit des Irrtums jedenfalls entfallen. Das Ergebnis ist, dass jemand, der sich in einem Verbotsirrtum befand, straflos ist. Dazu muss er aber nachweisen können, dass ihm der entsprechende Irrtum nicht vorwerfbar ist. Ein Irrtum im Kernstrafrecht wird daher idR immer vorwerfbar sein.

Achtung, unterscheide:

Bei einem **Verbotsirrtum** irrt der Täter über die **Konsequenzen und die Strafbarkeit** seines Handelns. Er ist sich über die Wirklichkeit aber im Klaren und sieht diese richtig.

Bei einem **Tatbildirrtum** (Tatbestandsirrtum) irrt der Täter über die **tatsächlichen Gegebenheiten**, würde die Rechtsfolgen aber richtig anknüpfen. Damit entfällt beim Tatbildirrtum der Vorsatz, und über die doppelt bedingte Fahrlässigkeitsprüfung wird ermittelt, ob der Täter straffrei bleibt oder für ein entsprechendes Fahrlässigkeitsdelikt haftet.

7. Kapitel
Qualifikationen und Privilegierungen

Auch nachzulesen in: Maleczky, Strafrecht Allgemeiner Teil I[12,] 14ff.

a) Qualifikationen

*Wenn das Gesetz für die Erfüllung besonderer Merkmale bei einem Delikt einen höheren Strafrahmen vorsieht, spricht man von „***Qualifikationen***“.* Unterschieden werden muss zwischen Wertqualifikationen, Deliktsqualifikationen und Erfolgsqualifikationen.

Wie das Grunddelikt selbst, besteht eine jede Qualifikation auch aus einem objektiven und subjektiven Tatbestand, wobei darauf zu achten ist, dass der Erfolg bei Erfolgsqualifikation auch fahrlässige Folge der Tat sein kann, während bei den anderen Qualifikationsarten der Täter auf den Eintritt des Erfolges **Vorsatz** haben muss.

Wertqualifikationen:

Eine Wertqualifikation liegt vor, wenn die Tat strenger zu bestrafen ist, weil eine hohe Geldsumme betroffen ist.

Bsp: Der **Grundtatbestand** der Sachbeschädigung (§ 125 StGB) lautet:

„Wer eine fremde Sache zerstört, beschädigt, verunstaltet oder unbrauchbar macht, ist mit Freiheitsstrafe ***bis zu sechs Monaten oder mit Geldstrafe bis zu 360 Tagessätzen zu bestrafen****“*

Für den Grundtatbestand sieht das Gesetz also einen Strafrahmen von bis zu sechs Monaten oder eine Geldstrafe bis zu 360 Tagessätzen vor.

Die **Qualifikation** ist in § 126 StGB zu finden. Diese Norm besagt:

*„****Mit Freiheitsstrafe bis zu zwei Jahren ist zu bestrafen****, wer eine Sachbeschädigung begeht*

1. *an einer Sache, die dem* ***Gottesdienst oder der Verehrung*** *durch eine im Inland bestehende Kirche oder Religionsgesellschaft gewidmet ist,*
2. *an einem Grab, einer anderen* ***Beisetzungsstätte****, einem Grabmal oder an einer Totengedenkstätte, die sich in einem Friedhof oder einem der Religionsübung dienenden Raum befindet,*
3. *an einem* ***öffentlichen Denkmal*** *oder an einem Gegenstand, der unter Denkmalschutz steht,*

4. *an einer Sache von allgemein anerkannten* ***wissenschaftlichem, volkskundlichem, künstlerischem oder geschichtlichem Wert****, die sich in einer allgemein zugänglichen Sammlung oder sonst an einem solchen Ort oder in einem öffentlichen Gebäude befindet,*
5. *an einem wesentlichen* ***Bestandteil der kritischen Infrastruktur*** *(§ 74 Abs 1 Z 11) oder*
6. *(aufgehoben, BGBl I 2015/154)*
7. *durch die der Täter an der Sache einen* ***5.000,00 Euro übersteigenden Schaden*** *herbeiführt.*

Abs 2: Wer durch die Tat an der Sache einen ***300.000,00 Euro übersteigenden Schaden*** *herbeigeführt, ist mit* ***Freiheitsstrafe von sechs Monaten bis zu fünf Jahren zu bestrafen****.“*

Wer daher eine Sachbeschädigung an besonders geschützten Sachen (Abs 1 Z 1 bis 6) begeht oder einen Schaden herbeiführt, welcher mehr als 5.000 Euro (Abs 1 Z 7) oder 300.000 Euro (Abs 2) beträgt, erfüllt eine Qualifikation.

Der **objektive Tatbestand** einer Wertqualifikation ist der höhere Wert des Tatobjektes. Der Täter muss die Tatbestandsmerkmale der Wertqualifikation auch **subjektiv** erfüllen. Der Vorsatz des Täters muss sich daher auch auf alle Merkmale der Qualifikation erstrecken. Weiß er etwa nicht, dass die Sache mehr als 5.000 Euro wert ist, bzw hält das nicht einmal ernstlich für möglich und findet sich damit ab, kann er nicht wegen der Qualifikation bestraft werden, auch wenn er eine Sache mit einem 5.000 Euro übersteigenden Wert zerstört. In diesem Fall bleibt es bei der Strafbarkeit nach dem Grunddelikt. Achtung: Die Rsp dagegen unterstellt dem Täter gewöhnlich einen überschießenden Vorsatz und würde daher trotzdem nach §§ 127, 128 Abs 1 Z 7 verurteilen. Dies kann man durchaus kritisch sehen.

Denkbar ist aber auch der umgekehrte Fall: Ein Täter hat sich vorgenommen, eine Sache, welche mehr als 5.000 Euro wert ist, zu zerstören. Die Sache ist in Wahrheit jedoch nur 200 Euro wert. Es stellt sich dann die Frage, ob der Versuch einer Qualifikation (der Täter versucht schließlich, die Qualifikation zu erfüllen, auch wenn es ihm nicht gelingt) strafbar ist. Bei Wertqualifikationen, wie in diesem Beispiel, ist dies unproblematisch und zu bejahen.

Erfolgsqualifikation:

Anders aufgebaut sind Erfolgsqualifikationen. Diese können auch bereits fahrlässig erfüllt werden. Daher braucht sich der Vorsatz des Täters nicht auch auf die Merkmale der Qualifikation zu erstrecken. Eine Erfolgsqualifikation liegt vor, wenn ein stärkerer Erfolg eintritt, als das Delikt in seiner Grundform verlangen würde.

Ob eine Qualifikation eine Wert- oder Erfolgsqualifikation (und daher vom Vorsatz umfasst sein muss, oder ob die fahrlässige Begehung ausreicht) ist dem Gesetzestext zu entnehmen. Eine Erfolgsqualifikation erkennt man an der Wortfolge *„hat die Tat … zur Folge"*.

Bsp:
Grunddelikt: „§ 88 Abs 1 StGB: *„Wer fahrlässig einen anderen am Körper verletzt oder an der Gesundheit schädigt, ist mit Freiheitsstrafe bis zu drei Monaten oder mit Geldstrafe bis zu 180 Tagessätzen zu bestrafen."*

§ 88 Abs 4 StGB normiert: *„Hat die Tat nach Abs. 1 eine* ***schwere Körperverletzung*** *(§ 84 Abs 1) zur Folge, so ist der Täter mit Freiheitsstrafe bis zu sechs Monaten oder mit Geldstrafe bis zu 360 Tagessätzen zu bestrafen. Hat die Tat nach Abs. 3 eine* ***schwere Körperverletzung*** *(§ 84 Abs 1) zur Folge, ist der Täter mit Freiheitsstrafe bis zu zwei Jahren, hat sie jedoch eine* ***schwere Körperverletzung*** *(§ 84 Abs 1)* ***einer größeren Zahl von Menschen*** *zur Folge, mit Freiheitsstrafe bis zu drei Jahren zu bestrafen."*

Aufgrund der Formulierung *„hat die Tat … zur Folge"*, erkennt man, dass es eine Erfolgsqualifikation ist und weiß somit, dass es ausreichend ist, wenn der Täter diese Qualifikation fahrlässig begeht.

Dies schließt jedoch nicht aus, dass der Täter diese Qualifikation auch vorsätzlich begehen kann. Sollte dadurch kein anderer Tatbestand erfüllt werden, bleibt es bei einer Bestrafung nach § 88 Abs 4 StGB, weil das Gesetz ja nur *zumindest* Fahrlässigkeit verlangt.

Deliktsqualifikation:

Von Deliktsqualifikationen spricht man, wenn die Tatbegehung auf eine besondere Art und Weise stattfindet (bspw mit einer Waffe, §143 Abs 1 StGB) oder die Umstände unrechtserhöhend waren (zB Ausrauben einer wehrlosen Person, § 128 Abs 1 Z 1 StGB).

Versuch von Qualifikationen:

Schwierig ist nun die Frage, ob man Qualifikationen versuchen kann. Wert- und Deliktsqualifikationen können – da diese nur vorsätzlich begangen werden können –, wie jedes andere Vorsatzdelikt auch, versucht werden, sofern der volle Tatbildvorsatz des Täters gegeben ist. Bei erfolgsqualifizierten Delikten dagegen gehen die Rechtsansichten auseinander. Die hM geht davon aus, dass Fahrlässigkeitsdelikte nicht versucht werden können, weshalb Erfolgsqualifikationen ebenfalls nicht versucht werden können (dabei müsste der Erfolg ja fahrlässig herbeigeführt werden).

Fuchs dagegen geht davon aus, dass das Gesetz bei Erfolgsqualifikationen verlangt, dass der Erfolg ***zumindest*** fahrlässig begangen wird und daher auch eine vorsätzliche Begehung möglich ist. Versucht der Täter die Erfolgsqualifikation vorsätzlich, kann er daher, nach dieser Ansicht, wegen der versuchten Qualifikation bestraft werden.

b) Privilegierungen

Wenn das Gesetz für die Erfüllung weiterer Merkmale einen niedrigeren Strafrahmen vorsieht, spricht man von „**Privilegierungen**".

Bsp:
Der Grundtatbestand des Diebstahls (§ 127 StGB) lautet:

„*Wer eine fremde bewegliche Sache einem anderen mit dem Vorsatz wegnimmt, sich oder einen Dritten durch deren Zueignung unrechtmäßig zu bereichern, ist mit Freiheitsstrafe* ***bis zu sechs Monaten oder mit Geldstrafe bis zu 360 Tagessätzen zu bestrafen.***"

§ 141 StGB normiert: „*Wer aus Not, aus Unbesonnenheit oder zu Befriedigung eines Gelüstes eine Sache geringen Wertes einem anderen entzieht oder sich oder einem Dritten zueignet ist, wenn die Tat sonst als Diebstahl, Entziehung von Energie, Veruntreuung, Unterschlagung, dauernde Sachentziehung oder Eingriff in fremdes Jagdrecht oder Fischereirecht strafbar wäre und es sich nicht um einen der Fälle der §§ 129, 131, 138 Z. 2 und 3 und 140 handelt,* ***mit Freiheitsstrafe bis zu einem Monat oder mit Geldstrafe bis zu 60 Tagessätzen zu bestrafen.***"

Um zu wissen, welche Tatbestände eine Qualifikation und welche Tatbestände eine Privilegierung beinhalten, ist das Studium des Gesetzestextes zwingend notwendig. Manchmal findet sich eine Qualifikation/Privilegierung in einem eigenen Absatz, manchmal in einem eigenen Paragraphen. Hierbei empfehlen sich zulässige Paragraphenverweise (etwa von § 127 StGB auf § 141 StGB).

Sowohl die Erfüllung der Qualifikation als auch die der Privilegierung muss dem Täter zurechenbar sein.

Daher ist bei der Falllösung kurz darauf einzugehen, ob Vorsatz des Täters auf die Qualifikation/Privilegierung vorlag und ob diese dem Täter zugerechnet werden kann (siehe Ausführungen im Kapitel der Zurechnung zur Kausalität).

Bsp 61: Als Carina bei einer langen Schicht im Fußballstadium plötzlich Hunger bekommt, kann sie nicht anders, als eines der in ihrer Nähe liegenden Hotdogs zu nehmen und gierig zu verspeisen. Wofür ist Carina zu bestrafen?

☞ **Info: Wichtig!** Eine Qualifikation/Privilegierung kann niemals alleine stehen, sie muss stets mit dem zugehörigen Grunddelikt gemeinsam geprüft werden. Erfahrene Prüfungskandidaten können eine Qualifikation auch „in einem" mit dem Grunddelikt prüfen, wobei empfohlen wird weiterhin beim Prüfungsschema zwischen Grunddelikt und Qualifikation zu unterscheiden.

Bsp.: *1. Obj. TB. Grunddelikt: …*

2. Obj. TB. Qualifikation: …

3. Subj. TB. Grunddelikt: …

4. Subj. TB. Qualifikation: …

etc.

8. Kapitel
Zurechenbarer Versuch

Auch nachzulesen in: Fuchs/Zerbes, Strafrecht Allgemeiner Teil I[10], Kap 29; Hager/Massauer in Höpfel/Ratz, WK[2] StGB § 16 Rz 79f; Kienapfel/Höpfel/Kert, Strafrecht Allgemeiner Teil[16], Kap 22; Lewisch, Casebook Strafrecht[7]; zur Abgrenzung: Soyer/Pollak, Tätige Reue. Grundfragen der Rechtzeitigkeit und Freiwilligkeit der Schadensgutmachung, SIAK-Journal – Zeitschrift für Polizeiwissenschaft und polizeiliche Praxis (2/2016), 49–60.

Bsp:
A möchte B töten. A schießt auf B. Die Kugel verfehlt jedoch B, weshalb dieser nicht stirbt.

Löst man diesen Fall mit dem bisher Geschriebenen, kommt man mangels Erfolgseintritts zu einer Straffreiheit des Täters.

Da das aber kaum rechtens erscheint, stellt das Gesetz auch den Versuch einer Vorsatztat unter Strafe. Das wird in § 15 Abs 1 StGB normiert. Das österreichische Strafrecht stellt damit sogar den Versuch der vollendeten Vorsatztat gleich. Lediglich hinsichtlich der Strafzumessung bildet der Versuch einer Straftat einen Strafmilderungsgrund (§ 34 Abs 1 Z 13 StGB).

Der Versuch eines Fahrlässigkeitsdeliktes ist nicht strafbar bzw auch nicht denkbar, denn das Fahrlässigkeitsdelikt zeichnet sich ja gerade durch mangelnden Vorsatz aus.

a) Kein zurechenbarer Erfolg

Im Unterschied zum vollendeten vorsätzlichen Erfolgsdelikt muss für die Frage der Versuchsstrafbarkeit der **zurechenbare** Erfolg ausbleiben. Dass überhaupt kein Erfolg eintritt, ist nicht zwingend notwendig. So ist etwa möglich, dass A den B erwürgen möchte und dazu bereits ansetzt. B stirbt jedoch nicht aufgrund des Sauerstoffverlusts, sondern weil C ihn knapp davor erschießt. Der Erfolg von § 75 StGB (Tod) ist daher eingetreten. Jedoch hat diesen nicht A herbeigeführt, sondern C. Zu prüfen wäre daher die Strafbarkeit des C gem § 75 StGB und die Strafbarkeit des A gem § 15 Abs 1 StGB (Versuchsstrafbarkeit) iVm § 75 StGB.

b) Vorsatz

Obwohl der Erfolg überhaupt nicht oder nicht in zurechenbarer Weise eingetreten ist (siehe Bsp zu lit a), ist für die Versuchsstrafbarkeit zwingend notwendig, dass der subjektive Tatbestand voll erfüllt ist. Da nur der Versuch einer Vorsatztat infrage kommt, muss der Vorsatz des Täters alle Elemente des objektiven Tatbestandes umfassen [und daher auch auf jene gerichtet sein, welche er letztlich gar nicht erfüllt, weil der Erfolg (in zurechenbarer Weise) ja ausbleibt].

Bsp: Schießt A daher auf B, um diesen zu töten, und verfehlt die Kugel den B, so wäre Nachstehendes zu prüfen:

Objektiver Tatbestand:
- Handlung: A schießt auf B.
- Erfolg: B stirbt nicht (die Kugel verfehlt B). Erfolg ist ausgeblieben.

Zwischenergebnis: Der objektive Tatbestand ist nicht (voll) erfüllt.

Subjektiver Tatbestand:
- A handelt mit Vorsatz hinsichtlich des gesamten objektiven Tatbestandes (auch hinsichtlich des Erfolges).

Zwischenergebnis: Der subjektive Tatbestand ist (voll) erfüllt.

In einer solchen Konstellation gilt kurz festzuhalten, dass eine Versuchsstrafbarkeit in Frage kommt.

Dabei muss man jedoch weitere Elemente prüfen. Diese Elemente sind die Ausführungs-/nahe Handlung; Tauglichkeit; die Frage ob es sich um einen beendeten/unbeendeten oder fehlgeschlagenen Versuch handelt und ein allfälliger Rücktritt vom Versuch.

c) Ausführungs-(nahe) Handlung

Bei einem vollendeten Vorsatzdelikt spielt der Zeitpunkt des Beginns der Tathandlung eine untergeordnete Rolle (A schießt auf B und tötet diesen). Wann der Täter seinen Tatplan gefasst hat, ist bei der Fallprüfung des Vorsatzdelikts unerheblich.

Schwierig ist es bei der Versuchsstrafbarkeit. Mangels (zurechenbaren) Erfolgseintritts stellt sich die Frage, ab wann der Täter strafbar handelt.

Bsp: A fasst am Montag den Plan, B zu erschießen. A geht am Dienstag zu C, um sich eine Waffe auszuleihen. Am Mittwoch beschließt A, den B zu erschießen, während dieser schläft. Am Donnerstag fährt A zu Bs Grundstück, um zu beobachten, wann B in der Regel schlafen geht. Am Freitag in der Früh fährt A erneut zu B nach Hause, um ihn abends zu erschießen, und versteckt sich in seinem Kleiderschrank. Am Freitagabend steigt A aus dem Kleiderschrank. A wartet noch, bis sich B im Schlaf umdreht, und schießt auf B, verfehlt ihn jedoch.

In diesem Zusammenhang stellt sich bei jeder Handlung die Frage, ob diese (wenn der Täter an diesem Punkt aufhörte, seinen Tatplan zu verfolgen) bereits strafbar wäre.

Zunächst ist festzuhalten, dass Gedanken an sich nie eine Strafbarkeit begründen können. Wenn A daher am Montag den Plan fasst, B zu erschießen, und danach nichts mehr unternimmt, handelt er noch nicht strafbar.

Schwieriger ist es am Dienstag. Hier fasst A nicht nur einen Gedanken, sondern leiht sich auch eine Waffe von C aus. Er setzt daher einen konkreten Handlungsschritt. Handelt er jedoch strafbar, wenn er nach dem Ausleihen der Waffe nichts mehr unternimmt? Dieselbe Frage stellt sich auch bei As Handlungen am Mittwoch, Donnerstag und Freitag in der Früh.

Eine Strafbarkeit ist erst gegeben, wenn das Stadium einer Ausführungshandlung oder einer unmittelbar dieser vorangehenden Handlung („ausführungsnahe Handlung") gegeben ist.

Definition: Bei der Versuchsstrafbarkeit tritt der Täter in das strafbare Versuchsstadium ein, wenn er eine Ausführungshandlung oder eine der Ausführung unmittelbar vorangehende Handlung setzt.

1. Ausführungsnahe Handlung

Die einzelnen Prüfungsschritte zur Bestimmung, ob eine ausführungsnahe Handlung vorliegt, sind:

1. zeitlicher, örtlicher und aktionsmäßiger Zusammenhang zu der Ausführung,
2. keine Notwendigkeit weiterer Zwischenakte zur Tatausführung und
3. die psychologische Hemmschwelle ist überschritten.

Die einzelnen Prüfungsschritte sind objektiv nach dem Tatplan des Täters zu beurteilen.

☞ **Objektiv** bedeutet in diesem Kontext: aus der Sicht eines objektiven Dritten, der das Tatgeschehen beobachtet.

Im Zusammenhang mit dem obigen Beispiel ergibt sich daher nachstehende Lösung:

Montag: Gedankenverbrechen sind nicht strafbar.

Dienstag: Kein zeitlicher und örtlicher Zusammenhang zur Ausführung:

Örtlich: A ist bei C, um sich eine Waffe auszuleihen, und nicht bei B zu Hause.

Zeitlich: A ist nicht kurz davor, den B zu erschießen.

Mittwoch: Erneut reines Gedankenverbrechen (daher straflos).

Donnerstag: Örtlicher Zusammenhang wohl gegeben (aA durchaus zulässig), jedoch kein zeitlicher Zusammenhang (A studiert nur, wann B schlafen geht, und möchte ihn noch nicht erschießen). A ist daher noch nicht in das (strafbare) Versuchsstadium getreten.

Freitagmorgen: Hier ist ebenfalls ein örtlicher Zusammenhang gegeben. Der zeitliche Zusammenhang ist jedoch noch immer nicht gegeben, weil A noch warten möchte, bis B schlafen geht.

Freitagabend: Als A aus dem Kleiderschrank steigt und auf B zielt, ist sowohl der zeitliche als auch der örtliche Zusammenhang gegeben. Zwischenakte sind nicht mehr notwendig.[18] Auch die psychologische Hemmschwelle ist überschritten (zumindest ist dem Sachverhalt kein gegenteiliger Hinweis zu entnehmen). A befindet sich daher ab diesem Zeitpunkt jedenfalls im strafbaren Versuchsstadium (ausführungsnahe Handlung). Wenn A daher an diesem Punkt die Tathandlung nicht mehr weiterführt, so ändert sich ohne Hinzutreten weiterer Umstände (siehe Rücktritt vom Versuch bei lit f) nichts an der Strafbarkeit der Handlung. Da aber A weiterhandelt und einen Schuss in Richtung B abgibt, gelangt er sogar in das nächste Stadium (Ausführungshandlung).

Exkurs: Auflauern auf das Opfer

Würde A nur darauf warten, dass B endlich erscheint, und ihn dann sofort erschießen wollen, befindet er sich nach der hL bereits in einem örtlichen und zeitlichen Zusammenhang zur Tat und hat die entsprechende Hemmschwelle überschritten. Erwartet man das Opfer nämlich „jederzeit" (besteht also keine entfernte Zeitangabe über das Eintreffen des Opfers), ist nach hL die Ausführungsnähe erfüllt. *Fuchs* sieht dies anders, er möchte den Versuch erst dann beginnen lassen, wenn dem Täter bei Auftauchen des Opfers keine Überlegungsphase mehr möglich ist.[19]

18 AA möglich.

19 *Fuchs/Zerbes*, Strafrecht Allgemeiner Teil I^{10}, 29. Kapitel, Rz 39.

2. Ausführungshandlung

Die Ausführungshandlung ist jene Handlung, die beim vollendeten Delikt als Tathandlung gesehen wird und nahtlos in den Erfolg einmünden sollte. Die ausführungsnahe Handlung wiederum ist jene Handlung die nahtlos in die Ausführungshandlung einmündet oder einmünden soll.

Definition: Die Ausführungshandlung ist jene Handlung, welche vom Gesetzgeber beschrieben wurde.

§ 75 StGB

Wer einen anderen tötet, ist mit Freiheitsstrafe von zehn bis zwanzig Jahren oder mit lebenslanger Freiheitsstrafe zu bestrafen.

Der Täter befindet sich im Stadium der Ausführungshandlung, wenn er auf B schießt, also eine Tötungshandlung setzt. Tötet er ihn damit, ist das Delikt vollendet (Schuss = Tathandlung) und es wäre das vollendete Vorsatzdelikt zu prüfen. Tötet er ihn nicht, dann ist Versuchsstrafbarkeit zu prüfen und der Schuss in diesem Fall die Ausführungshandlung des versuchten Mordes.

Nun kennt das österreichische Strafrecht auch Delikte, welche aus mehreren aneinandergereihten Tathandlungen bestehen (mehraktige Delikte). Hierbei stellt sich die Frage, ob es ausreicht, dass der Täter die erste beschriebene Tathandlung umsetzt, oder ob der Täter alle beschriebenen Tathandlungen setzen muss.

Bsp: A droht B mit Gewalt, wenn sie sich gegen die Vergewaltigung wehren sollte. Zur Vergewaltigung kommt es jedoch in weiterer Folge nicht.

§ 201 Abs 1 StGB normiert: „*Wer eine Person mit Gewalt, durch Entziehung der persönlichen Freiheit oder durch Drohung mit gegenwärtiger Gefahr für Leib oder Leben (§ 89 StGB) zur Vornahme oder Duldung des Beischlafes oder einer dem Beischlaf gleichzusetzenden geschlechtlichen Handlung nötig, ist mit Freiheitsstrafe von einem bis zu zehn Jahren zu bestrafen.*“

Nach hM liegt eine Ausführungshandlung bereits vor, wenn der Täter den ersten Teilakt setzt (in concreto: Drohung mit Gewalt).

In diesem Sachverhalt ist A daher ins Versuchsstadium getreten und handelt somit strafbar.

allerdings bereits zwei Stunden zuvor im Schlaf an einem Herzstillstand gestorben. Da Johnny das nicht weiß und nicht erwartet hat, schießt er dreimal auf Alfreds Kopf und verschwindet dann, unwissend, dass Alfred bereits zuvor tot war.

Bsp 64: Rufus möchte Linus erschießen. Leider ist Rufus schwer kurzsichtig. Er legt sich auf die Lauer und visiert einen Weg, auf dem er Linus erwartet. Als er einen Schatten sieht drückt er ab. Das vorbeikommende Reh fällt tot zu Boden, erst als Linus näher geht merkt er, dass Linus wohlauf ist und der Schatten vom Reh geworfen worden war.

Exkurs: Zufällig abwesendes Objekt

Bsp: A bricht einen im Haus befindlichen Tresor auf, um das Geld darin zu stehlen. Nachdem er die Tür aufgemacht hat, sieht er, dass der Tresor leer ist.

Es handelt sich um das Problem des untauglichen Objekts.

Nach der Ansicht der „objektiven Sachlage" wären solche Versuche immer straffrei, weil sich objektiv kein Geld im Tresor befindet.

Dieses Ergebnis ist jedoch nicht zufriedenstellend. Daher werden Fälle eines „zufällig abwesenden Objekts" (Dieb stiehlt Geldbörse, welche zufällig leer ist) auch bei dieser Theorie ausnahmsweise als bloß relativ untauglich (und damit strafbar) angesehen.

e) Beendeter, unbeendeter oder fehlgeschlagener Versuch

Auch nachzulesen in: Fuchs/Zerbes, Strafrecht AT I[10], Kap 31 Rz 12ff

Hat man festgestellt, dass die Tathandlung tauglich bzw nur relativ untauglich war, stellt sich die Frage, ob der Versuch beendet, unbeendet oder fehlgeschlagen ist.

Beendet/unbeendet: Grundsätzlich kommt es auf die Vorstellungen des Täters an. Glaubt er, weiterhandeln zu müssen, um den Erfolg herbeizuführen, ist der Versuch unbeendet, ansonsten beendet (hierzu siehe Ausführungen auf der nächsten Seite).

Fehlgeschlagen ist ein Versuch, wenn der Täter feststellt, dass die von ihm angedachte Handlung nicht zum Erfolg geführt hat und auch nicht mehr zum Erfolg führen kann. Der Täter gibt die Tat also mangels Möglichkeit, weiter zu handeln, auf. Der Unterschied zum beendeten Versuch liegt darin, dass der Täter eines beendeten Versuchs denkt, dass er alles zum Erfolg führende bereits getan hat. Beim fehlgeschlagenen Versuch dagegen erkennt er, dass der Erfolg nicht mehr eintreten wird. Es kommt somit auch bzw gerade hier lediglich auf die Vorstellung des Täters an.

Achtung: Bei einem **vollendeten Delikt** kann der Täter nicht mehr mit schuldbefreiender Wirkung zurücktreten. Nur bei der Versuchsstrafbarkeit kommt ein Rücktritt in Betracht. Tätige Reue kommt dafür bei einem Versuchsdelikt nie in Betracht. Bleibt nämlich der Erfolg aus, gibt es nur die Möglichkeit eines Rücktritts vom Versuch. Tritt der Erfolg dagegen zurechenbar ein, kann der Täter nur durch tätige Reue straffrei werden. Nie kann daher beides gleichzeitig vorliegen.

☞ Merke: Tritt der Erfolg in tatbestandsmäßiger, rechtswidriger und schuldhafter Weise ein, kommt **kein** Rücktritt vom Versuch in Betracht, stattdessen gibt es die Möglichkeit der tätigen Reue.

☞ WICHTIG: Tätige Reue und Rücktritt vom Versuch sind verschiedene Rechtsinstitute, welche keinesfalls verwechselt werden dürfen.

Zur Abgrenzung:

Exkurs: Tätige Reue

Damit der Täter in den Vorteil einer Bestimmung betreffend Tätige Reue kommt, muss das Delikt zunächst tatbestandsmäßig, rechtswidrig und schuldhaft begangen worden sein – sohin muss der Täter für eine gewisse Zeit wegen eines vollendeten Deliktes strafbar geworden sein. In einem weiteren Schritt ist dann zu prüfen ob das begangene Delikt „reuefähig" ist.

So regelt etwa § 167 StGB:

„(1) Die Strafbarkeit wegen Sachbeschädigung, Datenbeschädigung, Störung der Funktionsfähigkeit eines Computersystems, Diebstahls, Entziehung von Energie, Veruntreuung, Unterschlagung, dauernder Sachentziehung, Eingriffs in fremdes Jagd- oder Fischereirecht, Entwendung, Betrugs, betrügerischen Datenverarbeitungsmißbrauchs, Erschleichung einer Leistung, Notbetrugs, Untreue, Geschenkannahme durch Machthaber, Förderungsmißbrauchs, betrügerischen Anmeldens zur Sozialversicherung oder Bauarbeiter- Urlaubs- und Abfertigungskasse, Wuchers, betrügerischer Krida, Schädigung fremder Gläubiger, Begünstigung eines Gläubigers, grob fahrlässiger Beeinträchtigung von Gläubigerinteressen, Vollstreckungsvereitelung und Hehlerei wird durch tätige Reue aufgehoben.

Handelt der Täter im Sinne einer Bestimmung welche „Tätige Reue“ normiert, wird nicht die Strafe gemindert, sondern die Strafbarkeit wird ex tunc aufgehoben.

Welche Delikte der Tätigen Reue zugänglich sind, ist immer dem Gesetz zu entnehmen. Das StGB regelt die Tätige Reue abschließend. Die wichtigsten Bestimmungen sind §§ 167 (bei Vermögensdelikten), 226 (bei Urkundendelikten) 241d und 291 StGB (bei falscher Beweisaussage).

Welche Handlung der Täter setzen muss, um in den Genuss einer Bestimmung tätiger Reue zu kommen ist ebenfalls dem Gesetzestext zu entnehmen: So muss nach § 167 StGB der **ganze** Schaden **rechtzeitig** und **freiwillig** wiedergutgemacht werden.

> *(2) Dem Täter kommt tätige Reue zustatten, wenn er, bevor die Behörde (§ 151 Abs. 3) von seinem Verschulden erfahren hat, wenngleich auf Andringen des Verletzten, so doch ohne hiezu gezwungen zu sein,*
> 1. *den ganzen aus seiner Tat entstandenen Schaden gutmacht oder*
> 2. *sich vertraglich verpflichtet, dem Verletzten binnen einer bestimmten Zeit solche Schadensgutmachung zu leisten. In letzterem Fall lebt die Strafbarkeit wieder auf, wenn der Täter seine Verpflichtung nicht einhält.*

Siehe diesbezüglich auch die Übersichtstabellen am Ende dieses Abschnitts.

f) Rücktritt vom Versuch

§ 16 Abs 2 StGB normiert:

„Der Täter wird wegen des Versuches oder der Beteiligung daran nicht bestraft, wenn er freiwillig die Ausführung aufgibt oder, falls mehrere daran beteiligt sind, verhindert oder wenn er freiwillig den Erfolg abwendet.“

1. Rücktrittshandlung

Vom Versuch kann nur unter den Voraussetzungen des § 16 StGB zurückgetreten werden.

Welche Handlung der Täter setzen muss, um beim Rücktritt vom Versuch straffrei zu werden, richtet sich danach, ob der Versuch *„beendet“* oder *„unbeendet“* ist. Grundsätzlich kommt es hierbei auf die Vorstellungen des Täters an. Glaubt er, weiter handeln zu müssen, ist der Versuch unbeendet, ansonsten beendet.

Weiterhin strittig ist, zu welchem Zeitpunkt der Täter diese Vorstellung haben muss. Hierzu gibt es 2 Theorien:

I. **Tateinheitstheorie**: Stellt auf den **Rücktrittszeitpunkt** ab.
II. **Einzelaktstheorie**: Stellt auf den Zeitpunkt der **Versuchshandlung** ab.

Der Versuch ist **beendet**, wenn der Täter (I. im Rücktrittszeitpunkt/II. im Zeitpunkt der Versuchshandlung) glaubt, alles getan zu haben, um die Vollendung des Deliktes herbeizuführen.

Bsp: A nimmt sich vor, B mit einem Schuss zu töten. A schießt danach auf B. Der Versuch ist beendet, weil A glaubt, alles getan zu haben, um B zu töten.

Bei einem beendeten Versuch muss der Täter als Rücktrittshandlung den Erfolg abwenden oder dieser muss von selbst ausbleiben, nachdem sich der Täter ernstlich und redlich um die Erfolgsabwendung bemüht hat.

Um hier straffrei zu werden, muss der Täter also den Erfolg **aktiv abwenden**. Im konkreten Fall kämen etwa Erste-Hilfe-Maßnahmen infrage, um das Leben des B zu retten. Gelingt es A, das Leben des B zu retten, kann er nicht für versuchten Mord bestraft werden. Für die resultierende vollendete Körperverletzung ist A jedoch nach § 83 oder § 84 StGB zu bestrafen (sog „**qualifizierter Versuch**").

Ein Versuch ist **unbeendet**, wenn der Täter (I. im Rücktrittszeitpunkt/II. im Zeitpunkt der Versuchshandlung) glaubt, für den Erfolg noch weiter handeln zu müssen.

Bsp: A möchte mit einer Eisenstange auf B einschlagen, um ihn zu töten. Er nimmt sich vor, so lange auf B einzuschlagen, bis dieser tot ist. Nach dem ersten Schlag – B lebt noch – hört A auf.

Um bei einem unbeendeten Versuch straffrei zu werden, muss der Täter die Ausführung der Tat aufgeben.

Im konkreten Fall wäre das, wenn A nicht weiter auf B einschlägt. Für die Körperverletzung aus dem ersten Schlag haftet A aber dennoch nach bspw § 83 (1) StGB (qualifizierter Versuch).

2. Freiwilligkeit des Rücktritts

Der Rücktritt wirkt nur strafbefreiend, wenn der Täter diesen freiwillig und aus autonomen Motiven ausführt.

Das wird mittels der *Roxin'schen* Formel beurteilt: Hätte ein anderer Täter sein Vorhaben auch abgebrochen (weil etwa die Tat entdeckt zu werden droht), handelt er aufgrund seiner „Verbrechervernunft" und damit unfreiwillig, andernfalls freiwillig.

Alternativ prüft man die *Frank'sche* Formel: Könnte der Täter das Delikt noch vollenden, will aber nicht, so handelt er, wenn er tatsächlich aufhört, freiwillig.

Bsp 65: Christian, Peter und Mimi haben die Idee, sich im Kino einen Sack voll Süßigkeiten zu stehlen, wenn die Kinomitarbeiterin Franzi mal nicht zu ihnen sieht. Peter und Mimi lenken Franzi ab, während Christian zugreift. Allerdings überlegt er es sich dann doch noch anders, er lässt die Handvoll Popcorn wieder los und deutet den anderen beiden, zu gehen. Ihm war der Plan nicht so geheuer. Ist Christian strafbar?

g) Graphiken

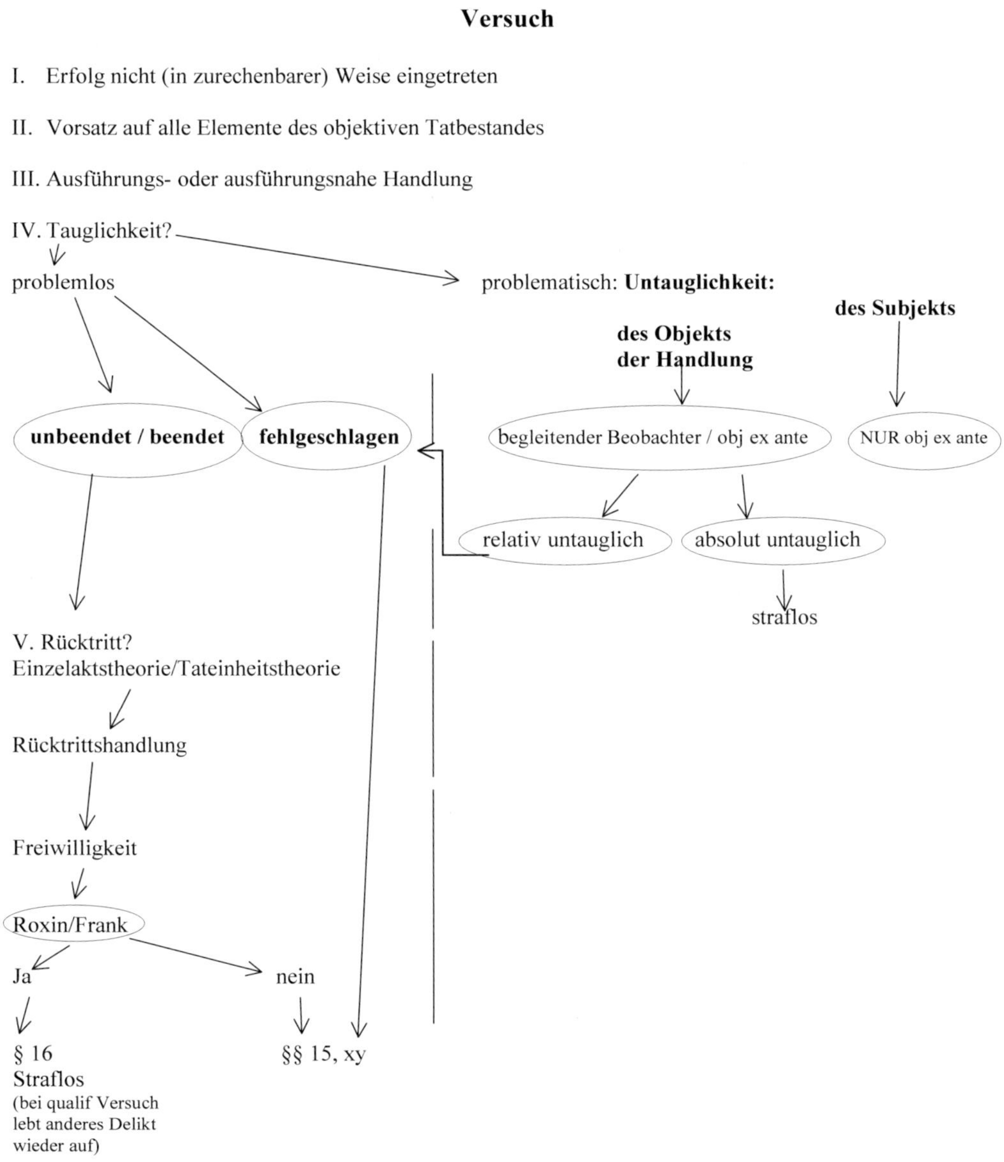

Abbildung 1: Prüfschema

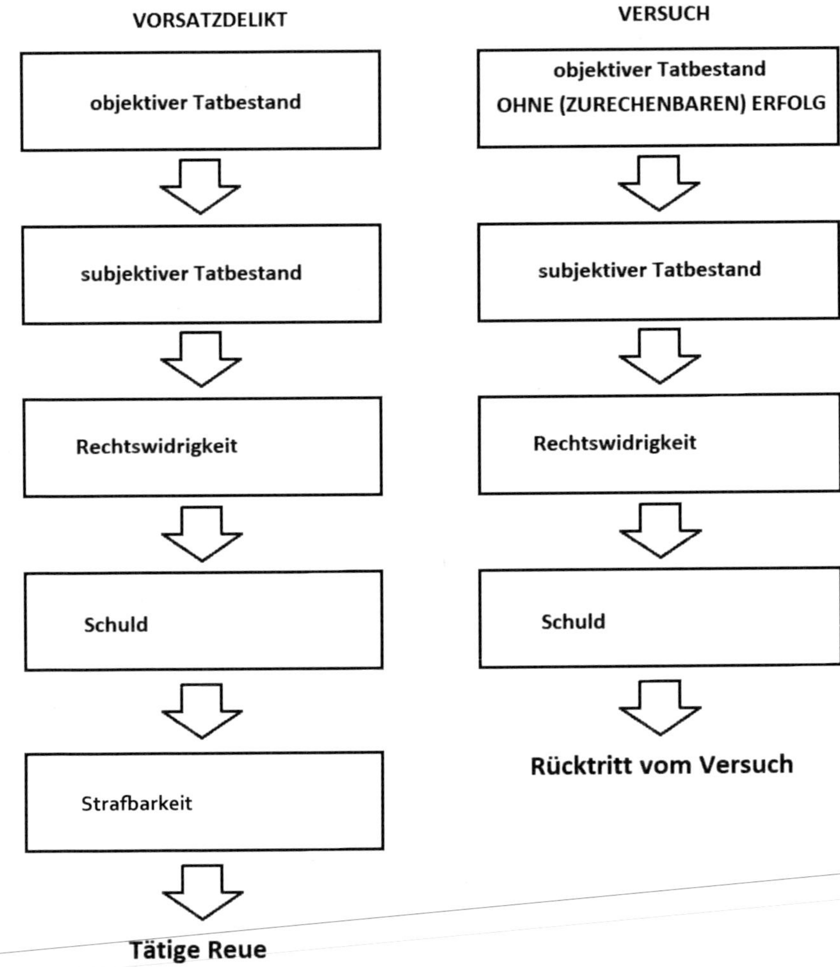

VORSATZDELIKT
objektiver Tatbestand
subjektiver Tatbestand
Rechtswidrigkeit
Schuld
Strafbarkeit
Tätige Reue
VERSUCH
objektiver Tatbestand
OHNE (ZURECHENBAREN) ERFOLG
subjektiver Tatbestand
Rechtswidrigkeit
Schuld
Rücktritt vom Versuch

Abb. 2: Unterschied tätige Reue/Rücktritt vom Versuch

	Tätige Reue	**Rücktritt vom Versuch**
Grundvoraus-setzungen	Delikt vollendet	Delikt nicht abgeschlossen, kein Erfolg eingetreten
Handlung	Schaden wieder gutmachen	Erfolg abwenden oder Tat-handlung aufgeben (je nachdem ob der Versuch beendet oder unbeendet ist)
Freiwilligkeit	Solange kein physischer Zwang verübt wird, ist es noch freiwillig	*Frank'sche* oder *Roxin'sche* Formel
	Rechtzeitigkeit (bevor die Behörden von der Tat erfahren)	
	Vollständigkeit (der gesamte Schaden muss wieder gutgemacht werden)	

Abb. 3: Unterschied tätige Reue/Rücktritt vom Versuch

Bsp 66: Toni hat im Supermarkt 15 Taucherbrillen in eine große Tasche gesteckt und möchte nun beiläufig den Shop verlassen und die Brillen stehlen. Dies gelingt ihm auch, aber als er bei sich daheim ist, überkommt ihn das schlechte Gewissen. Am nächsten Tag geht er zum Supermarkt zurück und retourniert alle 15 Brillen unauffällig. Ist Toni strafbar?

Bsp 67: Toni hat im Supermarkt 15 Taucherbrillen in eine große Tasche gesteckt und möchte nun beiläufig den Shop verlassen und die Brillen stehlen. Vor der Kasse überkommt ihn aber das schlechte Gewissen und er verlässt den Shop wieder.

9. Kapitel
Beteiligung

Auch nachzulesen in: Fuchs/Zerbes, Allgemeiner Teil I[10], Kap 32–34; Kienapfel/Höpfel/Kert, Allgemeiner Teil[16], Kap 32ff.

Sachverhalte erweisen sich oft auf den ersten Blick als besonders komplex, wenn darin viele Protagonisten agieren. Dabei sind oftmals schon die vielen Einzelbuchstaben (Abkürzungen für die einzelnen Täternamen) verwirrend – Verwechslungsgefahr ist gerade bei der Modulprüfung vorprogrammiert.

Das Gute ist, dass solche Sachverhalte manchmal wesentlich einfacher sind, als welche mit wenigen Protagonisten, weil oft alle Personen an den gleichen Delikten beteiligt sind. Sind die Delikte erstmal erkannt und die einzelnen Wollfäden in Form der Handlungsstränge aus dem Wollknäuel entwirrt, ist alles bereits viel weniger einschüchternd.

Als Faustregel und Leitsatz bei mehreren Akteuren empfiehlt sich, die Fallprüfung immer **mit dem unmittelbaren Täter** zu **beginnen**.

Gleich dabei muss unterschieden werden, ob es einen einzelnen unmittelbaren Täter gibt und weitere Beitrags- oder Bestimmungstäter oder ob mehrere Täter gemeinsam als unmittelbare Täter agieren und somit „Mittäter" sind.

a) Mittäter

Definition: Täter handeln als Mittäter, wenn sie aufgrund eines gemeinsamen Tatentschlusses bewusst und gewollt wechselseitig und arbeitsteilig die Tathandlung ausführen.

Handelt es sich um Mittäter, braucht es ein „arbeitsteiliges Verhalten" **bei der Tatausführung**. Benötigt wird, dass die Arbeitsteilung während der Tathandlung gemeinsam ausgeführt wird. Ein bloßer gemeinsamer Vorsatz oder ein gemeinsames Planen genügt nicht!

Zur besseren Illustration ein paar Bsp:

- A und B beschließen gemeinsam, eine Bank zu überfallen. A gibt B eine Waffe, B überfällt die Bank.

- A und B beschließen gemeinsam, eine Bank zu überfallen. A gibt B eine Waffe, und sie planen, wie B vorgehen soll und welche Schleichwege er verwenden soll.
- A und B beschließen gemeinsam, eine Bank zu überfallen. A und B gehen beide zur Bank, A fährt das Fluchtauto, B überfällt.
- A und B beschließen gemeinsam, eine Bank zu überfallen. A und B gehen beide zur Bank. A hält die Waffe, B räumt den Tresor aus.

In den ersten drei Beispielen handelt es sich bei B um den unmittelbaren Täter, wobei A lediglich Beitragstäter iSd § 12, 3. Fall StGB ist. Denn an der Tathandlung, nämlich der „Sachwegnahme durch Gewalt", wie § 142 StGB fordert, war A nicht arbeitsteilig beteiligt.

§ 142 StGB

(1) Wer ***mit Gewalt gegen eine Person oder durch Drohung mit gegenwärtiger Gefahr*** *für Leib oder Leben (§ 89) einem anderen eine fremde bewegliche* ***Sache*** *mit dem Vorsatz* ***wegnimmt oder abnötigt****, durch deren Zueignung sich oder einen Dritten unrechtmäßig zu bereichern, ist mit Freiheitsstrafe von einem bis zu zehn Jahren zu bestrafen.*

Das kann so bei den meisten Delikten durchgeprüft werden, zunächst wird auf die im Tatbestand beschriebene Handlung geachtet (zB: „wer einen anderen tötet") und dann darauf, ob alle Täter an der Ausführungshandlung beteiligt waren. Braucht es dazwischen einen weiteren, selbstständigen Zwischenakt (nämlich das Handeln des anderen Täters), gelangt man zur Lösung, dass es sich um nur einen unmittelbaren Täter und einen Beitragstäter handelt.

Sind beide an der Ausführungshandlung beteiligt und ist dies auch gewollt, liegt Mittäterschaft vor. Eine Arbeitsteilung ist also va für mehraktige Delikte relevant, weil dann jeder Akt für sich ein Teil der Ausführungshandlung ist.[20] Zentral für das Vorliegen von Mit- oder Nebentäterschaft ist, für alle Delikte, das Ausführen der Tathandlung.

Wird diese bewusst und gewollt nach einem gemeinsamen Tatentschluss gemeinsam ausgeführt, liegt eine **Mittäterschaft** vor.

Bei bloß zufälligem gleichzeitigem Agieren handelt es sich um **Nebentäterschaft**. Dabei kann der Vorsatz des einen Täters dann nicht dem Vorsatz des anderen Täters zugerechnet werden.

20 Exkurs: Für *Fuchs* nur dann, wenn die Mittäter auch am letzten Akt wechselseitig arbeitsteilig agierten

Bsp 68: Anton und Leonie schlagen auf einem Fußballevent den für das gegnerische Team jubelnden Ralf nieder. Dabei schlagen abwechselnd Anton und Leonie gegen Ralfs Rücken. Ralf erleidet mehrere Rippenbrüche. Sind Anton und Leonie Mittäter?

Bsp 69: Milena und Amy planen einen Diamantenraub. Dazu setzen sie sich über mehrere Wochen mit Mathematiker Manuel zusammen, um einen fundierten Plan vom Bankgebäude zu erhalten. Schlussendlich fährt Manuel sie zur Bank, wo die beiden sich mit den von Manuels Schwester geliehenen Masken vermummen. Amy hält mit der Pistole die Bankangestellten in Schach, Milena findet inzwischen den Tresor und räumt ihn aus. Danach steigen sie wieder in Manuels Auto, um zu entkommen. Sind Milena, Amy und Manuel Mittäter?

Bsp 70: Als Aslan den Matthias verprügelt, nutzt das Klassenkollege Gregor, um die Geldbörse des Matthias zu nehmen. Aslan findet das nicht sonderlich gut, zumal er Gregor nicht sonderlich leiden kann. Sind Aslan und Gregor Mittäter?

Bsp 71: Chloe braucht Geld. Sie bittet ihre Schwester Victoria, dass diese ihre wohlhabende Nachbarin ablenkt, während sie selbst durch das Balkonfenster ins Wohnzimmer klettert und die gesamten Ersparnisse der Nachbarin mitnimmt. Sind Chloe und Victoria Mittäter?

Hat man nun die Unterscheidung zwischen Mittätern, Nebentätern und bloßen Beitrags- bzw Bestimmungstätern getroffen, ist der Fall dementsprechend weiter zu lösen.

Bei Mittäterschaften können die Täter Großteils gleichzeitig geprüft werden, nur wenn hinsichtlich der Tätereigenschaften (zB Alter, Alkoholisierungsgrad) Unterschiede vorliegen, sollte getrennt geprüft werden. Der Erfolg wird allen Mittätern zugerechnet.

Nebentäter, also Personen, die nicht aufgrund eines gemeinsamen Tatentschlusses agieren, sollten komplett separat voneinander geprüft werden.

b) Unmittelbarer Täter und Beitrags-/Bestimmungstäter

Haben die Täter gemeinsam geplant und einen gemeinsamen Tatentschluss gehabt, aber bei der Tatausführung selbst nicht gemeinsam gehandelt, so hat die Falllösung unbedingt mit dem unmittelbaren Täter zu beginnen und erst danach sind die Beteiligungstäter zu prüfen. Es ist dann zu unterscheiden:

1. Die Tat ist dem unmittelbaren Täter gelungen

Hatte der unmittelbare Täter Erfolg und ist ihm die Deliktsvollendung gelungen, sind die weiteren Akteure zu prüfen:

Bestimmungstäter
§ 12 StGB

Nicht nur der unmittelbare Täter begeht die strafbare Handlung, sondern ***auch jeder, der einen anderen dazu bestimmt****, sie auszuführen, oder der sonst zu ihrer Ausführung beiträgt.*

§ 12, 2. Fall StGB normiert, dass auch jeder, der einen anderen zu einer strafbaren Handlung bewegt, sich selbst strafbar macht. Dabei ist sowohl die versuchte Bestimmung als auch die geglückte Bestimmung strafbar. Selbst wenn sich der unmittelbare Täter also durch den Bestimmenden nicht zur Tat überreden lässt oder er diese sowieso geplant hatte (omnimodo facturus), ist die Bestimmungshandlung bereits strafbar.

Geprüft wird zunächst, dass X eine **Bestimmungshandlung** setzt: Vielleicht wird ein Anruf getätigt oder ein Zettel zugeschoben, jedenfalls wird eine Idee einer Straftat nach außen getragen, mit dem Vorschlag, dass sie der jeweils andere ausführen solle. Dabei muss das Delikt, zu dem bestimmt werden soll, hinreichend konkret sein – schließlich muss der andere ja erkennen können, wozu er bestimmt wird.

Die Bestimmungshandlung muss von **Vorsatz** getragen sein, dabei muss sich X einerseits bewusst sein, dass damit ein Delikt verüben wird, andererseits muss er auch tatsächlich den Angesprochenen zum Delikt verleiten wollen.

Bereits dann hat sich X strafbar gemacht. Die Ausübung der Tat und die Kausalität der Bestimmung ist nur mehr für die Frage relevant, ob es sich um eine erfolgreiche oder um eine versuchte Bestimmung handelt. Die Strafbarkeit ist aber in beiden Fällen gegeben.[21]

Straflos ist, der Lehre nach, ein reines Anwerben von Mittätern. Wird statt einer Bestimmung die Frage nach einer Mittäterschaft ausgesprochen, also davon ausgehend, dass sich der Anwerbende an der Tat auch selbst beteiligt, stellt das Verhalten eine straflose Vorbereitungshandlung dar und ist nicht strafbar.[22]

Hat der Bestimmende mit seiner Bestimmung Erfolg und es kommt tatsächlich zur Tat und auch zum Taterfolg, ist er nach § 12, 2. Fall StGB iVm dem jeweiligen Delikt

21 Exkurs: Ausnahme ist eine Bestimmung zum absolut untauglichen Versuch. Diese bleibt straflos.

22 Exkurs: Der OGH sieht das nachvollziehbarweise anders und stellt lediglich ein Anwerben von Beitragstätern straflos, das Anwerben von Mittätern ist demnach strafbar.

zu bestrafen. Bei geglückter Bestimmung und fehlendem Taterfolg §§ 12, 2. Fall iVm 15 StGB iVm dem jeweiligen Delikt.

Wird die Bestimmung aber nicht befolgt und die Tat verweigert, haftet X nach §§ 15, 12, 2.Fall StGB iVm dem jeweiligen Delikt. Die Reihenfolge der §§ hat also durchaus eine Bedeutung, weil dadurch gekennzeichnet ist, ob die Bestimmung nur versucht wurde, oder ob das Delikt selbst nicht über das Versuchsstadium hinauskam.

Beitragstäter

§ 12 StGB

Nicht nur der unmittelbare Täter begeht die strafbare Handlung, sondern auch jeder, der einen anderen dazu bestimmt, sie auszuführen, ***oder der sonst zu ihrer Ausführung beiträgt.***

Unter einem Beitrag versteht man, dass jemand, der nicht unmittelbarer Täter ist, die Tat fördert und vorantreibt. Das ist sowohl psychisch als auch physisch denkbar.

Auch eine sozialadäquate Handlung kann einen Beitrag darstellen. Ist es bspw gerade Winter und ein Mörder möchte sein Mordopfer am Eislaufplatz ermorden, kann auch das Borgen von einem Schal oder Eislaufschuhen einen Beitrag zum Mord darstellen.[23]

Eine **versuchte Beitragstäterschaft** ist **straflos**. Nur ein erfolgreicher Beitrag führt zur Strafbarkeit!

Zunächst ist also die **Beitragshandlung** zu prüfen. X hat Y eine Waffe geborgt, ihm gut zugeredet oder eine Tat des Y auf sonst eine Art gefördert. Dabei war er erfolgreich, sein Beitrag wurde schlagkräftig und hat zur Tatbegehung beigetragen.

Hat X dabei mit **Vorsatz** darauf gehandelt, dass er mit seinem Handeln eine Tat und somit ein strafrechtlich relevantes Delikt fördern möchte, ist auch das subjektive Element erfüllt. Der Vorsatz muss dabei zweifach vorliegen, einerseits muss Vorsatz darauf bestehen, dass die Beitragshandlung die Tat wirklich fördert, andererseits muss Vorsatz auf das Delikt bestehen.

Als dritten Punkt braucht es die **Kausalität** des Beitrags bei der Tat. Der Beitrag muss sich insofern ausgewirkt haben, als er zur Tat geführt oder bei dieser geholfen hat. Hätte Y ohne gutes Zureden durch X die Tat nicht begangen oder mangels Waffe abgebrochen, wurde der Tatbeitrag des X kausal. Auch die Zurechenbarkeit muss erfüllt sein (eine bloß zufällige Kausalität genügt also nicht).

23 Exkurs: *Fuchs* möchte in solchen Fällen statt Eventualvorsatz die Wissentlichkeit des Beitragstäters voraussetzen, um zu einer Strafbarkeit zu gelangen. Sonst würde auch wohl zu rasch eine Strafbarkeit bei sozialadäquatem Verhalten erzielt werden – sh *Fuchs/Zerbes*, Strafrecht Allgemeiner Teil I[10], Kap 33, Rz 57ff.

2. Die Tat ist dem unmittelbaren Täter nicht gelungen

Bestimmungstäter

Die Bestimmung eines anderen ist auch dann strafbar, wenn dieser an der Tatausführung scheitert. Es handelt sich dann um eine sog „Bestimmung zum Versuch". Diese ist strafbar nach §§ 12, 2. Fall, 15 StGB iVm dem entsprechenden Delikt.[24]

Beitragstäter

Auch der Beitrag zum Versuch ist strafbar. Dabei ist davon auszugehen, dass der Beitrag selbst vorsätzlich gesetzt wurde und auch kausal wurde. Lediglich das Delikt konnte nicht mehr weiter verübt werden. Der Mörder hatte einen plötzlichen Hustenanfall und wurde entdeckt, das Seil zum Erdrosseln ist gerissen oÄ, die Beitragshandlung des Beitragstäters war aber fehlerfrei.

Der Beitragstäter haftet sodann nach §§ 12, 3. Fall, 15 StGB iVm dem jeweiligen Delikt.

c) Zusammenfassung

Versuchte Bestimmung (zur Tat): A möchte B zu einem Mord überreden, aber B lässt sich nicht überreden oder hatte bereits Vorsatz; oder B kam noch nicht einmal ins strafbare Versuchsstadium, als er an der Tatbegehung gehindert wurde. A ist strafbar nach §§ 15, 12, 2. Fall, 75 StGB.

Bestimmung zum Versuch: A hat B zum Mord überredet, aber B wurde im Versuchsstadium erwischt. A ist strafbar nach §§ 12, 2. Fall, 15, 75 StGB.

Beitrag zum Versuch: A hat B eine Waffe geborgt. B wurde im Versuchsstadium erwischt. A ist strafbar nach §§ 12, 3. Fall, 15, 75 StGB.

Versuchter Beitrag (zur Tat): A hat B eine Waffe geborgt, aber B nimmt eine andere Waffe oder verübt die Tat nicht, oder B wird vor dem Versuchsstadium erwischt. Nach § 15 Abs 2 StGB e contrario ist A straflos.

Bsp 72: Andy will schon lange die Uhr seines Bekannten Jeremy stehlen, er weiß auch, wo dieser sie aufbewahrt. Leider ist Andy zu klein, um durch das Fenster des Jeremy zu steigen, um den gewollten Einbruch zu verüben. Glücklicherweise borgt Lukas Andy eine Leiter, so gelingt schließlich der Diebstahl der Uhr. Lukas weiß

24 Vgl FN 17: Ausnahme ist eine Bestimmung zum absolut untauglichen Versuch. Diese bleibt straflos.

(Variante: weiß nicht), wofür die Leiter benötigt wurde. Ist Lukas ein Mittäter von Andy?

Bsp 73: Aurelia ist eine begnadete Köchin und möchte in der japanischen Küche Fuß fassen. Dazu muss sie aber zunächst ihren Rivalen Diego aus dem Weg räumen. Sie und ihr Freund Paul verfolgen Diego und schlagen dann so oft auf ihn ein, dass dieser an inneren Blutungen stirbt. Sind Aurelia und Paul Mittäter?

Bsp 74: Bernd hat einen Hass auf seine Nachbarn. Deswegen möchte er die Buddha-Statue in deren Garten zerstören. Um aber keinen Verdacht auf sich zu ziehen, nimmt er an einem Ortsfest teil und bittet seine Schwester Susi, dass sie währenddessen den Buddha mit einer Hacke loswerden soll. Gesagt, getan, während Bernd mit der Ortsbevölkerung feiert, zerstört Susi unerkannt den Buddha. Sind Bernd und Susi Mittäter? Ist Bernd strafbar?

Bsp 75: (Vgl Bsp 74) Bernd hat einen Hass auf seine Nachbarn. Deswegen möchte er die Buddha-Statue in deren Garten zerstören. Um aber keinen Verdacht auf sich zu ziehen, nimmt er an einem Ortsfest teil und bittet seine Schwester Susi, dass sie währenddessen den Buddha mit einer Hacke loswerden soll. Das möchte Susi aber nicht, weswegen der Buddha letztlich heil bleibt. Sind Bernd und Susi Mittäter? Ist Bernd strafbar?

Bsp 76: (Vgl Bsp 74) Susi wollte den Buddha sowieso in derselben Nacht zerstören, denn auch sie ist über die Nachbarn sehr frustriert. Dazu hat sie bereits Dynamit besorgt, und nachts sprengt sie so den Buddha. Sind Bernd und Susi Mittäter? Ist Bernd strafbar?

Bsp 77: Albrecht möchte auf seiner Universität Graffiti sprayen. Dazu hat er seine Freunde Benjamin und Dorothea eingeladen, welche Schmiere stehen sollen. Gerade als Albrecht zum Sprayen ansetzt, wird er vom Dekan persönlich erwischt und mit Securities aus der Universität eskortiert. Sind Albrecht, Benjamin und Dorothea Mittäter? Sind Benjamin und Dorothea strafbar?

Bsp 78: Bernhard möchte das Fahrrad seines Nachbarn haben. Er weiß, dass sein Nachbar aber immer besondere Sicherheitsvorkehrungen trifft und das Fahrrad mit zwei Vorhängeschlössern absperrt. Chiara sieht das als kein Hindernis und schenkt Bernhard entsprechendes Werkzeug. Dennoch lässt Bernhard es gut sein und wartet, bis er genug verdient hat, um sich das gleiche Rad zu kaufen. Ist Chiara strafbar?

10. Kapitel
Unterlassung

Auch nachzulesen in: Fuchs/Zerbes, AT I[10], Kap 37; Hilf in Höpfel/Ratz WK[2] StGB, § 2; Kienapfel/Höpfel/Kert, AT[16], Kap 29

Es gibt zwei Formen von Unterlassungsstrafbarkeit. Einerseits stellen gewisse Delikte das Unterlassen bereits in ihrem Wortlaut unter Strafe. Diese Delikte nennt man „**echte Unterlassungsdelikte**", weil das Unterlassen tatsächlich normiert ist.

§ 94 StGB

(1) Wer es ***unterlässt****, einem anderen, dessen Verletzung am Körper (§ 83) er, wenn auch nicht widerrechtlich, verursacht hat, die* ***erforderliche Hilfe zu leisten****, ist mit Freiheitsstrafe bis zu einem Jahr oder mit Geldstrafe bis zu 720 Tagessätzen zu bestrafen.*

§ 95 StGB

(1) Wer es bei einem Unglücksfall oder einer Gemeingefahr (§ 176) ***unterlässt****, die zur Rettung eines Menschen aus der Gefahr des Todes oder einer beträchtlichen Körperverletzung oder Gesundheitsschädigung* ***offensichtlich erforderliche Hilfe zu leisten****, ist mit Freiheitsstrafe bis zu sechs Monaten oder mit Geldstrafe bis zu 360 Tagessätzen, wenn die Unterlassung der Hilfeleistung jedoch den Tod eines Menschen zur Folge hat, mit Freiheitsstrafe bis zu einem Jahr oder mit Geldstrafe bis zu 720 Tagessätzen zu bestrafen, es sei denn, daß die Hilfeleistung dem Täter nicht zuzumuten ist.*

Andererseits kann aber ein aktives Delikt auch durch Unterlassen begangen werden. In solchen Fällen spricht man von einem „**unechten Unterlassungsdelikt**". Für ein unechtes Unterlassungsdelikt kann sich nur strafbar machen, wer für einen anderen **Garant** ist. Merke: **Nur** bei einem **unechten Unterlassungsdelikt** wird Garantenstellung geprüft!

Definition: Ein Garant bürgt aus einer besonderen Pflicht heraus, einer bestimmten anderen Person Nachteile für Leben oder Gesundheit abzuwehren und diese zu schützen.

Garantenstellung entsteht auf verschiedene Arten, so zum Beispiel vertragliche Verpflichtungen oder Ingerenz (gefahrenbegründendes Vorverhalten). Auch rechtliche Verpflichtungen, welche sich aus dem Gesetz ergeben, lösen Garantenstellung aus:

Ein Ehepartner muss für den anderen Partner sorgen und Beistand leisten, Eltern tragen für ihre Kinder Sorge.

Das Prüfschema bei **unechten Unterlassungsdelikten** weicht etwas vom allgemeinen Prüfschema ab.

Dabei ist an erster Stelle wieder der Tatbestand zu prüfen, um festzustellen, ob überhaupt ein Delikt verwirklicht wurde.

Tatbestand: zB **A schädigt B durch das Unterlassen** der Erste-Hilfe-Maßnahmen am Körper (= **Tathandlung**, wenn nötig, auch **Erfolg**).

Gleichauf an erster Stelle muss aber auch sofort geprüft werden, ob der Täter überhaupt ein unechtes Unterlassungsdelikt begehen kann, denn dazu muss er Garant für das Opfer sein. Es ist also zu prüfen, ob der Täter Garantenstellung hat.

A ist **Garant** für B durch:

- vertragliche Pflichtenübernahme (zB Bademeister, Pflegekraft)
- Obsorgepflichten (zB Eltern)
- Gefahrengemeinschaft (zB Bergsteigergruppe, Tiefseetaucher)
- Ingerenz (gefahrenbegründendes Vorverhalten, zB jemanden im Vorbeigehen irrtümlich niederstoßen)
- enge natürliche Verbundenheit (zB Geschwister, strittig)

Subjektiver Tatbestand: Auf der subjektiven Ebene braucht es zweifachen Vorsatz, nämlich den **Vorsatz auf den Erfolg bzw die Tat** und **Vorsatz auf die Garantenstellung.**

Exkurs: Irrtümer über die Garantenstellung

Irrt jemand über die Tatsache, dass in der vorliegenden Situation Garantenstellung besteht, handelt es sich um einen **Verbotsirrtum.** Dieser ist unbeachtlich. Es kommt dann dennoch zu einer Strafbarkeit nach § 2 StGB iVm dem jeweiligen Delikt.

Bsp: Der Vater sieht seinen Sohn ertrinken, geht einfach weg und findet sich damit ab, dass sein Sohn stirbt. Er weiß nicht, dass er als Vater Obsorgepflichten hat. Er ist dann strafbar nach §§ 2, 75 StGB (gegenüber dem § 95 StGB zurücktritt[25]).

Irrt jemand über die Situation als Gesamtes, unterliegt er einem **Tatbildirrtum** und ist demnach straflos, sofern sein Irrtum nicht auf Fahrlässigkeit beruht

25 *Hilf* in *Höpfel/Ratz*, WK² StGB § 2 Rz 169. Gegenüber einem fahrlässigen Delikt durch Unterlassen (bspw § 2, 80 StGB) tritt § 95 StGB nicht zurück. (*Jerabek/Ropper* in *Höpfel/Ratz*, WK² StGB § 95 Rz 39).

(beruht sein Irrtum auf Fahrlässigkeit, ist er nach dem jeweiligen Fahrlässigkeitsdelikt zu bestrafen).

Bsp: Der Vater sieht seinen Sohn ertrinken, denkt aber, es sei ist der Nachbarsjunge und geht deswegen weg. Es kommt dann zu keiner Strafbarkeit nach §§ 2, 75 StGB. Im Fall der Fahrlässigkeit wäre er strafbar nach §§ 2, 80 StGB. [Jedenfalls hinsichtlich des Nachbarsjungen § 95 StGB!]

Liegt die erforderliche Garantenstellung nicht vor, handelt es sich um einen untauglichen Versuch. Evtl wird ein echtes Unterlassungsdelikt begangen (zB § 95 StGB).

Bsp: Ein Vater sieht einen Jungen ertrinken, denkt, es sei sein Sohn, und agiert nicht. Später stellt sich heraus: Es war gar nicht sein Sohn.

Genauso ist es, wenn die Gefahrensituation nicht gegeben ist (Person ertrinkt nicht wirklich).

Objektive Zurechnung

Die objektive Zurechnung bei unechten Unterlassungsdelikten verläuft ähnlich wie bei den Tätigkeitsdelikten, lediglich auf Kausalitätsebene ist anstelle der „Kausalität" die „Quasikausalität" zu prüfen:[26]

Quasikausalität (auch: hypothetische Kausalität): Bei Hinzudenken der gebotenen Handlung wäre der Erfolg mit an Sicherheit grenzender Wahrscheinlichkeit entfallen.

Adäquanz: Es liegt innerhalb jeglicher Lebenserfahrung, dass beim Unterlassen der gebotenen Handlung der eingetretene Erfolg passieren kann.

Risikozusammenhang: Genau aus diesem Grund sollte man die unterlassenen Maßnahmen setzen.

Risikoerhöhung gegenüber rechtmäßigem Alternativverhalten: Wären die unterlassenen Maßnahmen gesetzt worden, dann wäre der Erfolg entfallen.

Zusätzlich kann die Erfüllung des Gleichwertigkeitskorrektivs mitgeprüft werden, dabei wird geprüft, ob das Unterlassen in seiner Sozialinadäquanz genauso stark wiegt wie ein Tun.

Auf Rechtfertigungs- und Schuldebene stellt sich besonders die Frage, ob die gebotene Handlung zumutbar gewesen wäre.

---

26 Selbstverständlich müssen alle Punkte auf den konkreten Sachverhalt angepasst und entsprechend subsumiert werden.

Ist all dies zu bejahen, so ist der Täter für sein Unterlassen strafbar.

Bei echten Unterlassungsdelikten wird in deren Grunddeliktsform keine Zurechenbarkeit geprüft! Garantenstellung und Zurechnung sind daher nur bei unechten Unterlassungsdelikten zu erwähnen und zu prüfen.

Bsp 79: Xenia droht zu ertrinken. Ihr Gatte Gabor rettet sie nicht, weil er froh ist, sie auf diese Weise endlich los zu werden. Prüfen Sie die Strafbarkeit von Gabor!

Bsp 80: Der ungeschickte Partygast Alfons stößt bei einer Poolparty ein spielendes Kind irrtümlich ins Wasser. Aus Angst vor Aufsehen und negativen Konsequenzen ihm gegenüber rennt er davon, anstatt dem Kind nachzuspringen. Durch das rasche Eingreifen von jemandem anderen kann das Kind gerettet werden und bleibt unversehrt. Prüfen Sie die Strafbarkeit von dem Partygast Alfons!

Schlussbemerkungen

Für eine erfolgreiche Prüfung ist neben einer methodisch sauberen Ausarbeitung von Fällen auch die Beschäftigung mit dem Gesetz zwingend notwendig.

Jede Norm des Strafrechts hat ihre Besonderheiten und es haben sich die daraus abgeleiteten gerichtlichen Entscheidungen oftmals historisch entwickelt, weshalb man sich bei jeder Norm auch mit den Ausführungen der jeweiligen Lehrbücher, Kommentare, etc auseinandersetzen sollte.

Der Allgemeine Teil bildet sozusagen das Grundgerüst einer jeden Norm. Es empfiehlt sich daher eine Auseinandersetzung mit einem Gesetzbuch und parallel der Lektüre und des Studiums des Allgemeinen Teils. Dies sowohl im Aufbau des Gesetzes (als Qualifikation oder Privilegierung, Erfolgs- oder Gefährdungsdelikt, ...) als auch inhaltlich (Bedeutung der einzelnen verwendeten Begriffe). Der Umgang mit dem Gesetzestext sollte Bestandteil jeder Falllösung sein. Daher empfehlen wir für jede Prüfung, sich mit den Vorgaben hinsichtlich eigener Verweise und Markierungen im Kodex zu beschäftigen.

Bei der Falllösung selbst sollte darauf geachtet werden, dass die Zeit bei der Prüfung knapp bemessen wurde. Auch deshalb ist Übung zwingend notwendig, um eine gewisse Routine in der Falllösung und der Formulierung der Antworten zu erlangen.

Diese Übung sollte unbedingt schriftlich sein, damit ein Gefühl für das schriftliche Falllösen entsteht.

Gerade beim bloßen Durchlesen erscheinen manche Fälle anders, als sie sich beim genauen Lösen erweisen: Ein einfach scheinender Fall kann diffizile Argumentationsfragen beinhalten und scheinbar komplexe Fälle mit vielen Einzelelementen und Protagonisten können sich als einfacher erweisen, weil die darunter liegenden Fallfragen mehr Basiselemente beinhalten. Wie schwierig ein Fall wirklich ist, kann man daher nur wirklich erkennen, wenn man ihn schriftlich löst. Im Anschluss sollte man sich auch die Zeit nehmen und versuchen eine „Ideallösung" des Falles zu konzipieren. Nur durch stetige Wiederholung und Perfektion der Formulierung kann sichergestellt werden, dass die Reihenfolge von Prüfungsschritten und Formulierungen in Fleisch und Blut übergeht.

Auch wenn man gerade am Anfang der Lernphase oft das Gefühl hat, den Wald vor lauter Bäumen nicht zu sehen, sollte man nicht aufgeben, sondern darauf vertrauen, dass auch und gerade insbesondere im Strafrecht Übung den Meister/die Meisterin macht. Strafrecht ist eine Herausforderung aber mit gewissenhafter Vorbereitung gut machbar und erlernbar.

In diesem Sinne wünschen wir viel Erfolg bei der Prüfung!

Marek Sitner
Katharina Köberl

Anhang 1
§§ 88 Abs (1), 3, 4 StGB

Im vorliegenden Werk wird § 88 Abs 3 StGB als Grunddelikt behandelt und daher das Mitzitieren von Abs 1 vermieden.

Das ist nicht die einzige Lehrmeinung.

§ 88 Abs 3 ist materiell-rechtlich eine Qualifikation, formal gesehen aber ein Grunddelikt. Dadurch braucht Abs 1 nicht dazu zitiert werden, es ist aber möglich.

Die Ansicht, wonach § 88 Abs 3 selbstständig zitiert wird, wird im vorliegenden Werk aus folgenden Gründen verfolgt:

- Der Wortlaut spricht dafür, weil das gesamte Delikt § 88 StGB neu formuliert wurde und in Abs 3 kein Hinweis auf Abs 1 enthalten ist.
- Die Tatsache, dass Abs 4 Teil 2 sonst eine Qualifikation einer Qualifikation werden würde, erscheint ungewollt.
- Dadurch, dass der Gesetzgeber mit selbiger Änderung 2015/16 auch in § 84 zwei Absätze auf Ebene eines Grunddelikts gestellt hat (Abs 1 und Abs 4), sollte vermutlich § 88 parallel dazu gelagert werden.

Anhang 2
Lösung der Fallbeispiele

Bsp 1: Strafbarkeit von Jasmin, Kristina und Franz nach § 133 Abs 1 StGB: Alle drei handeln als Mittäterinnen, weil sie gemeinsam und arbeitsteilig auf einen gemeinsamen Tatentschluss hin handelten. **Die Kiste wurde ihnen anvertraut. Anstatt sie wieder zurückzugeben, haben sie sich die Kiste zugeeignet, um sie zu verkaufen und den Erlös zu behalten. Subjektiver Tatbestand: Sie handeln zumindest mit Eventualvorsatz, wohl aber sogar absichtlich.** Rechtfertigungs- oder Schuldausschließungsgründe gibt es keine. Sie sind daher strafbar.

Bsp 2: Prüfung der Strafbarkeit des Anton nach § 125 StGB: **Die Wachsfigur ist eine fremde Sache, welche einen Wert hat und durch Antons Handeln zerstört wurde. Der objektive Tatbestand des § 125 StGB ist damit erfüllt. Anton hat die Figur aber nicht absichtlich fallen gelassen, er war lediglich ungeschickt. Da er es nicht einmal ernstlich für möglich hielt und sich damit abfand, die Figur zu zerstören, als er diese in die Hand nahm, kann Anton kein Vorsatz nachgewiesen werden. Er handelt somit maximal fahrlässig.** Nachdem es im Gesetz keine fahrlässige Sachbeschädigung gibt, ist Anton straflos.

Bsp 3: Prüfung der Strafbarkeit des Luis nach § 125 StGB: **Eine Sachbeschädigung liegt vor, wenn eine fremde Sache zerstört, beschädigt, verunstaltet oder unbrauchbar gemacht wird. Luis beschädigt den Leitkegel. Dieser ist eine fremde Sache, der Erfolg der Sachbeschädigung ist also eingetreten. Luis' Vorsatz muss sich auf alle Elemente des objektiven Tatbestandes beziehen. Er erachtet es für möglich, dass er den Leitkegel, der nicht in seinem Eigentum ist, zerstören oder zumindest beschädigen wird. Dennoch nimmt er die Abkürzung und findet sich mit dem Erfolg ab. Somit ist der subjektive Tatbestand ebenfalls erfüllt.** Dass es sich hierbei um eine Notfallsituation handeln kann, ist für die Beurteilung der Frage, ob Vorsatz vorliegt, irrelevant. Auf Rechtfertigungsebene kann dadurch aber rechtfertigender Notstand in Betracht kommen. Da sich seine Frau aber bereits im Spital befindet und nicht in Gefahr ist, droht keine weitere Rechtsgutsbeeinträchtigung und der rechtfertigende Notstand wird auch zu verneinen sein. Luis ist daher strafbar.

Bsp 4: Prüfung der Strafbarkeit des Benedikt nach § 125 StGB: **Stephans Laptop ist eine für Benedikt fremde Sache, welche einen Wert hat und durch sein Handeln beschädigt wurde. Der objektive Tatbestand des § 125 StGB ist somit erfüllt. Benedikt hat den Laptop aber nicht zerstören wollen, er war lediglich ungeschickt. Somit handelt er fahrlässig.** Da es keine fahrlässige Sachbeschädigung im Gesetz gibt, ist Benedikt straflos. Stephan kann sich maximal zivilrechtlich regressieren.

Bsp 5: Strafbarkeit des Severin nach § 88 Abs 3, 4 StGB: **Ivana bricht sich den Arm und beide Beine. Dabei handelt es sich um schwere Körperverletzungen iSd § 84 StGB.** Severin verstößt mit seinem Verhalten gegen eine Rechtsnorm, nämlich die StVO. Die objektive Sorgfaltswidrigkeit ist also gegeben. **Da Severin die Geschwindigkeitsanzeige als Highscore sieht, verhält er sich grob fahrlässig: Es ist eine Schule in der Umgebung, und er muss mit Kindern auf der Straße rechnen, nimmt sich aber nicht die Zeit, zu schauen, ob wer auf der Straße ist.** Bei Severins Verhalten ist damit zu rechnen, dass etwas passiert – es ist ungewöhnlich und auffallend sorgfaltswidrig, sich so zu verhalten. Die Körperverletzungen von Ivana sind ihm zuzurechnen; wäre er nicht dort gefahren, wäre sie noch gesund. Es ist innerhalb der Lebenserwartung, dass bei diesem auffallend sorgfaltswidrigen Verhalten jemand verletzt wird, und genau deswegen verbietet die StVO so rücksichtsloses Fahren (und gebietet Achtung auf andere Verkehrsteilnehmer). Wäre Severin normal schnell gefahren, hätte er Ivana gesehen und hätte bremsen können. Rechtfertigungs- oder Schuldausschließungsgründe gibt es keine. Severin ist strafbar.

Bsp 6: Strafbarkeit des Busfahrers nach § 88 Abs 3 StGB: **Verena erleidet Prellungen, sie ist somit am Körper verletzt.** Ein Maßmensch hätte nicht zu einem so gefährlichen Manöver angesetzt, daher handelt der Busfahrer objektiv sorgfaltswidrig. Durch das Überholen des anderen Autofahrers nachts in einer Kurve bergauf verhält er sich sogar auffallend sorgfaltswidrig. **Es war als wahrscheinlich vorhersehbar, dass bei so einem Verhalten etwas passieren würde. Jenko hat sich daher grob fahrlässig verhalten.** Der Erfolg, die Prellungen der Verena, sind zurechenbar zu dem Verhalten. Rechtfertigungs- oder Schuldausschließungsgründe gibt es keine, die Strafbarkeit ist daher zu bejahen.

Bsp 7: Strafbarkeit der Marizza nach § 83 Abs 2 StGB: **Marizza misshandelt Pablo am Körper, indem sie durch das Beinstellen sein Wohlbefinden beeinträchtigt. Durch die Misshandlung kommt es zu einer Körperverletzung, nämlich der Gehirnerschütterung des Pablo** (eine Gehirnerschütterung ohne retrograde Amnesie stellt eine leichte Körperverletzung dar). **Marizza hat an diese Folgen gar nicht gedacht, sie hatte daher keinerlei Vorsatz auf eine Verletzung des Pablo. Die Verletzung ist als fahrlässige Folge eingetreten (Vorsatz-Fahrlässigkeits-Kombination).** Die objektive Sorgfaltswidrigkeit dafür liegt darin, dass sie Pablo überhaupt das Bein gestellt hat. Rechtswidrigkeit und Schuld ist unproblematisch. Marizza ist strafbar.

Bsp 8: Strafbarkeit des Mateo nach § 83 Abs 2 StGB: **Mateos Chef verstaucht sich den Knöchel. Dabei handelt es sich um eine leichte Körperverletzung iSd § 83 StGB. Mateo wollte seinen Chef wegstoßen und ihn dadurch in seinem Wohlbefinden beeinträchtigen. Verletzen wollte er seinen Chef allerdings nicht. Somit bezieht**

sich Mateos Vorsatz lediglich auf die Misshandlung, die eingetretene Körperverletzung ist unbeabsichtigte Folge der Misshandlung. Es liegt daher eine **Vorsatz-Fahrlässigkeits-Kombination** vor. Der subjektive Tatbestand des § 83 Abs 2 StGB ist erfüllt. In Ermangelung von Rechtfertigungs- oder Schuldausschließungsgründen ist Mateo strafbar.

Bsp 9: Strafbarkeit der Linda nach § 134 Abs 1 Fall 1 StGB: **Linda behält sich ein fremdes Gut, das sie gefunden hat, nämlich die Geldbörse und das Geld von Max. Sie handelt aber ohne Vorsatz darauf, dass die Sache fremd ist, weil sie denkt, dass sie selbst die Geldbörse verloren hat. Linda unterliegt daher einem Tatbildirrtum.** Bei der doppelt bedingten Fahrlässigkeitsprüfung ergibt sich zwar, dass sie durchaus fahrlässig irrt (da wohl einem Maßmenschen kein solcher Fehler unterlaufen wäre). Allerdings gibt es kein entsprechendes Fahrlässigkeitsdelikt. Daher ist Linda straflos.

Bsp 10: Prüfung der Natalie nach § 83 Abs 1 StGB: **Ein unverschobener Bruch der Nase ist eine leichte Körperverletzung. Der Erfolg eines Körperverletzungsdelikts ist somit gegeben: Damian wurde verletzt. Natalie handelt auch mit Verletzungsvorsatz iSd § 83 Abs 1 StGB, weil sie es ernstlich für möglich halten muss, dass Damian bei einem Schlag ins Gesicht verletzt wird.** Dennoch schlägt sie zu, das bedeutet, sie findet sich mit diesem Ergebnis ab. Natalie hat daher mit Eventualvorsatz gehandelt. [Anm: Dass Natalie aus Notwehr handelt, ist zur Beurteilung der Frage, ob sie vorsätzlich handelt, ohne Bedeutung.] Auf Rechtswidrigkeitsebene kommt man aber zu dem Ergebnis, dass Natalie straflos ist, weil ein menschlicher, rechtswidriger und gegenwärtigen Angriff auf ihr Vermögen vorliegt. Sie bedient sich des schonendsten Mittels, um diesen Angriff abzuwehren und ist in Kenntnis um diese Situation. Daher greift § 3 StGB und sie ist gerechtfertigt, daher straflos.

Bsp 11: Prüfung der Katharina nach § 125 StGB: **Benedikts Handy ist eine der Katharina fremde Sache, welche Wert hat und durch ihr Handeln beschädigt wird.** Der objektive Tatbestand des § 125 StGB ist also erfüllt. Katharina hat aber gar nicht daran gedacht, dass sie das Handy ihres Cousins beschädigen möchte, es ist vielmehr irrtümlich passiert. **Sie handelte fahrlässig.** Da es im Gesetz keine fahrlässige Sachbeschädigung gibt, ist Katharina straflos. Benedikt kann sich maximal zivilrechtlich regressieren.

Bsp 12: Prüfung der Strafbarkeit der Julia nach § 83 Abs 2 StGB: **Frank verstaucht sich sein Handgelenk, dabei handelt es sich um eine leichte Körperverletzung. Der Erfolg des § 83 StGB ist somit erfüllt.** Julia wollte Frank aber nicht verletzen, obgleich sie ihn bewusst weggestoßen hat. **Das Wegstoßen stellt eine Misshandlung dar, auf diese hatte Julia Vorsatz. Die Verletzung trat als unbeabsichtigte Folge der**

Misshandlung ein, weswegen von einer **Vorsatz-Fahrlässigkeits-Kombination** gesprochen werden kann. Der subjektive Tatbestand des § 83 Abs 2 StGB ist somit erfüllt.

Bsp 13: Prüfung der Strafbarkeit des Philipp nach § 83 Abs 1 StGB: **Philipp führt den Erfolg des Körperverletzungsdelikts herbei, weil er Martin in seiner körperlichen Integrität beeinträchtigt; der Schuss in den Unterschenkel führt zu einer Verletzung. Philipp hat sich willentlich und bewusst so verhalten und zum Schuss angesetzt, weswegen er vorsätzlich gehandelt hat.** Das Handeln in Notwehr ändert nichts am Bestehen des Vorsatzes. Da der Dieb gegenwärtig einen Angriff auf fremdes Vermögen vornimmt und dem Rechtsgut eine weitere Verschlechterung droht (Unwiederbringlichkeit), hat Philipp das schonendst mögliche Mittel verwendet, um diesen Angriff abzuwehren. Er ist daher nach § 3 StGB (Notwehr) gerechtfertigt.

Bsp 14: Prüfung der Strafbarkeit des Philipp nach § 83 Abs 1 StGB: **Philipp führt den Erfolg des Körperverletzungsdelikts herbei, weil er Martin in seiner körperlichen Integrität beeinträchtigt; der Schuss in den Unterschenkel führt zu einer Verletzung. Den Schuss hat Philipp bewusst gesetzt, weswegen er vorsätzlich gehandelt hat. Der Tatbestand ist daher erfüllt.** Kausalität und normative Zurechnung sind unproblematisch. Auf Rechtswidrigkeitsebene unterliegt Philipp einem Irrtum, weil Martin gar nicht ein Dieb ist (dazu genauer bei den Fällen zu § 8 StGB).

Bsp 15: Strafbarkeit des Ares nach § 75 StGB: Ares stößt Bonifatius aus dem Fenster und somit in seinen Tod: Der Erfolg des § 75, der Tod, ist eingetreten. Dabei handelt Ares auch mit Mordvorsatz. Sein Stoß war kausal dafür, dass Bonifatius starb, denn hätte er ihn nie gestoßen, wäre dieser nicht auf Caesars Balkon gelandet und von dort weitergestoßen worden. Es ist innerhalb jeglicher Lebenserfahrung, dass so etwas passiert. Allerdings ist es nicht deswegen verboten, andere Menschen aus dem Fenster zu stoßen, damit diese nicht von weiteren Personen von Balkonen gestoßen werden. **Caesar ist ein Dritter, der vorsätzlich Bonifatius auf die Finger schlägt. Sein vorsätzliches Handeln durchbricht den Risikozusammenhang. Ares ist der Tod des Bonifatius** daher **nicht zuzurechnen**, und er ist nicht nach § 75 StGB zu bestrafen. Ares ist aber für den versuchten Mord nach §§ 15, 75 StGB zu bestrafen. Er hat Vorsatz auf den Tod des Bonifatius und setzt eine entsprechende Ausführungshandlung, welche auch tauglich ist, aber fehlschlägt, weil sich Bonifatius auf den Balkon des Caesar retten kann. Ein Rücktritt wird von Ares nicht gesetzt. Ares ist daher strafbar nach §§ 15, 75 StGB.

Strafbarkeit des Caesar nach § 75 StGB: Die Strafbarkeit ist unproblematisch, Bonifatius ist eine andere Person, welche Caesar mit Vorsatz tötet, dadurch, dass er ihm auf die Finger schlägt. Die Zurechenbarkeit des Todes zu seinem Verhalten ist unproblematisch, und es gibt keine Rechtfertigungs- oder Schuldausschließungsgründe. Caesar ist strafbar.

Strafbarkeit des Ares nach § 105 StGB: Ares hat Bonifatius aus dem Fenster gestoßen und dadurch mit Gewalt dazu genötigt, aus dem Fenster zu fallen. Nötigungserfolg ist eingetreten, Bonifatius fällt. Ares handelt durchaus mit Vorsatz. Rechtfertigungs- oder Schuldausschließungsgründe gibt es keine. Ares ist strafbar nach § 105 StGB.

Bsp 16: Strafbarkeit des Eduardo nach § 80 StGB: Der Erfolg, der Tod der Petra, ist eingetreten. Durch das Beinstellen hat Eduardo sich objektiv sorgfaltswidrig verhalten, ein Maßmensch hätte Petra in Ruhe gelassen. Eduardo hat den Erfolg nicht herbeiführen wollen, daher kann man eine Vorsatztat von vornherein ausschließen. Er hat sich fahrlässig verhalten, als er Petra das Bein gestellt hat. Für ihren Tod war er kausal, denn hätte sie sich nicht den Knöchel gebrochen, wäre sie in der Schule gewesen und nicht bei der Gasexplosion gestorben. Es ist innerhalb jeglicher Lebenserfahrung, dass Menschen durch Verletzungen auch an anderen Ursachen sterben können – es ist ungewöhnlich, aber denkbar. **Der Maßmensch hätte Petra aber deswegen nicht das Bein gestellt, damit sie sich nicht verletzt. An eine Gasexplosion hätte auch der Maßmensch nicht gedacht, und es ist daher nicht der Schutzzweck der Verhaltensanordnung, Menschen vor Gasexplosionen zu schützen**, indem man sie nicht misshandelt. **Petras Tod ist Eduardo daher nicht zurechenbar**. Eduardo ist nicht für ihren Tod zu bestrafen.

Strafbarkeit des Eduardo nach § 84 Abs 1 StGB: Der Erfolg ist die schwere Körperverletzung der Petra, denn sie bricht sich den Knöchel. Knochenbrüche zählen als schwere Körperverletzungen. Eduardo hat Petra wirklich das Bein stellen wollen. Allerdings wollte er sie damit nicht verletzen, sondern ihr nur ein unangenehmes Gefühl geben. Er hatte Vorsatz darauf, sie zu misshandeln (in ihrer Integrität zu beeinträchtigen). Die schwere Körperverletzung ist fahrlässige Folge dieser bewussten Misshandlung (Vorsatz-Fahrlässigkeits-Kombination). Die Kausalität und normative Zurechnung ist unproblematisch, Rechtfertigungs- oder Schuldausschließungsgründe liegen keine vor. Eduardo ist nach § 84 Abs 1 StGB strafbar.

Bsp 17: Strafbarkeit von Severin und Elias nach § 88 Abs 1, 4 StGB: Erfolg ist eingetreten, denn Nora hat eine schwere Körperverletzung, weil diese länger als 24 Tage dauert. Durch ihr Verhalten haben sich die Brüder objektiv sorgfaltswidrig verhalten, Maßmenschen hätten sich erst gar nicht gestoßen. Die beiden haben sich fahrlässig verhalten. Der Erfolg, die schwere Körperverletzung, ist durch Severin und Elias eingetreten (csqn), denn hätten sie sich nicht gestoßen, wären sie nicht auf Nora gefallen und diese wäre nie verletzt worden. Die Kette an Ereignissen liegt durchaus in der Lebenserfahrung. **Nora hätte sich** allerdings **zum Arzt begeben können. Die schwere Körperverletzung ist nur dadurch entstanden, dass sie sich nicht behandeln ließ. Das ist von ihr grob unvernünftig gewesen, und dieses Verhalten durchbricht daher den Risikozusammenhang. Severin und Elias ist die schwere Körperverletzung daher nicht zurechenbar**, und deswegen haften sie nicht für die Qualifikation, sondern nur für die leichte Körperverletzung nach § 88 Abs 1 StGB.[27]

Bsp 18: Strafbarkeit des Alex nach § 88 Abs 1, 4 StGB: Erfolg ist eingetreten, Fabian hat eine länger als 24 Tage dauernde Berufsunfähigkeit und ist daher schwer verletzt. Alex hat mit dem Messer hantiert, obwohl er unaufmerksam war. Dadurch hat er sich objektiv sorgfaltswidrig verhalten. Ein Maßmensch hätte das nicht gemacht. Dennoch wollte Alex Fabian nicht verletzen, Vorsatz ist also auszuschließen: Alex handelt fahrlässig. Er war auch kausal dafür, dass Fabian schwer verletzt wurde, denn hätte er nicht irrtümlich das Messer fallen lassen, wäre Fabian nicht von Daniel verarztet worden. Allerdings hat sich Daniel dabei grob fahrlässig verhalten, denn er hat Fabian sehr brutal verarztet. **Das grob fahrlässige Fehlverhalten eines Dritten durchbricht den Risikozusammenhang. Alex haftet daher nur nach dem Grunddelikt § 88 Abs 1 StGB, muss sich die Qualifikation der schweren Körperverletzung aber nicht zurechnen lassen**, welche durch Daniels grob fahrlässiges Fehlverhalten ausgelöst wurde.

Strafbarkeit des Daniel nach § 88 Abs 3, 4 StGB: Erfolg ist Fabians schwere Körperverletzung. Auch wenn Daniel Fabian nur helfen möchte, verhält er sich dennoch so ungeschickt, dass er diesen noch mehr verletzt. Der maßgerechte Mensch würde sich korrekter verhalten und eine Wunde nicht mit Kirschlikör auswaschen. Dadurch hat sich Daniel objektiv sorgfaltswidrig verhalten. Er war in seinem Verhalten grob fahrlässig, da es nahezu unausweichlich ist, dass bei einem solchen Verhalten der Erfolg einer schwereren Körperverletzung eintritt. Der Erfolg ist ihm auch problemlos zuzurechnen, denn hätte er Fabian nicht verarztet, wäre dieser nicht noch mehr verletzt worden, sondern vermutlich ins Spital gefahren. Rechtfertigungsgründe gibt es keine. Ein alternatives Verhalten war Daniel möglich und zumutbar, Schuldausschließungsgründe liegen auch keine vor.

Bsp 19: Strafbarkeit des Josef nach § 83 Abs 2 StGB: Gustav hat sich den Knöchel verstaucht und somit eine leichte Verletzung erlitten, Erfolg des § 83 Abs 2 StGB ist damit eingetreten. Josef hatte Vorsatz auf den Stoß, somit Vorsatz auf die Misshandlung des Gustav. Mit der Verletzung hat er nicht gerechnet, diese ist als fahrlässige Folge der

27 Ob das Verweigern des Arztbesuches sogar schlechthin unbegreiflich ist und die Rsp daher zum gleichen Ergebnis kommen würde, ist fraglich. Es ist daher möglich, beide Ansichten zu vertreten.

Misshandlung eingetreten. Die Verletzung ist Josef zurechenbar. **Josef kann durch Notwehr nach § 3 StGB gerechtfertigt sein. Es liegt objektiv ex ante ein menschlicher, gegenwärtiger, rechtswidriger Angriff auf Josefs Vermögen vor. Dagegen wehrt sich J mit dem schonendsten Mittel, das sicherstellt, dass er nicht mehr angegriffen wird. Josef ist auch in Kenntnis darüber, dass er sich in einer Notwehrsituation befindet. Er handelt somit gerechtfertigt** und ist straflos.

Bsp 20: Strafbarkeit des Hugo nach § 83 Abs 1 StGB: Viktor hat einen Nasenbeinbruch. Ein unverschobener Nasenbeinbruch ist eine leichte Körperverletzung. Hugo hat vorsätzlich gehandelt, weil er Viktor verletzen möchte. Die Verletzung ist seinem Handeln problemlos zurechenbar. **Hugo ist nicht durch Notwehr nach § 3 StGB gerechtfertigt, weil Viktor „nur" seine Ehre angegriffen hat. Die Ehre ist kein notwehrfähiges Rechtsgut**. Es gibt auch keine Entschuldigungsgründe, die Hugos Verhalten entschuldigen würden. Er ist daher strafbar.

Bsp 21: Strafbarkeit des Alexander nach § 107 Abs 1 StGB: Alexander droht Liane mit dem Gewehr. Selbst wenn er nichts dazu sagt, ist das ein Verhalten, das geeignet ist, Liane in Furcht und Unruhe zu versetzen. Das wollte er auch bewusst herbeiführen, weil er sie aus seinem Haus verscheuchen wollte. **Er handelt nach § 3 StGB gerechtfertigt, denn Liane verübt gerade einen rechtswidrigen Angriff auf sein Eigentum – der Angriff ist somit gegenwärtig – und es droht eine weitere Zustandsänderung, nämlich der Verlust von Vermögen. Vermögen ist als Rechtsgut notwehrfähig. Als Notwehrhandlung setzt Alexander die schonendste Maßnahme, bei der er sichergehen kann, dass er sie endgültig abwehrt. Ihm ist auch klar, dass er sich in einer Notwehrsituation befindet. Die Drohung ist daher gerechtfertigt** und Alexander straflos.

Bsp 22: Strafbarkeit des Julian nach § 86 Abs 1 StGB: Angelo stirbt, der objektive Tatbestand des § 86 StGB ist somit erfüllt. Julian hatte Vorsatz auf eine bloße Misshandlung, nämlich den Stoß ins Wasser. Den Tod des Angelos wollte er nicht herbeiführen. Dieser ist nur fahrlässige Folge der vorsätzlichen Misshandlung, welche er durch den Stoß gesetzt hat. **Julian handelt nicht gerechtfertigt nach § 3 StGB, denn obzwar Angelo seinen Tod plant, hat er noch nichts dergleichen getan. Es liegt also weder ein gegenwärtiger noch ein unmittelbar drohender Angriff auf Julian vor welcher Notwehr begründen würde** (andere Ansicht vertretbar). Julian ist strafbar.

Bsp 23: Strafbarkeit der Kristina und der Jasmin nach § 83 Abs 1 StGB: Blaue Flecken und Prellungen sind leichte Körperverletzungen und somit tatbestandsmäßiger Erfolg des § 83 Abs 1 StGB. Die beiden Freundinnen hatten auch Vorsatz darauf, diese Verletzungen hervorzurufen, sie hielten es zumindest ernstlich für möglich und fanden sich damit ab, dass sie eintreten. **Kristina und Jasmin handelten nach § 3 StGB gerechtfertigt, weil von den Jugendlichen ein unmittelbar drohender Angriff zu erwarten war. Diese hatten schon Stellung bezogen, womit von einer Angriffshandlung auszugehen war. Der Angriff wäre rechtswidrig gewesen und auf Vermögen oder Leib/Leben/körperliche Unversehrtheit gerichtet. Somit war es legitim, dass sich Kristina und Jasmin verteidigten. Bei einer großen Gegneranzahl erscheint das Verwenden von Karatekünsten auch als schonendste Maßnahme, um einen Angriff abzuwehren. Dass sie sich in einer Notwehrsituation befanden, muss den beiden klar gewesen sein. Sie sind somit für die Körperverletzungen gerechtfertigt** und straflos.

Bsp 24: Strafbarkeit des Pascal nach § 125 StGB: Pascal beschädigt eine fremde Sache, nämlich den Hund der Yagmur. Im Strafrecht werden Tiere, sofern sie nicht aus einer Lust an Tierquälerei misshandelt werden, noch als Sache angesehen. Der Hund hat durchaus einen Wert. Pascal beschädigt ihn vorsätzlich, denn er hält es ernstlich für möglich, dass dem Hund beim Schlag mit dem Stock etwas passieren kann, und dennoch schlägt er ihn. **Pascal befindet sich** aber **in einer Notwehrsituation, weil sein Leben bzw seine körperliche Unversehrtheit in Gefahr ist, wobei es sich aber um einen Angriff der Yagmur handelt. Es ist ein menschlicher Angriff, weil Y den Hund hetzt, gegen den sich Pascal zur Wehr setzt. Der Angriff der Yagmur ist auch rechtswidrig und überdies gegenwärtig. Den Hund mit einem Stock abzuwehren ist die schonendste Methode, um in Sicherheit zu gelangen. Pascal handelt daher nach § 3 StGB gerechtfertigt, weil er auch Kenntnis darüber hat, dass er sich in einer Notwehrsituation befindet**. Er ist somit straflos.

Bsp 25: Strafbarkeit der Marie nach § 125 StGB: Marie zerstört eine fremde Sache, nämlich die Katze des Michael. Im Strafrecht werden Tiere, sofern sie nicht aus einer Lust an Tierquälerei misshandelt oder verletzt werden, noch als Sache angesehen. Eine Katze hat Tauschwert. Marie zerstört die Katze vorsätzlich, denn sie hält es ernstlich für möglich, dass diese durch den Wurf aus dem Fenster sterben kann, und dennoch wirft sie die Katze hinaus. **Marie befindet sich in keiner Notwehrsituation, obwohl ihre körperliche Unversehrtheit gerade beeinträchtigt ist. Es ist ein Angriff der Katze und kein menschlicher Angriff, gegen den sich Marie zur Wehr setzt. Sie handelt daher nicht nach § 3 StGB gerechtfertigt**. Marie befindet sich aber in einer Notstandssituation, weil ihre körperliche Unversehrtheit bedroht ist. Als Notstandshandlung setzt sie eine angemessene Handlung, sie opfert eine „Sache“ gegen ihre Unversehrtheit, das ist eine angemessene Handlung. Dadurch ist Marie gerechtfertigt.

Bsp 26: Strafbarkeit der Klaudia nach § 125 StGB: Die Drohne ist eine körperliche Sache, welche Klaudia fremd ist. Damit ist die Drohne ein taugliches Tatobjekt. Die

Tathandlung des Zerstörens, ein Unbrauchbarmachen der Sache ohne Aussicht auf Reparatur, wird von Klaudia gesetzt, weil sie die Drohne irreparabel zerbricht. Damit tritt der schädigende Erfolg ein. Klaudia hält die Zerstörung der Drohne durch ihr Draufschlagen ernstlich für möglich und findet sich damit ab, somit ist Eventualvorsatz gegeben. **Fraglich ist, ob durch die Drohne ein Angriff auf Klaudias körperliche Unversehrtheit ausgeht. Bejaht man dies, so liegt ein rechtswidriger, menschlicher (von Barbara gesteuerter) Angriff vor, gegen den sich Klaudia mit dem schonendsten Mittel zu Wehr setzen kann (§ 3 StGB). Verneint man die Beeinträchtigung von Klaudias Gesundheit durch die Drohne, mangelt es am Angriff. Auch das Recht am eigenen Bild ist nicht notwehrfähig, selbst wenn Barbara also durch die Drohne filmt, liegt kein Angriff vor. Klaudias Verhalten kann nicht gerechtfertigt werden.** Schuldausschließungsgründe gibt es ebenfalls keine. Klaudia ist somit strafbar.

Bsp 27: Strafbarkeit des Gustav nach §§ 15, 142 Abs 1 StGB: Gustav möchte Josef am Vermögen schädigen und ihm durch Gewalt die Aktentasche entreißen. Der Erfolg, der Gewahrsamswechsel der Aktentasche, tritt aber nicht ein, obwohl Gustav Vorsatz darauf hat und bereits eine taugliche Ausführungshandlung setzt. Der Versuch ist durch die Gegenwehr von Josef fehlgeschlagen. (Zur detaillierten Versuchsprüfung siehe Kapitel 8). Gustav ist strafbar.

Strafbarkeit des Josef nach § 83 Abs 2 StGB: Gustav hat sich den Knöchel verstaucht und somit eine leichte Verletzung erlitten, Erfolg des § 83 Abs 2 StGB ist damit eingetreten. Josef hatte Vorsatz auf den Stoß, somit Vorsatz auf die Misshandlung des Gustav. Mit der Verletzung des Gustav hat er nicht gerechnet, diese ist als fahrlässige Folge der Misshandlung eingetreten. Die Verletzung ist Josef zurechenbar. Josef könnte aber durch Notwehr nach § 3 StGB gerechtfertigt sein. Es liegt ein gegenwärtiger, rechtswidriger Angriff durch Gustav auf das Vermögen des Josef vor. Dagegen wehrt sich Josef mit dem schonendsten Mittel, das sicherstellt, dass er nicht mehr angegriffen wird. Josef ist auch in Kenntnis darüber, dass er sich in einer Notwehrsituation befindet. Er handelt somit gerechtfertigt und ist straflos.

Strafbarkeit des Gustav nach § 83 Abs 1 StGB: Josef wurde die Nase gebrochen, ein unverschobener Nasenbeinbruch stellt eine einfache Körperverletzung iSd § 83 Abs 1 StGB dar. Darauf hatte Gustav Vorsatz, er hielt es bei dem Faustschlag ernstlich für möglich und fand sich damit ab, dass er Josef die Nase brechen könnte. **Die Frage ist, ob Gustav durch Notwehr nach § 3 StGB gerechtfertigt sein könnte, denn schließlich wurde er gerade von Josef gestoßen. Josef agierte aber selbst aus Notwehr, und sein Handeln wurde gerechtfertigt. Der von Josef ausgehende Angriff auf Gustav ist daher nicht rechtswidrig, weshalb sich Gustav nicht mit § 3 StGB zur Wehr setzen kann.** Schuldausschließungsgründe gibt es ebenfalls keine, Gustav ist strafbar.

Bsp 28: Strafbarkeit des Georg nach § 127 StGB: Georg hat fremde bewegliche Sachen mit Tauschwert aus dem Gewahrsam des Juweliers entzogen und in seinen Gewahrsam gebracht. Der Erfolg des Gewahrsamsbruchs ist eingetreten. Georg handelte vorsätzlich. Es gibt keine Rechtfertigungs- oder Schuldausschließungsgründe, er ist somit strafbar.

Strafbarkeit des Juweliers nach § 99 StGB: Der Juwelier entzieht Georg durch das Festhalten die Freiheit, sofern er ihn länger als fünf Minuten festhält und Georg nicht in der Lage ist, sich selbst aus dem Griff zu befreien. Das möchte der Juwelier deswegen, weil Georg ihn bestohlen hat. Er hält Georg also bewusst fest. Durch den Diebstahl unterliegt der Juwelier aber einem menschlichen, rechtswidrigen Angriff auf sein Vermögen. Selbst wenn der Diebstahl schon beendet ist, ist der Angriff noch so lange gegenwärtig, als eine reale Rückerlangungschance der Diebesbeute besteht. Das Festhalten des G ist das schonendste Mittel, das zur Sicherung der Rechtsgüter des Juweliers möglich ist. Er ist somit nach § 3 StGB gerechtfertigt und straflos.

Strafbarkeit des Georg nach § 83 Abs 1 StGB: Der Juwelier erleidet blaue Flecken, diese sind eine Körperverletzung. Georg tritt absichtlich nach ihm, er möchte ihn auch verletzen oder findet sich zumindest damit ab. Er handelt somit vorsätzlich. **Der Juwelier hält Georg fest, daher könnte man überlegen, ob es sich dabei um einen Angriff gegen Georgs Freiheit handelt. Das ist zwar der Fall, allerdings ist der Angriff nicht rechtswidrig, weshalb dagegen keine Notwehr möglich ist. Georg handelt daher nicht gerechtfertigt.** Er ist, nachdem auch keine Schuldausschließungsgründe vorliegen, für sein Verhalten strafbar.

Bsp 29: Strafbarkeit des Georg nach § 127 StGB: Georg hat fremde bewegliche Sachen mit Tauschwert aus dem Gewahrsam des Juweliers entzogen und in seinen Gewahrsam gebracht. Der Erfolg des Gewahrsamsbruchs ist bei kleinen Gegenständen schon mit dem Einstecken, sonst spätestens bei Verlassen des Geschäfts eingetreten. Georg handelt vorsätzlich. Es gibt keine Rechtfertigungs- oder Schuldausschließungsgründe, er ist strafbar.

Strafbarkeit des Georg nach § 83 Abs 1 StGB: Der Polizist erleidet einen roten Fleck, dieser ist eine Körperverletzung. Georg hat seinen Kopf absichtlich gegen die Brust des Polizisten gerammt. **Das Festhalten durch den Polizisten stellt keinen rechtswidrigen Angriff dar, weil der Polizist aufgrund seiner Dienstpflichten agiert hat. Notwehr und eine entsprechende Rechtfertigung nach § 3 StGB ist daher zu verneinen.** Georg ist, nachdem auch keine Schuldausschließungsgründe vorliegen, für sein Verhalten strafbar.

Bsp 30: Strafbarkeit der Murwareed nach § 125 StGB: Der Dietrich ist eine fremde Sache mit Tauschwert und geht durch ihr Handeln kaputt. Das hat sie durchaus vorhergesehen und auch herbeiführen wollen, daher handelt sie vorsätzlich. **Nico wollte gerade in Murwareeds Haus einbrechen, weswegen ein gegenwärtiger menschlicher und rechtswidriger Angriff auf ihr Eigentum vorliegt. Sie wehrt sich mit dem schonendsten Mittel und weiß auch, dass ihr diese Notwehrhandlung zusteht, weil sie sich in einer Notwehrsituation befindet. Murwareed ist daher gerechtfertigt** und für die vorsätzliche Beschädigung vom Dietrich straflos.

Bsp 31: Strafbarkeit der Tamara nach § 83 Abs 1 StGB: Erfolg ist eingetreten, Damian hat eine Beule. Tamara handelt mit Verletzungsvorsatz, sie möchte, dass sie Damian mit dem Schirm wehtut. **Es liegt objektiv ex ante kein Angriff auf Tamara vor, allerdings einer auf das Rechtsgut der Natalie. Daher ist Notwehr in Form der Nothilfe zu prüfen: T verwendet das schonendste Mittel, um den gegenwärtigen menschlichen, rechtswidrigen Angriff auf Natalie dauerhaft abzuwehren. Ihr ist auch bewusst, dass sie sich in einer Nothilfesituation befindet. Daher ist sie gerechtfertigt** und straflos.

Strafbarkeit der Tamara nach § 125 StGB: Der Schirm der Nachbarn ist eine fremde Sache mit Tauschwert und geht durch Tamaras Schlag kaputt. Das hat Tamara auch vorhersehen können, und sie hat sich damit abgefunden. Daher handelt sie mit Eventualvorsatz. Allerdings wollte gerade jemand in Natalies Haus einbrechen, weshalb ein gegenwärtiger menschlicher und rechtswidriger Angriff auf Natalies Eigentum vorliegt. Tamara könnte also in Nothilfe nach § 3 StGB gehandelt haben. Sie wehrt sich mit dem schonendsten Mittel gegen den Angriff. Allerdings verwendet sie dazu ein Rechtsgut der Nachbarn. Notwehr kann nur Eingriffe in die Rechtsgüter des Angreifenden rechtfertigen. Eine Rechtfertigung aus § 3 StGB scheidet daher aus. **Da ein bedeutender Nachteil auf ein Rechtsgut der Natalie droht und dieser Nachteil durch Opferung eines geringer wiegenden Rechtsguts beseitigt werden kann, befindet sich Tamara in einer Notstandssituation. Das Opfern des Regenschirms ist angemessen, um einen Einbruch zu verhindern. Tamara hat auch Kenntnis der Situation. Sie handelt daher auch hinsichtlich des Regenschirms gerechtfertigt.** Sie ist straflos.

Bsp 32: Strafbarkeit der Evita nach § 75 StGB: Die Kinder sind tot, der Erfolg des § 75 StGB ist somit eingetreten. Evita hielt es zumindest ernstlich für möglich und fand sich damit ab, die Kinder zu töten, denn als Meisterschützin muss sie es gewohnt sein, ihr Ziel auch zu treffen. Der Erfolg ist ihrem Handeln auch zurechenbar. **Evita wird argumentieren, dass ein gegenwärtiger rechtswidriger Angriff auf ihr Vermögen bestand und sie sich daher in einer Notwehrsituation befand. Da sie nicht**

in der Lage war, auf den Baum zu klettern, war ihr Handeln auch das schonendste Mittel, um diesen Angriff abzuwehren. Allerdings handelt es sich dabei nach allen Ansichten um einen Bagatellangriff, weil ein Schaden von weniger als 100 bzw 1000 Euro droht. Bei der Bagatellnotwehr muss die Handlung zusätzlich angemessen sein. Es ist nicht angemessen, bei einem kleinen Diebstahl einen tödlichen Schuss abzugeben. Evita kann sich daher nicht auf Notwehr berufen und ist nicht gerechtfertigt. Auch Entschuldigungsgründe gibt es keine, sie ist strafbar.

Bsp 33: Strafbarkeit des Bruno nach § 75 StGB: Der Tod des Matthias als Erfolg des § 75 StGB ist eingetreten. Bruno hat vorsätzlich gehandelt, er hat sich zumindest damit abgefunden, dass Matthias sterben könnte, und dennoch hat er, so fest er konnte, zugeschlagen. Der Erfolg ist seinem Handeln zuzurechnen, denn der Tod ist wegen der Verletzungen durch den Schlag eingetreten, und der Risikozusammenhang wurde nicht durchbrochen.[28] **Bruno befand sich nach § 3 StGB in einer Notwehrsituation, weil ihn Matthias gegenwärtig angegriffen hat und sich somit rechtswidrig verhielt. Als Notwehrhandlung hätte Bruno aber schonendere Möglichkeiten gehabt (zur Seite schieben), um den Angriff dauerhaft abzuwehren. Bruno begeht somit einen Notwehrexzess**. Da er diesen aus keinem asthenischen Aspekt heraus macht, sondern weil er angeben möchte, ist der Exzess nicht entschuldbar und Bruno strafbar.

Bsp 34: Strafbarkeit des Paul nach § 135 Abs 1 StGB: Paul entzieht seinem Feind dauerhaft seine Sache, nämlich den Aktenkoffer. Dabei hat er auch Vorsatz darauf, dass Ferdinand seinen Aktenkoffer nicht mehr wiedererlangt. Dieser Erfolg tritt mit dem Wurf in den See ein. Allerdings hat Paul dadurch einen Anschlag vereitelt. Wäre die Bombe außerhalb des Sees gezündet worden, wären Menschenleben in Gefahr gewesen. Der Angriff war also unmittelbar drohend und auf ein notwehrfähiges Rechtsgut (Leben oder Vermögen) gerichtet. Allerdings wusste Paul davon nichts. Es fehlt ihm somit das subjektive Element der Rechtfertigung. Je nach Ansicht kann nun Versuchsstrafbarkeit (tauglich und strafbar oder untauglich und straflos), gänzliche Straflosigkeit oder volle Strafbarkeit angenommen werden. In der Lehre werden alle Ansichten vertreten.

Bsp 35: Strafbarkeit des Carlos nach § 84 Abs 4 StGB (auch Abs 1 denkbar): Carlos verletzt den Dieb am Körper, mehrere Rippenbrüche stellen eine schwere Körperverletzung iSd § 84 StGB dar. Carlos hat es ernstlich für möglich gehalten und sich damit

28 Das Indiz im Sachverhalt, dass zwischen der Handlung und dem Tod eine Woche verstrichen ist, deutet darauf hin, dass auf den Risikozusammenhang etwas detaillierter einzugehen ist oder dieser zumindest explizit erwähnt werden soll.

abgefunden, den Dieb zu verletzen, daher hat er mit Eventualvorsatz gehandelt. Die Zurechenbarkeit der Verletzung zu Carlos' Handeln bereitet keine Probleme. Rechtswidrigkeit: **Carlos befindet sich in einer Notwehrsituation nach § 3 StGB, es liegt ein menschlicher, rechtswidriger Angriff auf sein Vermögen vor. Der Angriff ist auch noch gegenwärtig, denn obwohl das Delikt des Diebstahls schon vollendet ist, hat Carlos noch eine Chance auf Wiedererlangung der Sache. Erst wenn diese Chance erlischt oder nahezu erloschen ist, ist der Angriff abgeschlossen. Solange aber eine Intensivierung der Rechtsgutbeeinträchtigung droht, kann man noch von einem gegenwärtigen Angriff sprechen. Als Notwehrhandlung nutzt Carlos das schonendste Mittel, das ihm garantiert, dass er seine Uhr zurückerlangt. In einer Verfolgungssituation bleiben nicht viele andere Optionen, jemanden aufzuhalten. Die Notwehrhandlung ist daher notwendig gewesen. Da Carlos auch weiß, dass er sich in einer Notwehrsituation befindet, ist er für seine Tat gerechtfertigt.** Carlos ist straflos.

Strafbarkeit des Diebes nach § 127 StGB: Die Uhr des Carlos ist eine fremde bewegliche Sache mit Tauschwert. Durch die Wegnahme bricht der Dieb den Gewahrsam des Carlos an seiner Uhr und begründet eigenen Gewahrsam. Der Erfolg ist also eingetreten. Dabei handelt er absichtlich, es kommt ihm gerade darauf an, die Uhr als seine eigene zu erlangen. Rechtfertigungs- oder Schuldausschließungsgründe gibt es keine. Er ist strafbar.

Bsp 36: Strafbarkeit der Josefine nach § 84 Abs 4 StGB: Josefine hat Ludwig am Körper verletzt, denn er hat sich beim Sturz das Handgelenk gebrochen. Ein Knochenbruch stellt eine schwere Körperverletzung iSd § 84 StGB dar. Josefine wollte Ludwig mitunter nicht schwer verletzen, allerdings muss sie bei einem Tritt vom Fahrrad zumindest eine einfache Körperverletzung ernstlich für möglich halten. Dennoch tritt sie zu. Dementsprechend findet sie sich mit dem Erfolg ab und handelt mit Eventualvorsatz. Die schwere Körperverletzung ist fahrlässige Folge der vorsätzlichen einfachen Körperverletzung. Die Zurechenbarkeit der Verletzung zur Tathandlung bereitet keine Probleme: Josefine ist für den Bruch kausal, und es ist innerhalb der Lebenserfahrung, dass von Fahrrädern getretene Personen sich verletzen. Deswegen gibt es das Verbot, andere Personen zu verletzen. Hätte Josefine nicht zugetreten, wäre Ludwig noch unverletzt. **Josefine befindet sich in keiner Rechtfertigungssituation nach § 3 StGB, weil kein gegenwärtiger Angriff mehr vorliegt. Der Angriff ist längst abgeschlossen. Auch droht gegenwärtig kein Nachteil für ihre Rechtsgüter, die Zustandsveränderung ist passé. Kommt behördliche Hilfe zu spät, kann sich Josefine auf offensive Selbsthilfe nach §§ 19, 344 ABGB berufen. Dabei darf sie nur ihren eigenen Anspruch (Anspruch auf Rückgabe des Fahrrads) durchsetzen und muss sich zur Durchsetzung auf das gelindeste angemessene Mittel beschränken. Zur Sicherung**

eines Anspruchs auf Rückgabe von Eigentum ist eine schwere Körperverletzung nicht angemessen, daher greifen auch §§ 19, 344 ABGB zur Rechtfertigung ihres Verhaltens nicht. Josefine ist strafbar.

Bsp 37: Strafbarkeit der Angela nach § 84 Abs 1 StGB (Abs 4 auch argumentierbar): Angela verletzt Aslan am Körper, weil er einen Handgelenksbruch erleidet – ein Knochenbruch stellt eine schwere Körperverletzung dar. Dabei hat Angela zumindest vorsätzlich auf die Misshandlung agiert, sie wollte Aslan in seinem Wohlbefinden stören. Die (schwere) Körperverletzung ist fahrlässige Folge dieser Misshandlung. **Angela befindet sich in einer Notwehrsituation nach § 3 StGB, weil Aslan ihre Geldbörse weggenommen hat und damit flüchten möchte. Es liegt somit ein gegenwärtiger rechtswidriger und menschlicher Angriff auf ihr Vermögen vor. Als Notwehrhandlung setzt sie aber nicht das schonendste Mittel ein, um den Angriff abzuwehren – sie hätte Aslan lediglich festhalten müssen, nicht auch gleichzeitig sein Handgelenk brechen. Angela begeht einen intensiven Notwehrexzess.** Dabei handelt sie aus Wut so aggressiv. Wut ist ein sthenischer Affekt und kein Entschuldigungsgrund für einen Notwehrexzess. Angela ist daher nach § 84 Abs 1 StGB strafbar.

Bsp 38: Strafbarkeit der Martha nach § 84 Abs 4 StGB: Martha bricht einem der Rowdys den Arm, bei einem Knochenbruch handelt es sich um eine schwere Körperverletzung. Sie handelt vorsätzlich. **Da sie ihren kleinen Bruder verteidigt, befindet sie sich in einer Nothilfesituation nach § 3 StGB. Bei zwei neunjährigen Angreifern muss Martha aber nicht gleich mit Judokenntnissen aufrücken. Damit hat sie ihre Nothilfehandlung zu stark gesetzt (intensiver Notwehrexzess).** Sie handelt allerdings aus Furcht und Angst um ihren Bruder – das stellt einen asthenischen Affekt dar. Es braucht nun die doppelt bedingte Fahrlässigkeitsprüfung: Entsprechendes Fahrlässigkeitsdelikt zu § 84 Abs 4 StGB wäre § 88 Abs 1 StGB. Ist man der Ansicht, dass Martha fahrlässig so erschrocken ist und ein Maßmensch nicht erschrocken wäre, ist sie nach § 88 Abs 1 StGB zu bestrafen. Ansonsten ist sie für den im asthenischen Affekt begangenen Notwehrexzess entschuldigt und straflos.

Bsp 39: Strafbarkeit der Angelika nach § 83 Abs 1 StGB: Angelika schädigt Stanislaus durch Nutzung des Pfeffersprays an seiner Gesundheit. Dabei handelt sie vorsätzlich. Sie ist aber durch Notwehr nach § 3 StGB gerechtfertigt, weil Stanislaus einen gegenwärtigen rechtswidrigen Angriff auf sie setzt. Dagegen wehrt sie sich bei der Nutzung des Pfeffersprays mit dem schonendsten Mittel, das ihr die Sicherheit gibt, den Angriff abzuwehren. Sie ist daher nicht strafbar.

Strafbarkeit der Angelika nach § 75 StGB: Stanislaus ist tot, der Erfolg des § 75 StGB ist daher eingetreten. Das hat Angelika voraussehen können, sie handelt vorsätzlich.

Stanislaus hat Angelika zwar angegriffen, dieser Angriff ist aber bereits vorbei, weil sie ihn mit dem Pfefferspray abgewehrt hat und er keine Anstalten macht, sie nochmals anzugreifen. Sie befindet sich daher in einem extensiven Notwehrexzess. Dieser ist strafbar, Angelika ist daher nicht gerechtfertigt und nach § 75 StGB zu bestrafen.

Bsp 40: Strafbarkeit des Titus nach § 84 Abs 4 StGB: Gustav ist schwer verletzt: Ein Stich mit einem Messer in die Brust kann aufgrund der Gefährlichkeit der Verletzung und der langen Heilungsdauer (über 24 Tage) als schwere Körperverletzung angesehen werden. Titus hat vorsätzlich gehandelt, es kam ihm gerade darauf an, Gustav zu verletzen. **Gustav wollte Titus allerdings angreifen, somit befand sich dieser in einer Notwehrsituation nach § 3 StGB: Sein Vermögen war durch einen rechtswidrigen, menschlichen Angriff gegenwärtig gefährdet. Titus hat nur 40 Euro bei sich. Deswegen befindet er sich in einer Bagatellnotwehrsituation. Als Notwehrhandlung sticht er Gustav in die Brust. Bei der Bagatellnotwehr muss zur Verteidigung eine „angemessene" Handlung gesetzt werden. Ein Bruststich ist nicht mehr angemessen. Titus hätte zunächst bloße Körperkraft anwenden oder in Gustavs Arm stechen können. Titus begeht daher einen intensiven Notwehrexzess.** Da er aus einem asthenischen Affekt gehandelt hat (Schrecken) und ein maßgerechter Mensch im Zusammenhang mit dem zuvor passierten versuchten Überfall wohl auch erschrocken wäre, ist Titus für sein Verhalten entschuldigt. Er ist straflos und nicht für das entsprechende Fahrlässigkeitsdelikt (§ 88 Abs 4 Fall 1 StGB) zu bestrafen.

Strafbarkeit des Gustav nach §§ 15, 127 StGB: Gustav möchte die Tasche des Titus stehlen, dabei handelt es sich um eine fremde bewegliche Sache mit Tauschwert. Der Erfolg tritt nicht ein, aber Gustav hat Vorsatz darauf. Er setzt auch eine Ausführungshandlung, die direkt in den Gewahrsamsbruch münden soll: Er greift nach der Tasche. Das ist eine durchaus taugliche Handlung, um den gewollten Erfolg herbeizuführen. Dabei wird er jedoch erwischt. Gustavs Versuch ist somit fehlgeschlagen, ein Rücktritt kommt nicht mehr infrage. Er ist strafbar nach §§ 15, 127 StGB.

Bsp 41: Strafbarkeit der beiden Frauen nach § 125 StGB: Das fremde Vorhängeschloss wurde durch Franziskas und Felicitas' Handeln zerstört, wie die beiden auch beabsichtigten (Vorsatz). **Es droht jedoch eine Gefahr für ihre Gesundheit, wenn sie nachts am Berg im Freien übernachten. Diese Gefahr können sie durch das Zerbrechen des Schlosses beheben. Die Notstandshandlung muss weiters angemessen sein: Die Handlung ist durchaus angemessen, weil Vermögen weniger wiegt als körperliche Unversehrtheit. Diese Überlegungen sind den beiden bewusst. Daher sind sie durch rechtfertigenden Notstand gerechtfertigt** und nicht strafbar.

Bsp 42: Strafbarkeit des Erwin nach § 75 StGB: Erfolg, der Tod des Ulrich, ist eingetreten. Erwin wollte Ulrich stoßen, ob er dabei auch den Tod als mögliche Konsequenz beachtet und sich damit abgefunden hat, ist im Sachverhalt nicht klar. Hatte er Eventualvorsatz, ist § 75 StGB zu prüfen, ansonsten § 86 Abs 1 StGB. Der Erfolg ist jedenfalls Erwins Handeln zurechenbar. **Erwin möchte aber Daniela helfen, die in einer Notsituation ist. Da sie nicht angegriffen wird, kann sich Erwin nicht auf Nothilfe nach § 3 StGB berufen. Es liegt eine Notstandssituation vor, auch diese kann für Erwin gelten. Danielas Leben ist in Gefahr. Durch Opferung des Ulrich möchte Erwin sie retten. Allerdings verlangt die Notstandshandlung eine angemessene Handlung, und dazu darf das geopferte Rechtsgut nicht genauso schwer wiegen wie das gerettete. Ulrichs und Danielas Leben wiegen vor dem Strafrecht genauso viel. Erwin ist daher nicht gerechtfertigt**. Auf Schuldebene ließe sich entschuldigender Notstand nach § 10 StGB andenken, dabei wird allerdings zu erörtern sein, ob Erwin die Möglichkeit hatte, Daniela zu retten, ohne dabei Ulrich zu töten.

Bsp 43: Strafbarkeit des Max nach § 125 StGB: Das Zerstören des fremden Gartenzwergs ist eine Tathandlung des § 125 StGB. Der Erfolg, die Zerstörung, ist eingetreten. Der Gartenzwerg gehört Michelle und hat einen Wert, der nun nicht mehr besteht. Max hat den Gartenzwerg absichtlich geworfen. **Allerdings wollte Max damit einen Nachteil von seinem Nachbarn abwenden. Auf Nothilfe gem § 3 StGB kann sich Max nicht berufen, weil er mit dem Gartenzwerg nicht in die Rechtsgüter des Angreifenden, sondern in die seiner Frau eingreift. Notwehr richtet sich immer nur gegen den Angreifenden. Max kann sich aber auf den rechtfertigenden Notstand berufen, denn durch das Opfern des Gartenzwerges hat er einen bedeutenderen Nachteil abgewendet. Es gab auch keine anderen Möglichkeiten, den Einbrecher zu vertreiben. Das Haus des Norbert hat höheren Wert als der Gartenzwerg der Michelle. Max ist daher gerechtfertigt** und straflos.

Bsp 44: Strafbarkeit der Ines nach § 125 StGB: Ritas Wohnungstür ist eine fremde Sache mit einem selbstständigen Wert. Diese Sache hat Ines nun zerstört, wobei sie den Erfolg, die Zerstörung der Tür, gerade herbeiführen wollte und somit absichtlich gehandelt hat. **Allerdings hat sich Ines deswegen so verhalten, weil sie Rita vor einem größeren Schaden bewahren wollte, nämlich dem Verlust all ihres Eigentums an die Flammen. Man kann davon ausgehen, dass Rita mit der Beschädigung der Türe unter diesen Umständen einverstanden gewesen wäre. Ines ist dadurch aufgrund der mutmaßlichen Einwilligung der Rita gerechtfertigt** und nicht strafbar.

Bsp 45: Strafbarkeit der Ella nach § 125 StGB: Ella opfert Maras Vase, um Mara vor dem Räuber zu verteidigen. Dabei geht die wertvolle Vase irreparabel kaputt. Der objektive Tatbestand ist somit erfüllt. Ella handelt auch vorsätzlich, denn sie nimmt die

Vase bewusst und schlägt damit auf den Kopf des Räubers. Dabei hält sie es ernstlich für möglich und findet sich damit ab, dass die Vase zerbricht. **Ella handelt allerdings, um Mara vor einem größeren Unheil zu bewahren, es ist ex ante anzunehmen, dass Mara dieses Verhalten gutheißt (mutmaßliche Einwilligung). Ella ist daher gerechtfertigt** und straflos.

Bsp 46: Strafbarkeit der Ella nach § 125 StGB: Ella opfert Maras Vase, um Mara vor dem Räuber zu verteidigen. Dabei geht die wertvolle Vase irreparabel kaputt. Der objektive Tatbestand ist somit erfüllt. Ella handelt auch vorsätzlich, denn sie nimmt die Vase bewusst und schlägt damit auf den Kopf des Räubers. Dabei hält sie es ernstlich für möglich und findet sich damit ab, dass die Vase zerbricht. **Ella handelt, um Mara vor einem größeren Unheil zu bewahren. Allerdings weiß Ella auch, dass sich Mara selbst helfen kann und ihr die Vase viel bedeutet. Im Konkreten besteht also Wissen darüber, dass die Interessenslage anders ist als bei einem Durchschnittsmenschen. Wüsste Ella nichts davon, wäre sie durch eine mutmaßliche Einwilligung gerechtfertigt und straflos. Sind ihr Maras Vorstellungen und Gedanken aber klar, gilt das nicht. Dann haftet sie für ihr Verhalten voll** und ist, weil auch keine Schuldausschließungsgründe vorliegen, nach § 125 StGB zu bestrafen.

Bsp 47: Strafbarkeit der Klaudia nach § 127 StGB: Klaudia bringt fremde bewegliche Sachen mit Tauschwert, nämlich Weinflaschen, in ihren Gewahrsam. Sie handelt dabei vorsätzlich. Allerdings **besteht eine mutmaßliche Einwilligung der Barbara, dass Klaudia die Flaschen nehmen darf: Es gibt eine lange Praxis von diesem Verhalten, und die beiden helfen sich wechselseitig aus. Klaudia ist daher gerechtfertigt** und somit straflos.

Bsp 48: Strafbarkeit des Michi nach § 83 Abs 1 StGB: Samuel ist verletzt, das blaue Auge stellt eine leichte Körperverletzung und somit den Erfolg des § 83 Abs 1 StGB dar. Michi hat diesen Erfolg auch herbeiführen wollen oder zumindest ernstlich für möglich gehalten und hat mit seiner Tathandlung „zuschlagen" den Erfolg herbeigeführt. Die Zurechenbarkeit bereitet keine Probleme. **Ist Michi nach § 3 StGB gerechtfertigt? Von Samuel geht kein Angriff aus, er war lediglich mit Stephan spazieren. In Ermangelung einer Notwehrsituation scheidet § 3 StGB daher aus. Michi denkt aber, dass Samuel ihn angreifen möchte, er nimmt also irrtümlich einen rechtfertigenden Sachverhalt an. Deswegen ist § 8 StGB zu prüfen. Michi kann durch Putativnotwehr straflos werden. Hypothetisch gesehen befindet er sich in einer Notwehrsituation, er denkt, Samuel möchte ihn ausrauben, somit würde ein rechtswidriger menschlicher Angriff auf Michis Eigentum unmittelbar bevorstehen. Die von Michi gesetzte Handlung ist hypothetisch gesehen das schonendste Mittel, um Samuel dauerhaft abzuwehren. Nun ist die doppelt bedingte**

Fahrlässigkeit zu prüfen: Zu § 83 Abs 1 StGB ist § 88 Abs 1 StGB das fahrlässige Äquivalent. Ein sorgfaltsgemäßer Maßmensch hätte sich zuerst öfter umgedreht und dann vermutlich erkannt, dass Samuel nichts Böses wollte. Michi ist daher, nachdem auch keine Schuldausschließungsgründe vorliegen, nach § 88 Abs 1 StGB strafbar.

Bsp 49: Strafbarkeit von Erik nach § 125 StGB: Daniels Brille ist eine für Erik fremde Sache, welche durch den Steinwurf beschädigt wird. Dabei handelt er zumindest mit Eventualvorsatz darauf hin, dass die Brille kaputt gehen könnte (aA möglich! Dann im Ergebnis straffrei). Die Zurechenbarkeit ist unproblematisch. **Eine Rechtfertigung nach § 3 StGB kommt nicht in Betracht, weil die drei „Zombies" in Wirklichkeit Nora, Daniel und Fabian sind und diese lediglich einen Film drehen. Es könnte aber Putativnotwehr nach § 8 StGB greifen. Erik und Dagmar denken, dass sie angegriffen werden. Das würde jedenfalls hypothetisch gesehen einen Angriff auf ihr Leben darstellen, welcher auch rechtswidrig und unmittelbar drohend ist.** Ein Zombieangriff per se würde das Tatobjekt und die Frage der Menschlichkeit aufwerfen, anzunehmen ist aber, dass Erik fürchtete, dass die drei bösartig seien und sich des Angriffs wegen als Zombies verkleideten, nicht aber ernsthaft der Überzeugung waren, von Zombies, die nach ihren Gehirnen trachteten, angegriffen zu werden. Ein Steinwurf gegen einen hypothetischen Angriff ist die beste Methode, um sich zu wehren, und es ist auch das schonendste Mittel. Bei der doppelt bedingten Fahrlässigkeitsprüfung lassen sich nun zwei Tatsachen feststellen: Einerseits gibt es für eine Sachbeschädigung kein entsprechendes Fahrlässigkeitsdelikt, weshalb Erik und Dagmar selbst bei einer fahrlässigen Annahme der Notwehrsituation straflos wären, andererseits hätte ein sorgfaltsgemäßer Mensch wohl ebenfalls an einen Angriff gedacht, wenn er aus einer idyllischen Situation aufgeschreckt wird und drei Zombies gegenübersteht. Erik und Dagmar sind daher straflos.

Bsp 50: Strafbarkeit der Nina nach § 83 Abs 1 StGB: Jemandem gegen das Schienbein zu treten ist eine Verletzungshandlung, und der blaue Fleck stellt den Erfolg, nämlich eine leichte Körperverletzung, dar. Nina hat vorsätzlich gehandelt, sie wollte ihren vermeintlichen Angreifer stoppen. Die Zurechenbarkeit des Erfolges zu Ninas Handeln ist unproblematisch. Nun zur Rechtswidrigkeit: **Nina ist nicht nach § 3 StGB gerechtfertigt, denn sie wurde nicht angegriffen. Sie dachte bloß, dass jemand gegenwärtig einen rechtswidrigen Angriff auf ihr Vermögen gesetzt hat. Sie unterliegt daher einem Irrtum über einen rechtfertigenden Sachverhalt (§ 8 StGB). Hypothetisch gesehen war ihre Reaktion passend, sie hat durch das Niederringen des „Angreifers" die schonendste Handlung gesetzt, die ihr garantierte, ihr Vermögen nicht gänzlich aus den Augen zu verlieren. Es ist nun die doppelt bedingte Fahrlässigkeitsprüfung durchzuführen. Als entsprechendes Fahrlässigkeitsdelikt**

existiert § 88 Abs 1 StGB. Ein sorgfaltsgemäßer Maßmensch hätte die Situation wohl nicht missinterpretiert, weil er zunächst seine Gegenstände überprüft hätte, ehe er von einem Diebstahl ausgegangen wäre (andere Ansicht durchaus möglich!). Nina haftet daher nach § 88 Abs 1 StGB.

Bsp 51: Strafbarkeit der Caroline nach § 127 StGB: Die drei Ketten sind für Caroline fremde Sachen, welche beweglich sind und einen Tauschwert haben. Caroline hat Vorsatz darauf, sich die Ketten anzueignen, und macht dies auch. Dadurch findet ein Gewahrsamsbruch statt. Zurechenbarkeit und Rechtswidrigkeit sind unproblematisch. Auf Schuldebene ist zu erwähnen, dass sie „ausreichend" betrunken ist und ihr Promillewert bei 3,1 liegt. **Caroline ist im Vollrausch und daher zurechnungs- und schuldunfähig. Sie kann nicht direkt nach § 127 StGB bestraft werden. Allerdings muss in Betracht gezogen werden, dass sie bereits vorab plante, sich zu betrinken, um Gegenstände zu stehlen. Es liegt daher eine actio libera in causa vor. Bei der ALIC ist der Täter, trotz der Zurechnungsunfähigkeit, so zu bestrafen, als wäre er nüchtern gewesen. Caroline haftet daher nach § 127 StGB.**

Bsp 52: Strafbarkeit des Ruprecht nach § 75 StGB: Nikolaus ist tot, damit ist der Erfolg des § 75 StGB gegeben. Ruprecht handelt absichtlich, ihm kommt es gerade auf den Tod des Nikolaus an. Zurechenbarkeit und Rechtswidrigkeit bereiten keine Probleme. **Ruprecht hat aber einen Liter Wodka getrunken, es ist daher anzunehmen, dass er sich in einem Zustand des Vollrausches befindet. Er ist daher grundsätzlich nicht strafbar, weil er zurechnungsunfähig ist. Allerdings hat sich Ruprecht gerade deswegen betrunken, weil er das Delikt verüben will. Es liegt somit eine vorsätzliche ALIC vor, und Ruprecht ist zu bestrafen, als wäre er nüchtern gewesen.**

Bsp 53: Strafbarkeit des Kevin nach § 127 StGB: Die Turnschuhe sind fremde bewegliche Sachen mit Tauschwert. Er begeht durch die Wegnahme einen Gewahrsamsbruch. Dabei handelt er vorsätzlich, auf seinen Entschluss hinauf. Er handelt rechtswidrig. **Kevin ist aber im Vollrausch, daher ist er zurechnungsunfähig und die Schuld muss verneint werden. Kevin hat auch nicht vorab geplant, Richards Turnschuhe zu stehlen, daher kommt eine ALIC nicht infrage. Kevin ist nicht nach § 127 StGB zu bestrafen.**

Strafbarkeit des Kevin nach § 287 StGB iVm § 127 StGB: Kevin hat sich durch den Genuss von Rauschmitteln in einen Zustand der Zurechnungsunfähigkeit versetzt und in diesem Zustand ein Delikt begangen (nämlich § 127 StGB). Er handelt rechtswidrig, und auch die übrigen Schuldmerkmale sind vorhanden. Kevin ist daher nach § 287 iVm 127 StGB strafbar.

Bsp 54: Strafbarkeit der Lisi nach § 84 Abs 4 StGB: Günther erleidet schwere Schnittverletzungen, der Erfolg des § 84 StGB ist also erfüllt. Lisi handelt vorsätzlich. Die Rechtswidrigkeit ist unproblematisch. **Lisi befindet sich in einem Zustand der Zurechnungsunfähigkeit, weil sie im Vollrausch ist. Sie trifft daher keine Schuld, und sie ist nicht für § 84 Abs 4 StGB zu bestrafen.**

Strafbarkeit der Lisi nach § 287 StGB iVm § 84 Abs 4 StGB: Lisi hat sich durch den Genuss von Rauschmitteln in einen Zustand der Zurechnungsunfähigkeit versetzt und in diesem Zustand ein Delikt begangen (nämlich § 84 Abs 4 StGB). Sie handelt auch rechtswidrig, und die übrigen Schuldmerkmale sind vorhanden. Lisi ist nach § 287 iVm 84 Abs 4 StGB strafbar.

Bsp 55: Strafbarkeit der Liridona nach § 88 Abs 1, 4 StGB: Durch den Aufprall brechen dem Fußgänger beide Beine, dabei handelt es sich um schwere Körperverletzungen nach § 84 StGB. Liridona handelt nicht vorsätzlich, denn sie möchte diesen Erfolg nicht herbeiführen, hielt es nicht einmal ernstlich für möglich, dass so etwas passieren könnte. Allerdings hat sie den Fußgänger überfahren, dadurch hat sie sich objektiv sorgfaltswidrig verhalten, weil sie gegen die StVO, also eine Rechtsnorm, verstoßen hat. Diese gebietet, dass man andere Menschen nicht überfahren soll. Der Erfolg, die gebrochenen Beine des Fußgängers, ist ihr auch zurechenbar: Wäre sie nicht auf ihn aufgefahren, wären seine Beine noch heil. Wenn man in jemanden hineinfährt, muss man nach der Lebenserfahrung damit rechnen, dass man ihn verletzt. Genau deswegen verbietet die StVO solches Benehmen. Rechtmäßig wäre Liridona ausgewichen, dann wäre der Fußgänger noch heil. Sie handelt rechtswidrig, Rechtfertigungsgründe gibt es keine. **Liridona war betrunken und konnte den Fußgänger wegen ihrer Trunkenheit nicht mehr sehen. Sie war subjektiv nicht in der Lage, sich anders zu verhalten, deswegen fehlt es an der subjektiven Sorgfaltswidrigkeit und somit der Schuld.**

Es war aber bereits sorgfaltswidrig von Liridona, dass sie überhaupt angetrunken ins Auto gestiegen ist. Schon damit hat sie gegen die StVO verstoßen (Übernahmsfahrlässigkeit).

Diese Tatsache hat auch dazu geführt, dass sie letztlich den Fußgänger überfahren hat. Es ist in der Lebenserfahrung, dass man betrunken Menschen übersehen und überfahren kann (Adäquanz also erfüllt), zudem ist genau das der Grund, warum die StVO betrunkenes Autofahren verbietet (Risikozusammenhang). Wäre Liridona nicht betrunken Auto gefahren, hätte sie den Fußgänger nicht überfahren. Sie handelt rechtswidrig, und auch die Schuld ist zu bejahen, denn sie war subjektiv in der Lage, zu wissen, dass sie nicht ins Auto steigen sollte. Es war von ihr daher subjektiv sorgfaltswidrig, dass sie dennoch eingestiegen ist. Auch konnte sie

vorhersehen, dass ein solcher Unfall passieren würde. Liridona ist strafbar nach § 88 Abs 1, 4 StGB.

Bsp 56: Strafbarkeit des Hausmeisters Franz nach § 80 Abs 1 StGB: Sonja ist tot, der Erfolg des § 80 StGB ist somit eingetreten. Franz hatte keinen Vorsatz darauf, Sonja zu töten, er dachte nicht einmal daran, dass so etwas passieren könnte. Franz hat aber objektiv sorgfaltswidrig gehandelt, weil er zu viel Seife verwendete. Das Übermaß an Seife war kausal dafür, dass Sonja ausgerutscht ist und sich das Genick brach. Adäquanz und Risikozusammenhang sowie Risikoerhöhung gegenüber rechtmäßigem Alternativverhalten sind ebenfalls gegeben: Hätte Franz weniger Seife hineingemischt, wäre Sonja nicht ausgerutscht. Rechtswidrigkeit ist unproblematisch. **Franz kennt sich aber als Hausmeister nicht aus, er handelt subjektiv nicht sorgfaltswidrig, weil er nicht weiß, wie die Lauge zu mischen ist. Franz trifft daher keine Schuld, er wäre straffrei. Allerdings muss man hinzufügen, dass es objektiv sorgfaltswidrig war, dass Franz überhaupt den Job als Hausmeister angenommen hatte (Übernahmsfahrlässigkeit), weil er nicht weiß, wie man Stiegenhäuser putzt. Ein maßgerechter Mensch hätte das nicht gemacht. Hätte sich Franz nicht auf den Job eingelassen, wäre Sonja nicht ausgerutscht. Es ist in der Lebenserfahrung, dass man bestimmte Kenntnisse vor Jobbeginn auffrischen sollte. Der Risikozusammenhang ist erfüllt, denn genau deswegen hätte der Maßmensch den Job nicht angenommen. Hätte Franz den Job abgelehnt, wäre Sonja noch gesund. Franz handelt damit rechtswidrig und schuldhaft, er war subjektiv in der Lage, zu erkennen, dass ihm das entsprechende Wissen für den Job als Hausmeister fehlt. Er ist somit nach § 80 Abs 1 StGB strafbar.**

Bsp 57: Strafbarkeit des Marius nach § 88 Abs 1 StGB: Cornelia erleidet sämtliche leichten Verletzungen am Körper. Marius wollte Cornelia nicht am Körper schädigen, er hat also keinen Vorsatz, sondern handelt fahrlässig. Es war objektiv sorgfaltswidrig, dass er den Ziegel fallen ließ, ein sorgfaltsgemäßer Maßmensch hätte das nicht gemacht, denn der Maßmensch ist aus der Profession, welche gerade ausgeführt wird. Die Verletzung der Cornelia ist Marius zurechenbar, hätte er den Ziegel nicht fallen lassen, wäre sie nicht verletzt. Es ist auch in der Lebenserfahrung, dass herunterfallende Ziegel Passanten verletzen können, und deswegen ist es wichtig, dass man vorsichtig damit umgeht, ein Dach zu decken (Risikozusammenhang). Hätte sich Marius rechtskonform verhalten, hätte er den Ziegel nicht fallen gelassen und dann wäre Cornelia noch gesund (Risikoerhöhung gegenüber rechtmäßigem Alternativverhalten). Die Tatbestandsmäßigkeit indiziert die Rechtswidrigkeit, und Marius hat keine Rechtfertigungsgründe. **Auf Schuldebene muss festgehalten werden, dass er subjektiv nicht in der Lage war, sich anders zu verhalten, weil ihm das entsprechende**

Wissen gefehlt hat. Er ist also diesbezüglich nicht subjektiv sorgfaltswidrig gewesen. Für das Fallenlassen des Ziegels kann Marius nicht bestraft werden.

Man muss nun an dem Zeitpunkt anknüpfen, an welchem er die Tätigkeit des Dachdeckens begonnen hat (Übernahms-/Einlassungsfahrlässigkeit): Marius hat Cornelia durch das Fallenlassen des Ziegels fahrlässig am Körper verletzt. Er war objektiv sorgfaltswidrig, weil ein Maßmensch niemals begonnen hätte, Ziegel zu legen, sondern eingesehen hätte, dass ihm die Fähigkeiten dazu fehlen. Wäre Marius nicht auf das Dach gestiegen, hätte er den Ziegel nicht fallen gelassen und somit Cornelia nicht verletzt. Es ist in der Lebenserfahrung, dass man, wenn man ohne Fähigkeiten zum Dachdecken beginnt, jemanden verletzen kann. Gerade deswegen hätte der Maßmensch ein anderes Verhalten gesetzt. Hätte sich Marius rechtmäßig verhalten, wäre er am Boden geblieben und hätte das Dach nicht gedeckt. Dann wäre Cornelia nie verletzt worden. Tatbestandsmäßigkeit indiziert die Rechtswidrigkeit, und Marius hat keine Rechtfertigungs- oder Schuldausschließungsgründe. Er ist daher für die sorgfaltswidrige Handlung, dass er auf das Dach stieg, und die daraus resultierende Körperverletzung der Cornelia nach § 88 Abs 1 StGB strafbar.

Bsp 58: Strafbarkeit des Manfred nach § 75 StGB: Der Passant stirbt, damit ist der Erfolg des § 75 StGB, der Tod einer vom Handelnden unterschiedlichen Person, erfüllt. Manfred weiß, dass er den Menschen überfahren wird, und findet sich auch damit ab, dass dieser sterben könnte. Er handelt somit mit Eventualvorsatz. Rechtswidrigkeit: Manfred handelt nicht aus Notwehr gem § 3 StGB heraus, weil kein menschlicher Angriff auf ihn stattfindet. Es droht aber dennoch ein Nachteil für sein Eigentum, weswegen er sich in einer Notstandssituation befindet. Als Notstandshandlung sind aber nur Handlungen erlaubt, welche angemessen sind. Um Vermögen zu schützen, darf kein Leben geopfert werden, denn das gerettete Rechtsgut muss schwerer wiegen als das geopferte. Manfred ist daher nicht gerechtfertigt. **Greift auf der Schuldebene der entschuldigende Notstand nach § 10 StGB? Auch hier braucht es einen drohenden Nachteil auf ein Rechtsgut. Als Notstandshandlung iSd § 10 StGB wird keine Angemessenheit gefordert, allerdings darf das geopferte Rechtsgut nicht schwerer wiegen als das gerettete. Es darf maximal Gleichrangigkeit bestehen. Das ist hier nicht der Fall, Manfred opfert das Leben eines anderen für sein Eigentum. Er ist daher nicht entschuldigt** und nach § 75 StGB strafbar.

Bsp 59: Strafbarkeit des Justin nach § 75 StGB: Tracy stirbt, der Erfolg des § 75 StGB ist damit gegeben. Justin hat das auch ernstlich für möglich gehalten und fand sich damit ab. Feuer stellt keinen menschlichen Angriff iSd § 3 StGB dar, daher handelt Justin nicht aus Notwehr. Auch der rechtfertigende Notstand greift nicht: Es droht

Justin zwar ein beträchtlicher Nachteil für sein Leben, allerdings darf als Notstandshandlung zur Rechtfertigung nur eine angemessene Handlung gesetzt werden. Das gerettete Rechtsgut muss dazu schwerer wiegen als das geopferte. Tracy und Justin sind beide Menschenleben und daher gleichwertig. Deswegen kann er nicht gerechtfertigt werden. **Auf Schuldebene kann sich Justin mit § 10 StGB helfen: Es genügt für den entschuldigenden Notstand, als Notstandshandlung so zu handeln, wie ein rechtstreuer Mensch gehandelt hätte. Das geopferte Rechtsgut darf dabei sogar gleich schwer wiegen wie das gerettete. Das ist hier der Fall. In klassischen Leben-gegen-Leben-Konstellationen kann daher § 10 StGB herangezogen werden. Auch ein rechtstreuer Mensch ist sich selbst der Nächste und würde sein eigenes Leben retten. Außerdem hat sich Justin nicht selbst in diese missliche Lage begeben. Er ist daher nach § 10 StGB für sein Verhalten entschuldigt** und somit straflos.

Bsp 60: **Würde man die Weiche umstellen, würde man den Tod der anderen Person verursachen. Daher riskiert man eine Strafbarkeit nach § 75 StGB, sofern einem bewusst ist, dass sich am anderen Gleis eine Person befand. Auch ist die Handlung nicht zu rechtfertigen, denn Leben ist nicht quantifizierbar. Das Leben der fünf Personen wiegt genauso viel wie das der einen Person, daher kann rechtfertigender Notstand nicht greifen. Straflosigkeit kann nur über den entschuldigenden Notstand nach § 10 StGB erzielt werden, wenn man davon ausgeht, dass sich ein moralisch handelnder und mit Normen verbundener Mensch gleich verhalten hätte.**

Bsp 61: **Strafbarkeit der Carina nach §§ 127, 141 StGB**: Carina nimmt eine fremde bewegliche Sache mit Tauschwert an sich, nämlich das Hotdog. Durch das Essen des Hotdogs bricht sie Gewahrsam. Sie handelt vorsätzlich und bezahlt nicht, bereichert sich also dadurch. Allerdings handelt sie aus einem unmittelbaren Gelüste heraus (Hunger) und stiehlt eine Sache mit geringem Wert. Deswegen findet die Privilegierung des § 141 StGB auf sie Anwendung. Rechtfertigungs- oder Schuldausschließungsgründe gibt es keine, Carina haftet nach §§ 127, 141 StGB.

Bsp 62: Strafbarkeit des Jakob nach §§ 15, 127, 128 Abs 1 Z 4 StGB: Der Erfolg tritt nicht ein, J kann den Gewahrsam am Kran nicht brechen. Er hat aber Vorsatz sowie erweiterten Vorsatz (Bereicherung). Jakob setzt eine Ausführungshandlung, er rüttelt nämlich schon am Kran. Die Frage ist, ob der Versuch tauglich ist. Es handelt sich um eine potenzielle Untauglichkeit der Handlung. *Burgstaller* beurteilt dies nach der Eindruckstheorie: Ein begleitender Beobachter ist neben dem Täter und sieht genauso viel wie dieser, hat aber dessen Defekte nicht und ein Durchschnittswissen. Er erkennt daher, dass ein Baukran nicht von einer – und auch nicht von drei – Personen hochgehoben und weggetragen werden kann. **Der Versuch ist absolut untauglich und**

straflos. Auch nach *Fuchs*, objektiv ex ante betrachtet, ist es absolut unmöglich, so zum Erfolg zu gelangen. Jakob ist daher straflos.

Strafbarkeit von Davide und Moritz nach §§ 12, 3. Fall, 15, 127, 128 Abs 1 Z 4 StGB: Beide befinden sich noch nicht einmal in einer ausführungsnahen Handlung, weil noch weitere Zwischenakte nötig sind (zB zum Kran gehen) und sie psychologisch noch nicht die Hemmschwelle zur Straftat überschritten haben. Sie sind daher ebenfalls straflos.

Info: Bei Untauglichkeit des Objekts würde J nicht an einem Baukran rütteln, sondern am ganzen Haus (unbewegliche Sache ist kein Diebstahlsobjekt), im Glauben, dass er den Kran stiehlt.

Bsp 63: **Strafbarkeit des Johnny nach § 75 StGB: Der Erfolg tritt ein, denn Alfred ist tot. Johnny hatte auch Vorsatz auf den Mord, er handelt sogar absichtlich. Allerdings war er nicht kausal für Alfreds Tod: Alfred ist davor bereits an einer natürlichen Ursache gestorben und wäre daher auch tot, wenn man sich Johnnys Handlung wegdenkt (csqn). Daher ist Johnny nicht strafbar.**

Strafbarkeit des Johnny nach §§ 15, 75 StGB: Der Erfolg, der Tod des A ist nicht zurechenbar eingetreten. Johnny hatte aber Vorsatz auf die Tat und hat auch bereits eine Ausführungshandlung gesetzt, nämlich Schüsse abgegeben. Hier liegt aber ein Tauglichkeitsproblem vor, J kann keinen Menschen mehr töten, weil Alfred bereits tot ist. Es handelt sich um eine Untauglichkeit des Objekts. Nach der Theorie des begleitenden Beobachters kommt es darauf an, ob diesem erkennbar gewesen wäre, dass A bereits tot ist. Lag es an einem persönlichen Unvermögen Johnnys, dies zu übersehen, ist der Versuch absolut untauglich. Konnte aber der begleitende Beobachter auch nicht wissen, dass A bereits tot war, so ist der Versuch nur relativ untauglich und damit strafbar. Nach *Fuchs* wird objektiv ex ante geprüft und unter Kenntnis aller Umstände festgestellt, dass ein Toter nicht erschossen werden kann. Der Versuch ist somit absolut untauglich und straflos.

Für eine Strafbarkeit nach § 190 StGB (Störung der Totenruhe) fehlt J der Vorsatz, daher ist er diesbezüglich straflos, ein entsprechendes Fahrlässigkeitsdelikt gibt es nämlich nicht.

Bsp 64: **Strafbarkeit des Rufus nach § 75 StGB: Der Erfolg, der Tod eines anderen, tritt nicht ein.**

Strafbarkeit des Rufus nach §§ 15, 75 StGB: Der Erfolg, der Tod des Linus, tritt nicht ein. Rufus hat allerdings Vorsatz darauf, Linus zu töten und setzt bereits eine Ausführungshandlung, nämlich einen Schuss. Es ist nun die Frage, ob das Tatobjekt tauglich oder untauglich ist, weil Rufus in Wirklichkeit ein Reh erschießt

und nicht Linus. Objektiv ex ante betrachtet ist der Versuch absolut untauglich und straflos, weil unter Kenntnis aller Umstände Linus so niemals hätte erschossen werden können. Nach dem begleitenden Beobachter wird darauf geachtet, ob dieser die Vollendung des Versuchs für möglich gehalten hätte – in diesem Fall wäre der Versuch nur relativ untauglich und strafbar. Da der begleitende Beobachter zwar neben dem Täter steht, dessen Defekte aber nicht teilt, ist dieser nicht kurzsichtig und erkennt daher das Reh auch als solches. Eine Vollendung des Versuchs ist daher auch für ihn ausgeschlossen, weshalb auch nach dieser Ansicht Rufus straflos bleibt, weil der Versuch absolut untauglich ist.

Bsp 65: Strafbarkeit des Christian nach §§ 15, 127 StGB: **Christian handelt als unmittelbarer Täter, weil er die Tathandlung der Sachwegnahme begehen will. Süßigkeiten stellen fremde bewegliche Sachen mit Tauschwert dar. Christian hat bereits eine taugliche Ausführungshandlung gesetzt, weil er nach Popcorn greift. Allerdings überlegt er es sich anders, es kommt also strafbefreiender Rücktritt nach § 16 StGB in Betracht. Es liegt ein unbeendeter Versuch vor, weil Christian noch weiter handeln müsste, um den Erfolg des Gewahrsamsbruches zu erzielen. Sein Rücktritt durch Aufgabe der Tathandlung genügt daher, weil er auch freiwillig agiert: Es ist nicht nach einer Verbrechervernunft notwendig, die Handlung aufzugeben, sondern Christian entscheidet sich aus freien Stücken dazu (*Roxin*).**

Strafbarkeit von Peter und Mimi nach §§ 12, 3. Fall, 15, 127: Peter und Mimi lenken die Verkäuferin Franzi ab. Dabei sind sie erfolgreich, und Christian kann dadurch seinen Versuch setzen. Christians Rücktritt, hilft Peter und Mimi nicht, denn der Versuchsrücktritt wirkt nur für den Rücktretenden selbst strafbefreiend. Peter und Mimi haben einen Beitrag zum strafbaren Versuch geleistet. Dieser Beitrag geschah mit Vorsatz auf ihre Beitragshandlung und im Wissen um die Tat. Die Beitragshandlung wurde für den Versuch auch kausal, weil Christian nur deswegen Popcorn ergreifen konnte. Peter und Mimi sind daher strafbar.

Bsp 66: **Strafbarkeit des Toni nach § 127 StGB: Der Erfolg ist eingetreten, Toni hat fremde bewegliche Sachen mit Tauschwert (nämlich die Taucherbrillen) gestohlen und den Gewahrsam daran gebrochen. Dies tat er auch mit Vorsatz. Der Erfolg ist ihm problemlos zurechenbar, weiters hat sich Toni rechtswidrig und schuldhaft verhalten. Er ist daher strafbar nach § 127 StGB.**

Allerdings: Tätige Reue nach § 167 StGB: § 127 StGB ist nach § 167 StGB ein reuefähiges Delikt. Toni hat den gesamten Schaden wieder gutgemacht, weil er alle Taucherbrillen zurück bringt. Dies tat er auch, bevor die Behörden etwas von der Tat erfahren haben, sohin rechtzeitig. Außerdem agierte er ohne physischen Zwang und somit freiwillig. Toni ist dadurch straflos geworden.

Bsp 67: Strafbarkeit des Toni nach § 127 StGB: Da Toni das Geschäft nicht verlässt tritt der Erfolg des Diebstahls nicht ein, weil kein Gewahrsam gebrochen wird. Er ist daher straflos nach § 127 StGB.

Strafbarkeit des Toni nach §§ 15, 127 StGB: Toni möchte einen Diebstahl begehen (Vorsatz vorhanden), allerdings tritt der Erfolg nicht ein, weil er den Gewahrsam nicht bricht. Er setzt aber bereits eine der Ausführungshandlung unmittelbar vorangehende Handlung, nämlich das Einstecken der Brillen. Der Versuch ist auch tauglich. Die Frage ist, wie es sich auf seine Strafbarkeit auswirkt, dass er es sich anders überlegt. Dies stellt einen Rücktritt vom Versuch gem § 16 StGB dar. Der Versuch ist noch unbeendet, weil Toni weiterhandeln müsste, um den Erfolg herbeizuführen. Vom unbeendeten Versuch kann durch Aufgabe der weiteren Handlung zurückgetreten werden, das macht Toni. Weiters muss der Rücktritt freiwillig sein: Sowohl nach Frank, als auch nach Roxin handelt Toni freiwillig: Er könnte weiterhandeln, macht dies aber nicht und auch nach der Verbrechervernunft wäre ein Weiterhandeln durchaus möglich gewesen. Er tritt aber aus intrinsischen Motiven zurück. Daher ist Toni nicht nach §§ 15, 127 StGB zu bestrafen.

Bsp 68: Strafbarkeit von Anton und Leonie nach § 84 Abs 4 StGB: **Anton und Leonie handeln als Mittäter, weil beide die Tathandlung des § 84 StGB und dessen Erfolg (schwere Körperverletzung, nämlich Ralfs Rippenbrüche) herbeiführen. Dabei handeln sie gewollt und bewusst miteinander und haben Vorsatz auf den Erfolg (zumindest Eventualvorsatz).** Der Erfolg ist ihnen problemlos wechselseitig zurechenbar, und es gibt keine Rechtfertigungs- oder Schuldausschließungsgründe, sie sind strafbar.

Bsp 69: Strafbarkeit der Amy und Milena nach § 142 Abs 1, 143 Abs 1 StGB: **Amy und Milena sind Mittäterinnen und somit beide unmittelbare Täterinnen. Sie arbeiten wechselseitig und arbeitsteilig aufgrund eines gemeinsamen Tatentschlusses zusammen und sind beide an der Tathandlung „Sachwegnahme durch Gewaltandrohung" beteiligt.** Der Erfolg tritt ein: Der Gewahrsam am Geld wurde gebrochen. Außerdem wurde eine Waffe verwendet, weswegen auch die Qualifikation nach § 143 Abs 1 StGB erfüllt ist. Amy und Milena handeln auch vorsätzlich, sowohl auf die Sachwegnahme durch Drohung mit Gewalt, als auch auf die Verwendung einer Waffe. Der Erfolg ist ihnen zurechenbar, Rechtfertigungs- oder Schuldausschließungsgründe gibt es keine. Sie sind strafbar.

Strafbarkeit des Manuel nach §§ 12, 3. Fall, 142 Abs 1, 143 Abs 1 StGB: **Manuel ist zwar an der Tatplanung umfassend beteiligt gewesen, allerdings hat er bei der Tathandlung keinen Part übernommen. Deswegen ist er kein Mittäter, sondern bloßer Beitragstäter.** Er hat durch die Planung einen physischen Beitrag gesetzt, welcher auch kausal wurde, weil die beiden Frauen den Plan in der Bank benutzen konnten. Auch das Fahren des Fluchtautos war für die Tat essenziell. Manuel wusste, dass er einen Beitrag zu einem Delikt leistete, und handelte somit sowohl in Hinblick auf seine Beitragshandlung als auch in Hinblick auf die Tat vorsätzlich – wusste er auch von der Verwendung der Waffe Bescheid, so ist ihm die Qualifikation § 143 Abs 1 ebenfalls anzulasten. Er ist daher strafbar.

Bsp 70: Strafbarkeit des Aslan und des Gregor nach § 142 Abs 1 StGB: **Mangels gewollten und bewussten Zusammenwirkens ist Aslan kein Mittäter von Gregor.** Obwohl Matthias objektiv durch Gewalt Vermögen weggenommen wird, liegt kein Raub vor. Die Vorsätze des jeweils anderen müssen sich Aslan und Gregor nicht wechselseitig zurechnen lassen, weil sie bloße Nebentäter sind.

Strafbarkeit des Aslan nach § 83 Abs 1 StGB: Aslan „verprügelt" Matthias. Man kann davon ausgehen, dass keine schweren Körperverletzungen erfolgten, weil im Sachverhalt keine diesbezüglichen Indizien zu finden sind. Blaue Flecken und Prellungen zB stellen leichte Körperverletzungen dar. Aslan handelt diesbezüglich vorsätzlich, hat aber keinen Vorsatz darauf, Matthias zu bestehlen. Er ist also nur für die Folgen des „Verprügelns" strafbar, nicht aber für den Diebstahl der Geldbörse, denn Aslan ist kein Mittäter von Gregor.

Strafbarkeit des Gregor nach § 127 StGB: Die Geldbörse von Matthias ist eine fremde bewegliche Sache mit Tauschwert. Gregor hat Vorsatz darauf, sie an sich zu nehmen, und bricht dabei Matthias' Gewahrsam. Der Erfolg ist ihm zurechenbar, und es gibt keine Rechtfertigungs- oder Schuldausschließungsgründe. Es liegt aber eine Qualifikation vor: Matthias befindet sich in einer Situation der Bedrängnis, die ihn hilflos macht, welche Gregor ausnutzt. Dabei ist Gregor bewusst, dass sich Matthias in einem Zustand der Bedrängnis befindet. Er haftet daher nach §§ 127, 128 Abs 1 Z 1, letzter Fall StGB.

Bsp 71: Strafbarkeit der Chloe nach § 129 Abs 1 Z 1, Abs 2 Z 1 StGB: Die Ersparnisse der Nachbarn sind fremde bewegliche Sachen mit Tauschwert, welche Chloe als unmittelbare Täterin durch Gewahrsamsbruch an sich bringt. Dies gelingt ihr dadurch, dass sie durch eine nicht zum Eintritt geeignete Öffnung in die Wohnung dringt. Da es sich um eine Wohnstätte handelt, ist die Qualifikation aus Abs 2 anzuwenden. Chloe handelt dabei vorsätzlich und mit Bereicherungsvorsatz, weil sie die Ersparnisse selbst haben möchte, und sie hat Vorsatz, in die Wohnung der Nachbarn einzubrechen. Die Kausalität und Zurechenbarkeit sind unproblematisch. Rechtfertigungs- und Schuldausschließungsgründe gibt es keine, Chloe ist strafbar.

Strafbarkeit der Victoria nach §§ 12, 3. Fall, 129 Abs 1 Z 1, Abs 2 Z 1 StGB: **Victoria setzt durch ihre Ablenkungshandlung einen physischen Beitrag zur Tat ihrer Schwester, sie ist also Beitragstäterin.** Dabei ist ihr bewusst, dass sie Chloe zu einem Delikt verhilft, und sie handelt auch in Hinblick auf den Diebstahl vorsätzlich. Der Beitrag wurde kausal, denn die Nachbarin ließ sich ablenken. Victoria ist daher für den Diebstahl ebenfalls strafbar.

Bsp 72: Strafbarkeit des Andy nach § 129 Abs 1 Z 1, Abs 2 Z 1 StGB: Jeremys Uhr ist eine fremde bewegliche Sache mit Tauschwert, an welcher Andy Gewahrsam bricht. Er eignet sich diese zu, nachdem er durch das Fenster ins Haus einsteigt. Dabei handelt er mit Vorsatz und erweitertem Vorsatz, nämlich Bereicherungsvorsatz, weil er sich an der Uhr bereichern will. Kausalität und Zurechenbarkeit sind unproblematisch, Rechtfertigungs- und Schuldausschließungsgründe gibt es keine. Andy ist strafbar.

Strafbarkeit des Lukas nach §§ 12, 3. Fall, 129 Abs 1 Z 1, Abs 2 Z 1 StGB: **Lukas leistet einen Beitrag zum Diebstahl (Beitragstäter), weil er Andy die Leiter borgt (physischer Beitrag).** Das Borgen einer Leiter ist eine sozialadäquate Handlung. Es kommt nun darauf an, ob Lukas wusste, dass Andy damit ein Delikt begehen will. Hielt er dies zumindest ernstlich für möglich und hat die Leiter dennoch aus der Hand gegeben, hat er sich dadurch strafbar gemacht. (AA *Fuchs* möchte bei sozialadäquaten Beitragshandlungen Wissentlichkeit darüber, dass die Handlung ein Delikt fördert). Hat Lukas nicht geahnt, dass Andy mit der Leiter einen Einbruchsdiebstahl verüben möchte, ist er straflos.

Bsp 73: Strafbarkeit der Aurelia und des Paul nach § 75 StGB: **Aurelia und Paul sind Mittäter, weil sie aufgrund eines gemeinsamen Tatentschlusses wechselseitig und gemeinsam an der Tathandlung „töten" beteiligt sind** und so den entsprechenden Erfolg zurechenbar herbeiführen: Diego ist tot. Aurelia und Paul handeln vorsätzlich. Kausalität ist unproblematisch, Rechtfertigungs- oder Schuldausschließungsgründe bestehen keine. Aurelia und Paul sind für Mord strafbar.

Bsp 74: Strafbarkeit der Susi nach § 125 StGB: **Susi ist unmittelbare Täterin** der Sachbeschädigung, weil sie allein die Tathandlung setzt und den Buddha erfolgreich zerstört. Dabei handelt sie vorsätzlich, weil es ihr gerade darauf ankommt, den Buddha zu zerstören. Sie handelt nicht gerechtfertigt, und ihre Schuldfähigkeit ist zu bejahen. Susi ist daher strafbar.

Strafbarkeit des Bernd nach §§ 12, 2. Fall, 125 StGB: **Bernd hat Susi dazu bestimmt, eine Sachbeschädigung zu begehen (Bestimmungstäter). Dabei war er mit seiner Bestimmungshandlung erfolgreich: Susi hat sich bestimmen lassen. Bernd hat**

mit Vorsatz auf die Tat und mit Vorsatz darauf, dass er Susi zu der Tat bestimmt, gehandelt. Er ist für die Sachbeschädigung ebenfalls zu bestrafen.

Bsp 75: Strafbarkeit der Susi nach § 125 StGB: Susi weigert sich, die Tat zu begehen, sie ist daher straflos.

Strafbarkeit des Bernd nach §§ 15, 12, 2. Fall, 125 StGB: **Bernd hat versucht, Susi zu einer Straftat zu überreden. Dadurch hat er sich selbst bereits strafbar gemacht. Auch die versuchte (und missglückte) Bestimmung einer anderen Person zu einer Straftat ist strafbar.** Da Bernd bei der Bestimmung auch vorsätzlich agiert hat, hat er sich nach §§ 15, 12, 2. Fall, 125 StGB der versuchten Bestimmung zur Sachbeschädigung strafbar gemacht.

Bsp 76: Strafbarkeit der Susi nach § 125 StGB: **Susi ist unmittelbare Täterin** der Sachbeschädigung, weil sie allein die unmittelbare Tathandlung setzt und den Buddha erfolgreich zerstört. Dabei handelt sie vorsätzlich, weil es ihr gerade darauf ankommt, den Buddha zu zerstören. Sie handelt nicht gerechtfertigt, daher rechtswidrig und auch ihre Schuldfähigkeit ist zu bejahen. Susi ist daher strafbar.

Strafbarkeit des Bernd nach §§ 15, 12, 2. Fall, 125 StGB: **Bernd hat versucht, Susi zu einer Straftat zu überreden. Susi war aber bereits selbst davon überzeugt, dieselbe Straftat zu begehen („omnimodo facturus"). Jemand, der bereits entschlossen ist, eine Tat auszuführen, kann nicht mehr bestimmt werden. Aber auch die versuchte Bestimmung einer anderen Person zu einer Straftat ist strafbar. Da Bernd auch bei der Bestimmung vorsätzlich agiert hat, hat er sich nach §§ 15, 12, 2. Fall, 125 StGB der versuchten Bestimmung zur Sachbeschädigung strafbar gemacht.**

Bsp 77: Strafbarkeit des Albrecht nach §§ 15, 125 StGB: **Albrecht möchte selbst, also als unmittelbarer Täter, eine Sachbeschädigung begehen**. Der Erfolg bleibt aus, weil er erwischt wird, ehe er sprayen kann. Er hat aber bereits eine ausführungsnahe Handlung gesetzt, weil er nur mehr hätte „abdrücken" müssen. Sein Versuch ist tauglich, aber fehlgeschlagen, denn er wurde erwischt. Ein strafbefreiender Rücktritt liegt also nicht vor. Albrecht ist strafbar.

Strafbarkeit des Benjamin und der Dorothea nach §§ 12, 3. Fall, 15, 125 StGB: **Durch das Schmierestehen fördern Benjamin und Dorothea die Tat, sind also Beitragstäter**. Beide handeln mit Vorsatz, sowohl auf die Tat als auch auf ihren Beitrag. Es handelt sich dabei um einen Beitrag zum Versuch, dieser ist strafbar.

Bsp 78: Strafbarkeit des Bernhard nach § 127 StGB: Bernhard begeht keinen Diebstahl, daher ist er straflos.

Strafbarkeit der Chiara nach §§ 15, 12, 3. Fall, 127 StGB: Chiara möchte sich an einem Diebstahl beteiligen, indem sie ihn durch das Werkzeug fördert. Dabei handelt es sich um einen physischen Tatbeitrag. Allerdings kommt es nie zur Tat, der Beitrag gelingt also nicht. **Obwohl Chiara ihren Beitrag vorsätzlich gesetzt hat, bleibt sie nach § 15 Abs 2 StGB e contrario straflos, weil ein versuchter Beitrag straflos ist.**

Bsp 79: Strafbarkeit des Gabor nach §§ 2, 75 StGB: **Gabor schädigt seine Gattin am Körper durch das Unterlassen sie aus dem Wasser zu ziehen. Er ist durch vertragliche Pflichtenübernahme (Ehe § 90 ABGB) Garant für seine Ehefrau.** Erfolg ist eingetreten, wenn sie stirbt, sonst wäre Versuch zu prüfen. Subjektiver Tatbestand: **Gabor hat Vorsatz auf den Erfolg und Vorsatz auf seine Garantenstellung.** Objektive Zurechnung: Zunächst ist hier die **Quasikausalität** zu prüfen: **Bei Hinzudenken der gebotenen Handlung (aus dem Wasser ziehen) wäre der Erfolg (Tod) mit an Sicherheit grenzender Wahrscheinlichkeit entfallen.**
Adäquanz, Risikozusammenhang Risikoerhöhung gegenüber rechtmäßigem Alternativverhalten ist unproblematisch.

Das Gleichwertigkeitskorrektiv ist erfüllt. Es gibt keine Rechtfertigungs- oder Schuldausschließungsgründe, insbesondere ist die gebotene Handlung zumutbar. Gabor ist strafbar.

Bsp 80: Strafbarkeit des Partygasts nach § 88 Abs 1 StGB: Da das Kind unverletzt geblieben ist, fehlt der deliktsspezifische Erfolg.

Strafbarkeit nach § 94 Abs 1 StGB: Er hat das Kind ins Wasser gestoßen, dabei jedoch nicht verletzt und auch nicht an der Gesundheit geschädigt. Eine Strafbarkeit nach § 94 Abs 1 scheidet daher aus (anderes müsste im Sachverhalt stehen, bspw, dass das Kind bereits untergegangen war oder durch die Kälte des Wassers Erfrierungen erlitten habe!).

Strafbarkeit nach § 95 Abs 1 StGB: **Es liegt ein Unglücksfall vor, da eine konkrete Gefährdung für Leib und Leben des Kindes besteht. Hilfe ist offensichtlich erforderlich, möglich und wäre dem Partygast auch zumutbar gewesen, dennoch unterlässt er sie vorsätzlich. Er ist daher strafbar.**

Strafbarkeit nach § 2, 15, 75: **Garantenstellung ist kraft Ingerenz (gefahrenbegründendem Vorverhalten) gegeben, weil er das Kind erst in die gefährliche Lage gebracht hat. Der Erfolg, Tod des Kindes, ist nicht eingetreten, da es gerettet werden konnte. Der Partygast hatte wohl zumindest Eventualvorsatz auf dessen Tod, weil er es ernstlich für möglich gehalten haben muss, dass das Kind ertrinkt und sich damit abfand und trotzdem wegging. Das Weggehen stellt auch eine taugliche Ausführungshandlung dar, da das Kind durchaus hätte ertrinken können. Der Versuch ist jedoch fehlgeschlagen. Strafbarkeit besteht.**

Paragraphenverzeichnis

Stichwortverzeichnis

Falllösungverzeichnis

Das vorliegende Lehrbuch bietet einen Überblick über Systematik und Inhalt des österreichischen Strafrechts. Die komprimierte Darstellung ermöglicht gleichsam einen raschen Zugang und einen kompakten Überblick. Ein Schwerpunkt liegt dabei auf konkreten Beispielen, welche den Lesern das Verständnis auch komplexer Bereiche erleichtern sollen.

- umfasst den **Allgemeinen Teil 1** des Strafrechts
- kompakter Überblick über den **Aufbau** der verschiedenen **Falllösungsschemata**
- **80 Kurzfälle samt Lösungen**
- zahlreiche **Exkurse für Fortgeschrittene**
- ideale Vorbereitung für die **Übung** und die **Modulprüfung**
- **Glossar** für ein rasches Nachschlagen von Begriffen

Katharina Köberl promovierte 2018 im Bereich des Medizinstrafrechts und war Universitätsassistentin am Institut für Straf- und Strafprozessrecht in Wien. Sie ist mittlerweile in einem Informationsdienstleistungsunternehmen tätig und publiziert regelmäßig im Straf- und Medizinrecht, worin sie auch Vorträge hält.

Marek Sitner arbeitet in einer Rechtsanwaltskanzlei in 1010 Wien, ist Doktorand im Bereich des Medizinstrafrechts, Autor zahlreicher Fachpublikationen und hält Kurse und Vorträge im Bereich des Straf- und Strafprozessrechts.

ISBN 978-3-7089-2039-9

9 783708 920399

facultas.at

Katharina Köberl

Marek Sitner

Strafrecht Allgemeiner Teil

Glossar

Katharina Köberl
Marek Sitner

Strafrecht Allgemeiner Teil
Glossar

facultas

Bibliografische Information Der Deutschen Bibliothek

Die Deutsche Nationalbibliothek verzeichnet diese Publikation in der Deutschen Nationalbibliografie; detaillierte bibliografische Daten sind im Internet über http://dnb.d-nb.de abrufbar.

1. Auflage 2020

facultas Universitätsverlag, 1050 Wien, Österreich
Satz: Wandl Multimedia-Agentur
Druck: Facultas AG
Printed in EU
Beilage zu Köberl/Sitner: Starthilfe Strafrecht, 3. Aufl., 2020
ISBN 978-3-7089-2039-9

Liebe Leserin, lieber Leser!

Das nachfolgende Glossar stellt die wichtigsten strafrechtlichen Begriffe des allgemeinen Teiles in alphabetischer Reihenfolge dar.

Auf Grund unserer Erfahrung, die wir im Rahmen unserer *Jus-Starthilfe.at* Rechtskurse und den bisherigen Lehrbüchern *Starthilfe Strafrecht* und *Starthilfe Strafprozessrecht* sammeln konnten, haben wir es uns zum Ziel gesetzt, Unklarheiten durch eine gezielte Stichwortsuche schnell zu beseitigen. Gerade im Strafrecht ist es enorm wichtig, gewisse Worte voneinander unterscheiden zu können und die entsprechenden Definitionen zu beherrschen. Man denke hierbei nur an die unterschiedlichen Rechtsfolgen eines *error in persona vel objecto* und eines *aberratio ictus,* obwohl beide Fälle auf den ersten Blick ähnlich wirken können.

Aus diesem Grund beginnt fast jedes in Folge angeführte Wort mit einem Fallbeispiel. Darauf folgt eine kurze, verständliche Erklärung dieses Wortes und die Anführung einer Definition. Sollte die Notwendigkeit bestanden haben, wurden Schlagworte, die sich an anderer Stelle im Buch wiederfinden in einer **rosa** Schriftart geschrieben.

Zusätzlich zu dem Lehrbuch *Starthilfe Strafrecht* bildet das vorliegende Glossar eine ideale Ergänzung und es sollten daher beide Bücher im Idealfall gemeinsam studiert werden, wobei sich das Glossar auch im Nachhinein als Nachschlagewerk eignet.

Bei Fragen zu unseren Lehrbüchern, den Prüfungsvorbereitungskursen, zum vorliegenden Glossar oder für Feedback stehen wir unter

strafrecht@jus-starthilfe.at

jederzeit zur Verfügung.

Viel Erfolg,

Dr. iur. Katharina Köberl
Mag. iur. Marek Sitner

Aberratio ictus

Bsp: *A schießt auf B. B duckt sich im richtigen Moment und die Kugel trifft den Passanten C.*

Der *aberratio ictus* (dt: Abirrung des Schlages) beschreibt eine Situation, bei welcher der Täter das konkret vor ihm befindliche Opfer angreifen möchte, jedoch der Erfolg – aus welchem Grund auch immer – nicht beim Opfer eintritt, sondern bei einem unbeteiligten Dritten. Wichtig ist, den aberratio ictus vom **error in persona vel objecto** zu unterscheiden. Beim *aberratio ictus* könnte das vom Täter auserkorene Opfer tatsächlich getroffen werden und es liegt keine Verwechslung vor. Beim *error in persona vel objecto* verwechselt der Täter das auserkorene Opfer mit einem anderen Tatobjekt (näheres siehe *error in persona vel objecto*).

Zur Lösung des aberratio ictus ist daher zwischen dem auserkorenen und dem getroffenen Tatobjekt zu differenzieren.

Beim auserkorenen Opfer bleibt der Erfolg aus, obwohl der Täter vollen Tatbildvorsatz hat. Der Angriff auf das auserkorene Opfer stellt eine taugliche **Ausführungshandlung** dar und es ist der entsprechende Versuch als fehlgeschlagen zu beurteilen. Der Täter ist daher für den Versuch strafbar.

Beim tatsächlich getroffenen Objekt ist das entsprechende Fahrlässigkeitsdelikt (etwa § 88 Abs 1 StGB) zu prüfen.

Der Täter ist beim aberratio ictus also im Ergebnis für zwei Delikte zu bestrafen: Beim auserkorenen Opfer kommt eine Versuchsstrafbarkeit auf Grund eines fehlgeschlagenen Versuchs in Betracht, während für den eingetretenen Erfolg beim tatsächlich getroffenen Opfer eine Fahrlässigkeitsprüfung durchzuführen ist.

Absichtlichkeit

Bsp: *A schlägt B auf den Oberarm, um diesen zu brechen.*

Im Rahmen der subjektiven Tatseite bei der Prüfung eines Vorsatzdeliktes kommen im Wesentlichen drei Vorsatzarten (Eventual-, Wissentlichkeits- und Absichtlichkeitsvorsatz) in Frage. Die stärkste Vorsatzform ist die Absichtlichkeit gemäß § 5 Abs 2 StGB. Hierbei kommt es dem Täter geradezu darauf an, den entsprechenden Erfolg herbeizuführen. Manche Delikte verlangen gerade diese Absichtlichkeit (vgl § 87 StGB; § 108 StGB etc).

Bei der Beurteilung eines Sachverhaltes kann der Absichtlichkeitsvorsatz an der Wortfolge „um … zu …“ erkannt werden. Ergeben sich aus dem Sachverhalt keine Hinweise auf einen Absichtlichkeits- oder **Wissentlichkeitsvorsatz** und erfordert das geprüfte Delikt keine spezielle Vorsatzform, so genügt der **Eventualvorsatz**. Nur wenn das Delikt explizit von Absichtlichkeit spricht, ist diese ausführlich zu prüfen.

Adäquanz

Bsp: *A wirft ein Buch aus dem Fenster. B, der gerade am Fenster vorbei geht, wird vom Buch am Kopf getroffen und erleidet eine Kopfverletzung.*

Ein Täter haftet nur für jene Erfolge, die auch seinem Handeln zugerechnet werden können. Die Zurechnung umfasst im Wesentlichen die **Kausalität** und die **normative Zurechnung.** Bei dieser stellt sich im ersten Schritt die Frage, ob der Eintritt des geschehenen Erfolges auf Grund der vom Täter gesetzten Handlung innerhalb der Lebenserfahrung gelegen ist.

An Hand des Einstiegsbeispiels ist daher zu prüfen, ob eine Kopfverletzung auf Grund eines aus dem Fenster fallenden Buches innerhalb der Lebenserfahrung liegt. Denn nur Erfolge, welche nach der Lebenserfahrung erwartet werden können, sollen der Handlung des Täters zugerechnet werden.

Diesbezüglich ist zu beachten, welcher Umfang an Lebenserfahrung heranzuziehen ist. Zu denken wäre etwa an die Lebenserfahrung des Täters, des Opfers oder der Gesellschaft als Ganzes. Im Strafrecht haben sich zwei Konzepte herausgearbeitet. Eine Seite vertritt die Ansicht, dass der Erfolg innerhalb „jeglicher" Lebenserfahrung liegen muss. Die andere Ansicht vertritt die Meinung, dass der Erfolge innerhalb einer „gewöhnlichen" Lebenserfahrung liegen muss. Erstere Ansicht führt zur Bejahung der Adäquanz in praktisch allen Fällen, da selten etwas außerhalb jeglicher Lebenserfahrung ist.

Tipp für Studierende: Anzuführen sind jedenfalls beide Ansichten und es kommt im Rahmen der Falllösung auf die Argumentation an, wobei darauf zu achten ist, nicht überschießend die Adäquanz zu verneinen. Eher sollte daher der Ansicht „jegliche" Lebenserfahrung gefolgt werden.

Akzessorietät, qualitative

Die Problematik der qualitativen Akzessorietät setzt sich damit auseinander, ob jemand Bestimmungstäter sein kann, wenn der unmittelbare Täter keinen Vorsatz hat. Dazu gibt es zwei Ansichten, die **Einheitstäterlehre** und das **Teilnahmesystem**.

Alic

Bsp: *A betrinkt sich auf über 3 Promille, um den Mut zu haben, B zu verprügeln.*

Die *actio libera in causa* ist ein strafrechtliches Konzept, das die Straffreiheit von jenen Tätern verhindern möchte, die sich in den zurechnungsunfähigen Zustand versetzt haben, um in diesem Zustand ein Delikt zu begehen.

Dabei werden 2 Formen der Alic unterschieden. Bei der vorsätzlichen alic versetzt sich der Täter vorsätzlich in einen zurechnungsunfähigen Zustand, obwohl er hätte vorhersehen können oder müssen, dass er in diesem Zustand ein bestimmtes Delikt begehen wird. Bei der fahrlässigen alic versetzt sich der Täter fahrlässig in den zurechnungsunfähigen Zustand, obwohl er hätte vorhersehen können oder müssen, dass er in diesem Zustand ein bestimmtes Delikt begehen wird.

Im Ergebnis ist der Täter trotz Vorliegen eines zurechnungsunfähigen Zustandes nach dem Delikt zu bestrafen, das er tatsächlich begangen hat.

Alternative Kausalität

Bsp: *A und B vergiften unabhängig voneinander C. Jede der beiden Giftmengen hätte bereits den Tod herbeigeführt.*

Kausalitätsfragen werden in der Regel mit der **conditio-sine-qua-non Formel** gelöst. Bei Fällen der alternativen Kausalität würde jedoch nach dieser Eliminationsmethode (wenn man sich die Handlung von A oder B wegdenkt) der Tod des C nicht entfallen und weder A noch B wären daher kausal. Ergebnis wäre daher die Straffreiheit von A und B. Die csqn-Formel ist daher in diesem Fall nicht befriedigend.

Deswegen zieht man für solche Fälle statt der csqn-Formel die „**Formel der gesetzmäßigen Bedingung**“ heran. Demnach ist, wenn sich an eine Handlung nach allgemeiner oder sachverständiger Erfahrung ein Ergebnis angeschlossen hat, das mit der Handlung in einem naturgesetzlichen Zusammenhang steht und Bestandteil eines strafrechtlichen Erfolges ist, diese Handlung auch als kausal anzusehen.

Eine Frage der alternativen Kausalität liegt jedoch nur dann vor, wenn beide Handlungen auch den Tod zur Folge haben könnten. Verabreicht A statt Gift etwa Zucker und B unabhängig davon Gift und lässt sich im Nachhinein nicht feststellen ob A oder B das Gift verabreicht hat, dann ist in dubio pro reo vorzugehen und beide Täter wären freizusprechen.

Anhalterecht Privater (§ 80 Abs 2 StPO)

Das Anhalterecht Privater erlaubt Zivilpersonen in Situationen einzugreifen und einen Täter festzuhalten. Voraussetzung ist, dass der Täter gerade eine strafbare Handlung begeht oder diese unmittelbar davor begangen hat, bzw dass nach ihm gefahndet wird. Erlaubt ist jedes Festhalten, das ex ante keine schweren Körperverletzungen befürchten lässt. Auch muss die Anhaltehandlung auf verhältnismäßige Art und Weise erfolgen und es muss das nächst erreichbare Organ des öffentlichen Sicherheitsdienstes benachrichtigt werden.

Bei Vorliegen aller Voraussetzungen ist das Anhalterecht Privater ein **Rechtfertigungsgrund** und daher auf der Ebene **Rechtswidrigkeit** zu prüfen.

Asthenischer Affekt

Bsp: *A wird vom Täter B mit dem Umbringen bedroht. A ist jedoch mit einer Waffe bewaffnet. Er könnte dem Angriff entkommen, wenn er mit der Waffe in Bs Bein schießt. Aus Angst zielt A auf den Kopf von B, drückt ab und B stirbt an diesem Kopfschuss.*

Eine Handlung wird aus asthenischem Affekt gesetzt, wenn sie aus Angst, Trauer oder Bestürzung passiert. Im Strafrecht spielt dies insbesondere bei der Notwehr und hierbei bei der Notwehrüberschreitung eine Rolle.

Notwehrüberschreitung aus asthenischem Affekt ist demnach gegeben, wenn ein Exzess aus Angst, Trauer oder Bestürzung gesetzt wird. Handlungen aus asthenischem Affekt sind für die Beurteilung der Strafbarkeit von Handlungen aus **sthenischem Affekt** abzugrenzen. Nur bei Vorliegen einer Handlung aus asthenischem Affekt ist der Täter für sein Verhalten entschuldigt (dogmatisch wird die Notwehrüberschreitung als Schuldmerkmal eingestuft).

Ausführungshandlung und ausführungsnahe Handlung

Bsp: *A möchte eine Bank ausrauben und wartet im Busch vor der Filiale auf den richtigen Moment. Da dieser nicht eintritt, verlässt der sein Versteck und gibt die Tat auf.*

Im Rahmen der Versuchsstrafbarkeit ist zunächst die Frage zu beantworten, ob ein Täter überhaupt ins Versuchsstadium getreten ist. Vorbereitungshandlungen sind (sofern nicht ein eigenes Delikt normiert ist) straflos. Der Täter tritt ins Versuchsstadium ein, wenn er zumindest eine ausführungsnahe Handlung setzt. Aus diesem Grund ist es wichtig, die ausführungsnahe Handlung von der reinen Vorbereitungshandlung einerseits und von der Ausführungshandlung andererseits abzugrenzen.

Ausführungshandlung ist jene Handlung, die der Tathandlung gleichkommt. Während die Tathandlung beim erfolgreichen Delikt direkt in den Erfolg mündet, ist die Ausführungshandlung also jene Handlung die dies sollte.

Der Ausführungshandlung geht unmittelbar die **ausführungsnahe Handlung** voran. Diese kennzeichnet sich dadurch, dass sich der Täter in unmittelbarer zeitlicher und örtlicher Nähe zur Tat befindet, auch aktionsmäßig in der Nähe ist (es dürfen sohin keine weiteren Zwischenschritte zur Ausführungshandlung mehr notwendig sein) und die psychologische Hemmschwelle bereits überschritten wurde.

Die ausführungsnahe Handlung mündet also nahtlos in die Ausführungshandlung, die wiederum nahtlos in den Erfolg gemündet hätte, wäre das Delikt erfolgreich gewesen.

Bagatellnotwehr (Unfugabwehr)

Bsp: *Der Taschendieb A möchte von X EUR 10,00 aus der Tasche ziehen. Als X dies bemerkt zückt sie eine Waffe und schießt A in den Kopf.*

Bei der Bagatellnotwehr liegt ein gegenwärtiger oder unmittelbar drohender menschlicher rechtswidriger Angriff auf ein notwehrfähiges Rechtsgut in einem geringen Ausmaß vor.

Dieser geringe Nachteil wird in der Lehre unterschiedlich bewertet:

Fuchs: unter 1000 €

Lewisch: unter 250 €

Höpfel: unter 100 €

In dieser Sonderkonstellation darf der Angegriffene sich sodann nur auf *angemessene* Art und Weise verteidigen.

Hinweis: Nur bei der Bagatellnotwehr hat die Verteidigungshandlung im Verhältnis zum Angriff *angemessen* zu sein. Ansonsten muss die Verteidigungshandlung lediglich *notwendig* und das *schonendste* Mittel sein, um den Angriff sofort und endgültig abzuwenden.

Beendeter Versuch

Bsp: *A möchte B mittels eines gezielten Faustschlages töten. A holt aus und trifft B im Gesicht. B stirbt jedoch nicht. A bekommt Mitleid und ruft die Rettung.*

Im Rahmen der Versuchsprüfung und der Frage eines möglichen **Rücktrittes** vom Versuch ist zunächst die Feststellung zu treffen, ob eine Versuchshandlung beendet oder unbeendet ist.

Beim beendeten Versuch hat der Täter alles getan, um den Erfolg herbeizuführen. Der Erfolg würde bei bloßem Zuwarten eintreten. In diesem Fall braucht es einen **contrarius actus** des Täters, damit dieser nach § 16 StGB straffrei werden kann: Der Täter muss freiwillig den Erfolg abwenden.

Tritt der Erfolg trotz aller Bemühungen des Täters dennoch ein, haftet dieser für das vollendete Delikt

Beitrag zum Versuch

Bsp: *A borgt B einen Totschläger, da B den X töten möchte. B schlägt auch tatsächlich auf X ein, jedoch überlebt dieser.*

Bei der Frage der Strafbarkeit von A muss zunächst die Strafbarkeit vom **unmittelbaren Täter** B beurteilt werden. B ist ins Versuchsstadium getreten, jedoch ist sein Versuch **fehlgeschlagen**. A hat daher einen Beitrag zum Versuch gesetzt.

Beim Beitrag zum Versuch ist also der unmittelbare Täter ins Versuchsstadium gekommen, die Tat ist aber letztendlich gescheitert. Der Beitrag zum Versuch ist strafbar.

Begleitender Beobachter = Eindruckstheorie

Bsp: *A möchte eine Bank ausrauben. Er betritt die Bankfiliale und schreit „Geld her!". Zu diesem Augenblick wusste er nicht, ist, dass diese Bankfiliale zum Zeitpunkt des Überfalls renoviert wird, weshalb kein Geld gelagert wird.*

Für die Beurteilung der Versuchsstrafbarkeit ist das Vorliegen eines *„tauglichen Versuchs"* zwingend notwendig. Im gegenständlichen Beispielfall befindet sich in der Bankfiliale zum Zeitpunkt des Überfalls kein Geld.

Die Frage, ob ein Versuch tauglich ist, wird in der Rsp und Lehre unterschiedlich beantwortet. Die drei herrschenden Ansichten sind: Objektiv ex-ante, objektiv ex-post sowie die Theorie des begleitenden Beobachters. Liegt eine **Untauglichkeit des Objekts** vor, werden alle drei Theorien geprüft. Bei einer **Subjektsuntauglichkeit** wird stets nur **objektiv ex-ante** geprüft (weshalb man im Ergebnis nahezu immer einer absoluten Untauglichkeit des Versuches gelangt), bei Untauglichkeit der Handlung wird objektiv ex- ante sowie nach dem begleitenden Beobachter geprüft, eine **objektive ex-post** Prüfung entfällt hierbei.

Die Theorie zur Beurteilung der Tauglichkeit eines Versuches unter Hinzunahme eines begleitenden Beobachters wurde von *Burgstaller* entwickelt. Man stellt sich einen begleitenden Beobachter vor, der neben dem Täter ist und genauso viel sieht wie er, aber dessen Defizite nicht hat und über ein Durchschnittswissen verfügt. Würde dieser begleitende Beobachter denken, dass der vom Täter gesetzte Versuch möglich ist, handelt es sich um einen relativ untauglichen Versuch. Ein solcher ist strafbar. Denkt der begleitende Beobachter aber nicht, dass der Versuch erfolgreich sein könnte, ist der Versuch absolut untauglich und straflos.

Im gegenständlichen Fall hätte daher der begleitende Beobachter wohl denselben Eindruck wie der Täter und hielte es für möglich, dass sich in der Bankfiliale Geld befindet. Der Versuch wäre daher als nur relativ untauglich und somit als strafbar zu beurteilen.

Bestimmung

Bsp: *A gibt dem Auftragsmörder B den Auftrag X umzubringen.*

Nach der österreichischen Rechtsordnung ist nicht nur der unmittelbare Täter, der die strafbare Handlung begeht, strafbar, sondern auch jeder, der einen anderen dazu bestimmt oder dazu beiträgt, sie auszuführen.

Die Bestimmung eines anderen wird unter § 12, 2. Fall StGB beschrieben.

Eine Bestimmung ist strafbar, unabhängig davon, ob der unmittelbare Täter in die Deliktsbegehung einwilligt oder von vorneherein ablehnt.

A wäre im angeführten Beispiel also nach § 12, 2. Fall, 75 strafbar, egal ob B den Auftrag annimmt, oder nicht.

CSQN Formel

Siehe Eliminationsmethode

Contrarius actus

Bei der Prüfung der Frage, ob ein Täter für einen von ihm gesetzten Versuch wieder straflos werden kann, ist zunächst zwischen einem beendeten und einem unbeendeten Versuch zu unterscheiden.

Bei einem **beendeten Versuch** muss der Täter, um straffrei zu werden, einen sogenannten contrarius actus setzen. Der contrarius actus ist eine aktive Handlung um den sonst eintretenden Erfolg abzuwenden, zB erste Hilfe Maßnahmen.

Doppelt bedingte Fahrlässigkeitsprüfung

Die doppelt bedingte Fahrlässigkeitsprüfung findet sich im Strafrecht in zahlreichen Konstrukten wieder. So ist beispielsweise im Fall der Prüfung der **irrtümlichen Annahme eines rechtfertigenden Sachverhaltes** (nach Prüfung der hypothetischen Rechtfertigungssituation und der hypothetischen Rechtfertigungshandlung) auch die doppelt bedingte Fahrlässigkeitsprüfung vorzunehmen. Ein anderer Anwendungsfall der doppelt bedingten Fahrlässigkeitsprüfung ist ein **Tatbildirrtum**.

Die doppelt bedingte Fahrlässigkeitsprüfung besteht aus zwei Prüfungsschritten (daher „doppelt").

Es ist einerseits darauf zu achten, ob ein äquivalentes Fahrlässigkeitsdelikt normiert wurde (so zB zu § 75 StGB § 80 StGB oder zu § 83 StGB der § 88 StGB).

Ferner ist sodann die Frage zu beantworten, ob ein sorgfaltsgemäßer Mensch ebenfalls geirrt hätte. Hätte der Maßmensch nicht geirrt, beruhte der Irrtum des Täters auf Fahrlässigkeit. Der Täter muss sich nämlich am Maßstab eines Maßmenschen messen lassen. Nur wenn diesem derselbe Irrtum unterlaufen wäre, handelt er nicht fahrlässig.

Wenn es im Ergebnis ein fahrlässiges Delikt gibt und der maßgerechte Mensch nicht geirrt hätte, der Irrtum also fahrlässig war, kann der Täter nach dem Fahrlässigkeitsdelikt bestraft werden – andernfalls (sohin wenn einer der beiden Schritte nicht erfüllt ist) ist der Täter straflos.

Durchbrechung des Risikozusammenhanges

Bsp: *A übersieht mit seinem KFZ den Fußgänger X. X bleibt verletzt am Boden liegen und wird von der Rettung abtransportiert. Der behandelnde Notarzt C verwechselt die Einheiten mg und g und X erhält statt 15mg Schmerzmittel 15g Schmerzmittel intravenös. X stirbt daran.*

Insbesondere bei Fahrlässigkeitsdelikten muss man zusätzlich zur **Kausalität** auch die normative Zurechnung (**Adäquanz**, Risikozusammenhang sowie **Risikoerhöhung gegenüber rechtmäßigen Alternativverhalten**) prüfen. Auf der Ebene des Risikozusammenhanges ist zu fragen, ob der eingetretene Erfolg im Schutzzweck der Norm liegt. Sollte dies der Fall sein, so ist noch zu prüfen ob dieser Risikozusammenhang nicht durch eine später eintretende Handlung durchbrochen wurde.

Der Risikozusammenhang wird so uA durchbrochen bei nachträglichem, grob fahrlässigen oder vorsätzlichem Handeln eines Dritten, grob unvernünftigem (nach der Judikatur: schlechthin unbegreiflichem) Fehlverhalten des Opfers selbst, **freiwilliger Selbstgefährdung**, nachträglichem Verhalten des Täters mit eigenem erlebnismäßigem Gewicht, Verwirklichen eines allgemeinen Lebensrisikos und Schaulustigen.

Zur detaillierten Beurteilung der Durchbrechung des Risikozusammenhanges sh Starthilfe Strafrecht Kapitel 4.2.

Echte Unterlassungsdelikte

Das StGB kennt zwei Arten von Unterlassungsdelikten. Die echten Unterlassungsdelikte (etwa §§ 94, 95, 286 StGB) sind eigene Normen, welche eine unterlassene Handlung unter Strafe stellen. Im Gegensatz dazu normiert § 2 StGB, dass grundsätzlich jedes Delikt (unter gewissen Voraussetzungen) durch Unterlassen begangen werden kann (**unechte Unterlassungsdelikte**).

Ist sohin bereits im Delikttext das Unterlassen beschrieben, spricht man von einem echten Unterlassungsdelikt. Dieses benötigt keine Garantenstellung des Täters und auch die Prüfung der Zurechenbarkeit entfällt, weil bereits das Unterlassen für sich genommen eine Strafbarkeit begründet.

Eliminationstheorie

Bsp: *A schießt auf X. Bevor er von der Pistolenkugel getroffen wird, stirbt er an einer in seinem Rachen stecken gebliebenen Fischgräte.*

Zur Frage ob der Erfolg zu einer bestimmten Handlung zurechenbar ist, gibt es mehrere Formeln. Am Wichtigsten ist, neben der **Formel der gesetzmäßigen Bedingung**, die conditio sine qua non – Formel (auch Eliminationstheorie genannt).

Diese besagt, dass **Kausalität** besteht, wenn der konkrete Erfolg mit an Sicherheit grenzender Wahrscheinlichkeit entfallen würde, wenn man sich die Handlung des Täters wegdenkt. Im genannten Beispiel wäre A daher nicht nach § 75 StGB strafbar, da X auch dann stirbt, wenn man sich A wegdenkt.

Einheitstäterlehre

Bsp: *A erzählt B, dass er eine Schreckschusspistole gekauft hat und fragt ihn, ob er Spaßes halber damit einmal auf seine nervende Schwester zielen möchte. B zielt und erschießt die C, wie A von Anfang an geplant hatte. Die Pistole war nämlich eine echte.*

Nach der Einheitstäterlehre haftet jeder für sein eigenes Unrecht, weswegen ein Bestimmungstäter für seine Bestimmung strafbar sein kann, unabhängig davon, ob der von ihm bestimmte unmittelbare Täter Vorsatz hatte, oder nicht.

Ist A daher Bestimmungstäter, und B hat keinen **Vorsatz**, ist er nach der Einheitstäterlehre strafbar nach §§ 12, 2. Fall, weil er für seine **Bestimmung** unabhängig von B haftet.

Einlassungsfahrlässigkeit

Siehe **Übernahmefahrlässigkeit**

Einwilligung (§ 90)

Bsp: *A ist Fahrer eines KFZs. B ist Beifahrer. A fährt gerne zu schnell und sagt auch diesmal, dass er mit 200 km/h fahren werde. B stimmt zu. In einer Kurve verliert A die Kontrolle und A und B werden schwer verletzt.*

Eine Einwilligung des Opfers in die Tat kann als **Rechtfertigungsgrund** wirken. Die Einwilligung kann sich auf eine Handlung oder einen Erfolg beziehen.

Unabhängig davon, ob in die Handlung oder den Erfolg eingewilligt wird, darf nicht gegen die guten Sitten verstoßen werden. ***Außerdem*** (nach Fuchs darf nur beides zusammen nicht vorliegen) darf der Erfolg nicht schwerer als eine leichte Körperverletzung sein. Zu beachten ist auch, dass nicht in jegliche Rechtsgutverletzung eingewilligt werden kann. So sind nämlich nicht alle Rechtsgüter in der Dispositionsfreiheit eines Menschen, bspw in die Verletzung der Rechtspflege kann nicht eingewilligt werden.

Eine Einwilligung kann jederzeit zurückgezogen werden.

Bei einem redlichen Zweck kann auch der Tod durch eine Einwilligung gerechtfertigt sein (bspw Organtransplantation), bei einem unredlichen Zweck wäre das nicht der Fall. Umgekehrt darf auch aus fragwürdigen Motiven in leichte Körperverletzungen eingewilligt werden. Natürlich braucht es die Kenntnis der Einwilligung.

Einzelaktstheorie

Bsp: *A möchte B mit einem gezielten Schlag töten. Nach diesem Schlag ist B jedoch noch am Leben.*

Die Einzelaktstheorie besagt, dass man einen Versuchsrücktritt in dem Zeitpunkt prüfen muss, in dem die Rücktrittshandlung vorgenommen wird. In diesem Zeitpunkt muss geprüft werden, ob ein **beendeter** oder **unbeendeter Versuch** vorliegt. Bezugnehmend auf das Einstiegsbeispiel: Auch wenn der Schlag schiefgeht und mit weiteren Schlägen der Erfolg (zB Tod) herbeigeführt werden könnte, liegt ein beendeter Versuch vor. Ein Rücktritt durch Aufgabe weiterer Schläge ist daher nicht möglich, der **Versuch** ist **fehlgeschlagen** und somit strafbar.

Entschuldigender Notstand

Bsp: *A und B befinden sich in einem abstürzenden Flugzeug. In diesem befindet sich nur ein Rettungsfallschirm, welchen gerade B anziehen möchte, um sich zu retten. A entreißt B diesen Fallschirm, zieht sich diesen an und springt aus dem Flugzeug. A kann sich retten. B stirbt.*

Beim entschuldigenden Notstand (§ 10 StGB) befindet sich der Täter in einer Situation, die unmittelbar einen schweren Nachteil auf eines seiner Rechtsgüter vermuten lässt. In einer solchen Fallkonstellation sind im Rahmen der Lösung zunächst allfällige Rechtfertigungsgründe (insbesondere rechtfertigender Notstand) zu prüfen. Der **rechtfertigende Notstand** scheidet jedoch aus, da diesfalls das zu rettende Rechtsgut eindeutig höherwertiger sein muss als das geopferte Rechtsgut. Da sonst keine Rechtfertigungsgründe einschlägig wären, ist auf der Schuldebene weiter zu prüfen.

Der entschuldige Notstand ist an sich (bis auf einen Unterschied) gleich aufgebaut, wie der rechtfertigende Notstand (sh dort), nur handelt es sich hierbei um einen Entschuldigungsgrund, welcher daher auch auf der **Schuldebene** geprüft wird.

Der signifikante Unterschied des entschuldigenden zum rechtfertigenden Notstand liegt darin, dass im Rahmen des entschuldigenden Notstandes auch bei Gleichwertigkeit der Rechtsgüter ein Rechtsgut geopfert werden darf. Es braucht also nicht die eindeutige Höherwertigkeit des zu rettenden Gutes. Aus diesem Grund wäre A auf Grund des entschuldigenden Notstandes straffrei. Nur wer sich selbst in die Gefahrenlage gebracht hat, kann sich nicht auf den entschuldigenden Notstand berufen (Verschuldenskorrektur).

Erfolgsdelikt

Bei Erfolgsdelikten ist die Tathandlung sowie der Erfolg, bei Handlungsdelikten lediglich die Tathandlung zu prüfen. Ob eine Norm ein Erfolgsdelikt oder ein **Handlungsdelikt** (= Tätigkeitsdelikt) ist, ist durch Auslegung zu ermitteln.

Beispiele für Erfolgsdelikte sind:

§ 75 verlangt als Erfolg den Tod eines Menschen.

§ 125 die Zerstörung oder Beschädigung einer Sache mit Gebrauchswert

§ 127 den Gewahrsamsbruch an einer fremden beweglichen Sache mit Tauschwert

§ 146 den themengleichen Irrtum des Opfers und die Vermögensverschiebung

Error in persona vel objecto

Bsp: *A schießt auf eine Person, die er für X hält. In Wahrheit war es jedoch B.*

Beim error in persona vel objecto irrt der Täter über das Tatobjekt. Der Täter trifft ein Opfer und erkennt erst zu spät, dass er auf Grund einer Verwechslung (im Bsp den B und nicht den X) getroffen hat.

Für die Strafbarkeit ist dies aber irrelevant, was sich auch daraus erklärt, dass der Tatbestand von Mord ja nur beinhaltet, dass vorsätzlich ein *anderer* getötet wird.

Der Täter ist somit für Mord zu bestrafen, weil er ja einen Menschen töten wollte und auch tatsächlich ein Mensch getötet wurde. Die Identität des Opfers ist für den Vorsatz des Täters nicht bedeutend.

Das gilt aber nur bei einem Irrtum über gleichartige Objekte, nicht dagegen wenn der Täter ein Tier töten möchte und einen Menschen tötet (oder umgekehrt). Auch wenn der Täter im Wachsfigurenkabinett denkt, er tötet den entsprechenden Menschen, sind diese Regeln nicht anwendbar, da das Objekt ungleichartig ist. Im Fall des ungleichartigen Objekts kommen die Regelungen des **aberratio ictus** zur Anwendung.

Erweiterter Vorsatz

Grundsätzlich deckt der **Tatbildvorsatz** alle Elemente des **objektiven Tatbestandes** ab. Gewisse Delikte sehen jedoch eine erweiterte subjektive Tatseite vor, welcher kein Element des objektiven Tatbestandes gegenübersteht. Diese besondere **subjektive Tatseite** wird *erweiterter Vorsatz* genannt.

Bspw benötigt § 125 zusätzlich zum Tatbildvorsatz auch den Vorsatz auf eine Schädigung oder Zerstörung der Sache, also einen Schädigungsvorsatz. § 127 erfordert zusätzlich zum Tatbildvorsatz einen Vorsatz auf Zueignung und Bereicherung.

Die meisten Vermögensdelikte verlangen den Bereicherungsvorsatz, also den Vorsatz darauf, sich oder einen anderen durch die weggenommene Sache zu bereichern.

Es kann aber auch ein Täuschungsvorsatz verlangt sein, wie bspw bei § 108 oder § 146 StGB.

Eventualvorsatz

Die schwächste und gleichzeitig aber gängigste Vorsatzform ist der Eventualvorsatz (§ 5 Abs 1). Dieser kennzeichnet sich dadurch, dass der Täter die Deliktsverwirklichung ernstlich für möglich hält und sich trotzdem damit abfindet und entsprechend agiert. Eventualvorsatz ist immer dann ausreichend, wenn die herangezogene Norm weder **Absichtlichkeit**, **Wissentlichkeit** noch **Fahrlässigkeit** fordert.

Fahrlässigkeit

Seit der Strafrechtsnovelle 2015 (BGBl 112/2015) wird die Fahrlässigkeit in grobe und leichte Fahrlässigkeit unterteilt.

Grob fahrlässig handelt gemäß § 6 Abs 3 wer ungewöhnlich und auffallend sorgfaltswidrig handelt, sodass der Eintritt eines dem gesetzlichen Tatbild entsprechenden Sachverhaltes als geradezu wahrscheinlich vorhersehbar ist. Der Erfolg muss dabei *nahezu unausweichlich* gewesen sein.

Leicht fahrlässig handelt, wer es für möglich hält einen Sachverhalt zu verwirklichen, diesen aber nicht herbeiführen möchte und die Sorgfalt außer Acht lässt, zu der man den Umständen nach verpflichtet wäre.

Fehlgeschlagener Versuch

Bsp: *A möchte X erschießen. Er nimmt einen Revolver, welcher mit einer Kugel geladen ist. A zielt auf Xs Kopf, drückt ab und verfehlt X nur um Haaresbreite.*

Beim fehlgeschlagenen Versuch weiß der Täter, dass er den Erfolg des geplanten Delikts nicht mehr herbeiführen kann. Dies kann bspw der Fall sein, weil er erwischt wurde, oder weil seine Utensilien nicht funktioniert haben. In dieser Situation kann der Täter nicht mehr straflos werden. Ein **Rücktritt** ist nicht mehr möglich.

Freiwilligkeit (Tätige Reue)

Bsp: *A verwahrt eine Statue des B in seiner Wohnung auf. A nimmt diese Statue und verkauft sie an X. Als das B erfährt stellt er A zur Rede. A macht den gesamten Schaden wieder gut indem er die Statue vom Käufer zurückkauft und B retourniert.*

Die tätige Reue an zahlreichen Stellen im StGB (etwa § 167 StGB) beschrieben.

Tätige Reue kommt dem Täter nur zu Gute, wenn er die gesetzlich normierten Voraussetzungen erfüllt.

Im Rahmen des § 167 StGB liegt tätige Reue vor, wenn der Täter, bevor die Behörde von seinem Verschulden erfahren hat, ohne gezwungen zu werden, den ganzen Schaden gutmacht oder sich dazu vertraglich verpflichtet hat.

Bei der Tätigen Reue zählt ein Verhalten immer dann als freiwillig, wenn es ohne Zwang passiert. Zwang liegt vor, wenn entweder bereits gegenwärtig physischer Zwang vorliegt oder es unmittelbar droht, dass die Reuehandlung durch Zwang sowieso herbeigeführt wird.

Tätige Reue gibt es nur beim vollendeten Delikt. Ist der Täter noch im Versuchsstadium käme nur „Rücktritt vom Versuch" in Frage.

Freiwilligkeit (Versuchsrücktritt)

Bsp: *A schlägt auf B ein, um diesen umzubringen. Nach zwei Schlägen, B lebt noch, bekommt A Mitleid und hört auf.*

Die Freiwilligkeit beim Versuchsrücktritt beantwortet die Frage, ob der Täter aus **intrinsischen, also autonomen**, Motiven agiert hat, oder ob er von äußeren Umständen dazu gebracht wurde, den Versuch aufzugeben. Zur Beurteilung gibt es die Theorien nach Frank und nach Roxin.

Frank: Nach Frank handelt der Täter bei einem Versuchsrücktritt freiwillig, wenn er noch weiterhandeln könnte, es aber nicht will.

Roxin: Nach Roxin handelt der Täter bei einem Versuchsrücktritt freiwillig, wenn er nicht aus Verbrechervernunft heraus den Versuch bleiben lässt. Verbrechervernunft läge bspw vor, wenn der Täter beschließt einen Versuch bei hohem Polizeiaufgebot oder irrtümliche Auslösung einer Alarmanlage aufzugeben.

Freiwillige Pflichtenübernahme

Im Rahmen der **unechten Unterlassungsdelikte** ist ein Täter nur dann strafbar, wenn dieser **Garantenstellung** hat. Diese kann sich auf Grund mehrerer Anknüpfungspunkte ergeben.

Garantenstellung auf Grund freiwilliger Pflichtenübernahme liegt vor, wenn etwa Dienstverträge (bspw Bademeister, Kindergärtner, ...) bestehen. Freiwillige Pflichtenübernahme liegt aber auch bei privaten Zusagen vor, wenn im Vertrauen darauf andere Sicherheitsvorkehrungen abgesagt wurden.

Freiwillige Selbstgefährdung

Bsp: *A fährt mit 200 km/h auf der Autobahn an B vorbei. B fühlt sich dadurch provoziert und ahmt es A nach und überholt diesen mit 250 km/h. B übersieht aber, dass die Strecke schon bald kurvig wird und verliert die Kontrolle über den Wagen, überschlägt sich und stirbt.*

Die freiwillige Selbstgefährdung spielt bei der Beurteilung der Zurechenbarkeit eine Rolle, da mithilfe dieser etwaige **Durchbrechungen des Risikozusammenhanges** erkannt werden können. Gefährdet sich ein Opfer nämlich freiwillig selbst, so ist dessen Verletzung nicht dem (**kausalen**) Täter zuzurechnen. War A zwar kausal für das Zu-schnell-Fahren des B, so hat sich B aber freiwillig selbst gefährdet, als er sich dazu entschied, in diesen Machtkampf einzusteigen. A haftet somit nicht für Bs Tod.

Nach der Lehre werden auch **Retter** als Personen, die sich freiwillig einer Selbstgefährdung aussetzen gewertet.

Formel der gesetzmäßigen Bedingung

Die Frage der **Kausalität** kann entweder mit der csqn-Formel (**Eliminationstheorie**) oder mit der Formel der gesetzmäßigen Bedingung beantwortet werden.

Nach dieser Formel ist, wenn sich an eine Handlung nach allgemeiner oder sachverständiger Erfahrung ein Ergebnis angeschlossen hat, das mit der Handlung in einem naturgesetzlichen Zusammenhang steht und Bestandteil eines strafrechtlichen Erfolges ist, diese Handlung auch als kausal anzusehen.

Die Formel der gesetzmäßigen Bedingung ist vor Allem in Situationen **alternativer Kausalität** von Bedeutung.

Garantenstellung

Garantenstellung wird für **unechten Unterlassungsdelikte** benötigt, also jene Delikte, die grundsätzlich ein Handeln pönalisieren, in Kombination mit § 2 StGB allerdings ausnahmsweise ein Unterlassen bestrafen. Garantenstellung entsteht durch

- **Gefahrengemeinschaft**,
- **Ingerenz**,
- Gesetz,
- **Freiwillige Pflichtenübernahme**,
- Überwachung von Gefahrenquellen oder,
- dies ist strittig: Enge natürliche Verbundenheit.

Gefahrengemeinschaft

Bsp: *A, B und C besteigen gemeinsam den Großglockner. C stürzt in eine Schlucht und bleibt verletzt liegen. B bemerkt den Absturz nicht. A bemerkt den verletzten C sehr wohl, jedoch mochte er C nie und lässt ihn verletzt liegen, damit er erfriert.*

Im Beispielfall ist zu fragen, ob sich A auf Grund Mordes durch Unterlassen strafbar gemacht hat. Dabei ist – da es sich um ein **unechtes Unterlassungsdelikt** handelt – zu prüfen ob A Garant für C sein kann. Da sich mehrere Personen in einer Gefahrensituation zusammengeschlossen haben (dies trifft bspw auf Bergsteiger oder

Tourengeher zu), sind sie zueinander Garanten. Wenn A Tötungsvorsatz hat, dann kommt eine Strafbarkeit gemäß §§ 15, 75 StGB in Frage.

Andere Beispiele für eine Gefahrengemeinschaft wären Drogenparties oder Tauchergruppen.

Gleichzeitigkeitsprinzip/Simultanitätsprinzip

Das Simultanitätsprinzip besagt, dass der **Vorsatz** eines Täters auf die Tat bereits bei der Vornahme der (ersten) Tathandlung vorliegen muss. Dies ist vor Allem für mehraktige Delikte wichtig: Bricht jemand in ein fremdes Haus ein, um sich eine eigene Sache wieder zurückzuholen, besteht im Zeitpunkt der Handlung des Einbrechens kein Vorsatz auf einen Diebstahl, da es sich ja um eine eigene Sache handelt. Wird später im Haus eine wertvolle Sache zufällig entdeckt und aus einem spontanen Entschluss mitgenommen, haftet der Täter nur für den Diebstahl, nicht aber für einen Einbruchsdiebstahl, weil der notwendige Diebstahlsvorsatz im Zeitpunkt des Einbrechens noch fehlte. Auch ein nachträglich gefasster Vorsatz reicht nicht.

Handlungsbegriff

Eine strafrechtlich relevante Handlung kann nur ein vom Willen des Täters beherrschbares Verhalten sein. Reflexbewegungen, Fälle höherer Gewalt (**vis absoluta**) oder Bewegungen von Schlafenden sind davon ausgenommen.

Tipp für Studierende: Die Frage des Handlungsbegriffs ist dem allgemeinen Prüfungsschema vorangestellt. Sollte der Handlungsbegriff verneint werden, braucht man die Frage nach dem objektiven oder subjektiven Tatbestand nicht mehr stellen. Bei der Prüfung muss der Handlungsbegriff nur thematisiert werden, wenn sich im Sachverhalt Hinweise auf Probleme diesbezüglich finden.

Handlungsdelikt = Tätigkeitsdelikt

Bei Erfolgsdelikten ist die Tathandlung sowie der Erfolg, bei Handlungsdelikten lediglich die Tathandlung zu prüfen. Ob eine Norm ein Erfolgsdelikt oder ein Handlungsdelikt ist, ist durch Auslegung zu ermitteln.

> *Ein Beispiel für ein Handlungsdelikt ist § 288 StGB, die falsche Beweisaussage, dabei macht sich der Täter bereits mit seiner Aussage strafbar, unabhängig davon, ob dieser Glauben geschenkt wird, oder nicht.*

Irrtümliche Annahme eines rechtfertigenden Sachverhaltes

Bsp: *A geht im Park joggen. Hinter ihm läuft B. A glaubt gleich von B überfallen zu werden, dreht sich im richtigen Moment um und schlägt B K.O. Es stellt sich heraus, dass B ein anderer Jogger war und gar nicht die Absicht hatte A zu überfallen.*

Eine Rechtfertigungssituation muss immer objektiv vorliegen. Liegt in Wahrheit keine Rechtfertigungssituation vor und nimmt der Täter diese aber fälschlicherweise an, muss ein entsprechender Rechtfertigungsgrund (bspw **Notwehr** oder **rechtfertigender Notstand**) an Hand einer hypothetischen Rechtfertigungssituation, nämlich der Vorstellung des sich Verteidigenden, geprüft werden. Wenn in der Gedankenwelt des Täters also eine Rechtfertigungssituation vorliegen würde, ist in Folge seine Notwehrhandlung an Hand der Voraussetzungen des Rechtfertigungsgrundes zu prüfen. Zu guter letzt ist die **doppelt bedingte Fahrlässigkeitsprüfung** durchzuführen. Erst wenn alle Voraussetzungen geprüft und bejaht wurden, liegt die irrtümliche Annahme eines rechtfertigenden Sachverhaltes vor und der Täter handelt entschuldigt (aA gerechtfertigt).

Ingerenz

Die Ingerenz ist ein **Garantenstellung** auslösendes Element: Der Täter hat ein gefahrenbegründendes Vorverhalten gesetzt und damit **objektiv sorgfaltswidrig** eine Gefahrenquelle geschaffen. Er ist dann für die Gefahrenabwendung verantwortlich und kann, wenn er dies vorsätzlich unterlässt für ein uechtes Unterlassungsdelikt bestraft werden.

Kausalität

Der Frage, ob das Handeln eines Täters auch den Erfolg herbeigeführt hat, widmet sich die Kausalität. Die Kausalität prüft man mit der **Eliminationstheorie** (= conditio sine qua non Formel: „Bedingung ohne die nicht"). Diese besagt, dass Kausalität gegeben ist, wenn der konkrete Erfolg mit an Sicherheit grenzender Wahrscheinlichkeit entfallen würde, wenn man sich die Handlung des Täters wegdenkt. Erlangt man mit dieser Formel zu keinem befriedigenden Ergebnis, prüft man die **Theorie der gesetzmäßigen Bedingung**.

Kettenbestimmung

Bsp: *A sagt B, dass dieser C auffordern soll, den X umzubringen.*

Kettenbestimmung beschreibt, dass ein Täter einen weiteren dazu bestimmt, einen Dritten dazu zu bewegen, eine Tat zu verüben. Es sind sodann alle Handlungen als Bestimmungshandlungen im Sinne des § 12, 2. Fall zu werten, derjenige, der die Kette in Gang setzt, sowie alle dazwischen ins Spiel Kommenden, sowie der letztlich den unmittelbaren Täter Bestimmende.

Eine andere Ansicht vertritt *Fuchs*: Nach ihm sind alle bis auf den letzten (den unmittelbaren Täter bestimmende) Täter bloß **Beitragstäter** (§ 12, 3. Fall), mit der Argumentation, dass nur der in der Kette letzte den Tathandlungsentschluss auslöst.

Kumulative Kausalität

Bsp: *A und B vergiften unabhängig voneinander den X. Erst beide Mengen gemeinsam führen zum Tod des X.*

Im Falle kumulativer Kausalität sind zwei Personen gemeinsam für einen Erfolg verantwortlich.

Solche Probleme können ohne weiteres mit der **csqn-Formel** gelöst werden. So sieht man nach der Eliminationsmethode nämlich, dass bei Wegdenken einer Person, die Gift verabreicht, auch der Erfolg ausbleibt, weil in dem Fall die tödliche Dosis nicht erreicht werden könnte. Selbiges passiert beim Wegdenken der anderen Person. Daher handeln beide Personen kausal.

Maßmensch

Der Maßmensch wird zur Beurteilung der **objektiven Sorgfaltswidrigkeit** eines Täters herangezogen. Es handelt sich dabei um einen sorgfaltsgemäßen und besonnenen, mit Rechten und Werten verbundenen Durchschnittsmenschen aus dem Verkehrskreis des Täters. Ist der Täter Arzt und die fragliche Handlung eine medizinische, so ist als Maßmensch ebenfalls ein Arzt heranzuziehen. Ist der Täter Dachdecker, so ist auch der Maßmensch aus dem Verkehrskreis der Dachdecker. Dieser maßgerechte Mensch berücksichtigt auch **Sonderwissen** eines konkreten Täters, **Sonderkönnen** dagegen wird nicht in den Maßstab einbezogen und erhöht diesen daher nicht.

Mittäterschaft

Mittäterschaft liegt vor, wenn mehrere Täter gemeinsam und arbeitsteilig agieren und nach einem gemeinsamen Tatplan arbeiten. Zusätzlich muss von jedem Mittäter eine Tathandlung ausgeführt werden.

Bei mehraktigen Delikten bedeutet das, dass nach hA zumindest eine der Tathandlungen gesetzt werden muss. Nach *Fuchs* muss dies bei der letzten Tathandlung der Fall sein.

Nebentäter

Nebentäter haben *keinen* gemeinsamen Tatentschluss und wollen auch nicht gemeinsam agieren, sie tun es lediglich auf Grund der Umstände, weil es ihnen gerade allen gelegen kommt. Es wird sodann nicht wechselseitig für Erfolge, die durch einen anderen Nebentäter eintraten gehaftet.

Notwehr

Bsp: *A wird von B angegriffen. Kurz bevor B zuschlagen kann, schlägt A den B mit einem gezielten Faustschlag K.O.*

Notwehr nach § 3 StGB ist einer der zentralsten **Rechtfertigungsgründe**. Durch Notwehr handelt ein Täter gerechtfertigt, wenn er sich nur der Verteidigung bedient, die notwendig ist, um einen gegenwärtigen oder unmittelbar drohenden rechtswidrigen Angriff auf Leben, Gesundheit, körperliche Unversehrtheit, sexuelle Integrität und Selbstbestimmung, Freiheit oder Vermögen von sich oder einem anderen abzuwehren. Um den Rechtfertigungsgrund der Notwehr zu beurteilen, muss das Vorliegen einer **Notwehrsituation**, **Notwehrhandlung** und des subjektiven Elements, die Kenntnis der Notwehrsituation, geprüft werden.

Notwehrsituation

Bsp: *A schlägt B zu Boden. B steht auf und schlägt vor lauter Wut auf den A ein. Vor Gericht sagt B, dass er lediglich „in Notwehr" gehandelt habe.*

Gerechtfertigt durch Notwehr handelt nur derjenige, der einen objektiv vorliegenden gegenwärtigen oder unmittelbar drohenden rechtswidrige menschlichen Angriff auf ein notwehrfähiges Rechtsgut, also Leib, Leben, Vermögen, körperliche Integrität, sexuelle Integrität und Selbstbestimmung sowie Freiheit abwehrt.

Die notwehrfähigen Rechtsgüter werden taxativ in § 3 StGB angeführt.

Kommt dem Opfer ein Dritter zu Hilfe und wehrt den unmittelbar drohenden oder gegenwärtigen Angriff ab, dann handelt der Dritte nicht in Notwehr in Form von Nothilfe.

Notwehrhandlung

Bsp: *A möchte B eine Ohrfeige geben. Noch bevor A ihn trifft, zückt B seine Pistole und schießt. A stirbt.*

Liegt eine **Notwehrsituation** vor, muss im nächsten Schritt die Notwehrhandlung geprüft werden. Hierbei hat der Täter das schonendste Mittel einzusetzen, welches notwendig ist, um den Angriff sofort und endgültig abzuwehren.

Stehen mehrere Möglichkeiten zur Auswahl, ist das am Wenigsten die Rechtsgüter des Täters beeinträchtigende zu wählen. Risiko muss das Opfer (außer in Ausnahmefällen, wie der **Notwehrprovokation**) aber nicht eingehen. Steht dem Opfer nur ein Mittel zur Verteidigung zur Verfügung, ist dieses das Schonendste.

Es bedarf keiner **Güterabwägung** und nicht der Angemessenheit der Handlung. Eine Güterabwägung und die Angemessenheit kommt nur dann zum Tragen, wenn ein Fall der **Bagatellnotwehr** (auch: Unfugabwehr) vorliegt.

Notwehrexzess

Bsp: *A möchte Bs Jause ohne dessen Erlaubnis essen. Als B dies bemerkt nimmt er einen Revolver und schießt B in den Kopf. B stirbt.*

Wurde bei der **Notwehrhandlung** nicht das Schonendste – oder bei **Bagatellnotwehr** nicht ein angemessenes – Mittel verwendet, sondern ein stärker Eingreifenderes als notwendig, handelt es sich um einen Notwehrexzess.

Notwehrüberschreitungen können aus vielerlei Motiven geschehen, die Gründe lassen sich in **sthenische** und **asthenische** Affekte unterteilen.

Liegt ein Notwehrexzess aus **asthenischen Affekten** vor, ist der Täter nach dem entsprechenden Fahrlässigkeitsdelikt zu bestrafen, sofern die Überschreitung auf Fahrlässigkeit beruht und ein entsprechendes Fahrlässigkeitsdelikt normiert ist.

Handelt der Täter im Rahmen eines Notwehrexzesses hingegen aus **sthenischen Affekten**, ist er nach dem entsprechenden Vorsatzdelikt zu bestrafen.

Notwehrprovokation

Bsp: *A beleidigt unentwegt B und stellt sich direkt vor seine Nase. Als B es reicht und A wegschubsen will, nutzt A die Chance und schlägt „in Notwehr" mit der Faust in As Gesicht.*

Bei der Notwehrprovokation geht es darum, dass ein Akteur gezielt ein Opfer provoziert, das sich zu einer Angriffshandlung hinreißen lässt, um diesem sogleich durch **Notwehr** zu kontern und es zu verletzen.

Zur Zulässigkeit gibt es verschiedene Ansichten:

Nach *Fuchs* steht dem Akteur das volle Notwehrrecht zu.[1]

Die Rechtsprechung dagegen tendiert dazu,[2] dass eine Ausweichpflicht vorgeschrieben wird: Nur wenn ein Ausweichen nicht möglich ist, steht das volle Notwehrrecht zu, wobei bei einer „*Absichtsprovokation*", also in dem Fall wo es nur darum ging, das spätere Opfer zu einer Notwehrhandlung zu provozieren, das Notwehrrecht sogar verwirkt wäre.

Objektive Sorgfaltswidrigkeit

Die objektive Sorgfaltswidrigkeit ist eine wesentliche Voraussetzung für eine Haftung nach einem Fahrlässigkeitsdelikt. Sie kann sich aus drei Gründen ergeben:

- Verstoß gegen eine Rechtsnorm (zB Gesetze, aber auch Verordnungen wie bspw die StVO)
- Verstoß gegen eine Verkehrsnorm (zB FIS-Regeln, Jagd-Regeln, öst. Lebensmittelkodex)

---

1 *Fuchs*, Allgemeiner Teil I^{9}, 17, Rz 39ff.

2 *Kienapfel/Höpfel/Kert*, Allgemeiner Teil I^{15}, Z 13 Rz 21.

- Verstoß gegen das Verhalten eines **Maßmenschen** aus dem Verkehrskreis des Täters.

Objektiver Tatbestand

Der objektive Tatbestand betrifft die Frage, ob Tathandlungen gesetzt wurden und bei Erfolgsdelikten, ob der geforderte deliktische Erfolg eingetreten ist. Er bezieht sich auf äußere Umstände. Es ist bei der Fallprüfung dahingehend zu unterscheiden, ob ein **Erfolgsdelikt** oder ein **Handlungsdelikt** vorliegt, da nur bei Erfolgsdelikten ein entsprechender Erfolgseintritt zu prüfen ist.

Offensive Selbsthilfe (§ 19, 344 ABGB)

Eine offensive Selbsthilfe ist möglich, wenn ein Anspruch des Opfers gegen den Täter besteht und behördliche Hilfe zu spät kommen würde. Im Rahmen dieses **Rechtfertigungsgrundes** ist es zulässig, sich selbst zur Wehr zu setzen, wobei aber nur ein Mittel verwendet werden darf, welches zum Anspruch im Verhältnis steht. Subjektiv braucht es die Kenntnis vom Anspruch.

Die offensive Selbsthilfe ist auf der Ebene der **Rechtswidrigkeit** zu prüfen.

OGH ex post

Bei einer Handlungsuntauglichkeit eines Deliktsversuches wendet der OGH wahlweise eine der beiden gängigen Theorien zur Tauglichkeit nach **Fuchs (obj ex ante)** oder *Burgstaller* (**begleitender Beobachter**) an.

Bei einer möglichen Objektsuntauglichkeit prüft der OGH dagegen eine eigene Theorie, nämlich objektiv ex post. Hierbei wird die Tauglichkeit des Tatobjektes zum Tatzeitpunkt an Hand der wirklich vorliegenden Verhältnisse, einschließlich erst später bekannt werdender Faktoren, beurteilt.

In den meisten Fällen ist das Ergebnis dabei gleich, wie bei einer objektiven ex ante Betrachtung unter Kenntnis aller Umstände.

Omnimodo facturus

Eine Bestimmung muss nicht nur scheitern, wenn der zu bestimmende die Tatausführung ablehnt, sondern scheitert auch, wenn der bestimmt werdende das Delikt sowieso begehen wollte.

Letztere Konstellation nennt man omnimodo facturus (= ein bereits zur Tat entschlossener Täter) und man prüft beim vermeintlichen Bestimmungstäter die versuchte Bestimmung (etwa §§ 15, 12, 2. Fall, 75) Der Bestimmungstäter ist auch in einem solchen Fall strafbar.

Objektiv ex ante

Fuchs prüft die **Tauglichkeit** des Versuchs (unabhängig davon ob die Tauglichkeit des Subjekts, Objekts oder der Tathandlung fraglich ist) im Rahme einer objektiven ex-ante Beurteilung – sohin unter Kenntnis aller Umstände. Ist unter objektiven Umständen der Erfolg möglich, ist der Versuch relativ untauglich und strafbar. Ist objektiv ex ante bereits klar, dass durch diesen Versuch kein Erfolg eintreten kann, handelt es sich um einen absolut untauglichen Versuch, dieser ist straflos.

Pflichtenkollision

Bei der Pflichtenkollision, die für den Täter auf der Ebene der **Rechtswidrigkeit** einen **Rechtfertigungsgrund** darstellt, handelt es sich um eine Situation in welcher der Täter rechtlich mehrere Pflichten gleichzeitig erfüllen muss, dies aber faktisch nicht möglich ist. Im medizinischen Bereich spricht man in dem Fall von „Triage-Entscheidungen", es kann nur ein Patient behandelt werden, mehrere bräuchten aber dringend Hilfe. Egal wen der Arzt behandelt, würde er sich für das Unterlassen der Hilfe den anderen gegenüber strafbar machen. Damit dieses (unzufriedenstellende) Ergebnis nicht eintritt, wird auf der Ebene der Rechtswidrigkeit die Pflichtenkollision herangezogen und der Arzt ist für die vernachlässigten Pflichten gerechtfertigt.

Putativrücktritt

Bsp: *A schießt auf B um diesen zu töten. Nach der Abgabe des Schusses bekommt A Mitleid und möchte B retten. Er rennt daher zur nächsten Telefonzelle, um die Rettung zu rufen. Ohne dass es A weiß fährt zufällig ein Rettungswagen vorbei und rettet Bs Leben noch bevor A die Rettung anrufen kann.*

Bleibt bei einem Versuch der Erfolg des Täters aus, bemüht sich der Täter aber in Unkenntnis dessen redlich und freiwillig darum, den Erfolg abzuwenden, spricht man von einem Putativrücktritt (§ 16 Abs 2 StGB) und der Täter erlangt Straflosigkeit.

Putativnotwehr

Bsp: *A und B können einander nicht leiden und brüllen sich regelmäßig an. Als C vorbeikommt deutet er die Situation falsch und glaubt, A würde den körperlich unterlegenen B gerade angreifen und ausrauben wollen. C schlägt A daher nieder.*

Bei der Putativnotwehr irrt man über einen rechtfertigenden Sachverhalt im Sinne, dass man denkt, es liegt eine **Notwehrsituation** vor. Man irrt also über die tatsächlichen Gegebenheiten, nicht über rechtliche Zuordnungen. Man prüft in dem Fall eine hypothetische Notwehrsituation und hypothetische Notwehrhandlung.

Wird beides erfüllt, kann der vermeintlich Notwehr-übende nicht mehr wegen vorsätzlicher Begehung bestraft werden, es kann dann nur mehr geprüft werden, ob er nach fahrlässiger Begehung zu bestrafen ist – dies prüft man mit der „doppelt bedingte Fahrlässigkeitsprüfung".

Quasikausalität

Bei Unterlassungsdelikten prüft man die Quasikausalität (bzw nach Höpfel „hypothetische Kausalität") anstelle der Kausalität. Man dreht dabei die gewöhnliche Formel um und fragt „wäre bei Hinzudenken der gebotenen Handlung der Erfolg mit an Sicherheit grenzender Wahrscheinlichkeit entfallen?". Wenn dies bejaht werden kann, war das Unterlassen des Täters für den Erfolg quasikausal.

Qualifizierter Versuch

Bsp: *A möchte B töten. Nachdem er ihm sämtliche Knochen gebrochen hat, bekommt er Mitleid und fährt B ins Krankenhaus.*

Von einem qualifizierten Versuch spricht man, wenn der Täter von einem Delikt zurücktritt und in Hinblick auf dieses straflos wird, in diesem Delikt aber ein weiteres Delikt steckt: Zum Beispiel im Mord die Körperverletzung. Der Täter haftet dann für dieses Delikt, da es ja auch vollendet wurde (das Opfer ist verletzt).

Rechtfertigung

Auch wenn ein Täter sich tatbestandsmäßig verhalten hat und den Erfolg zurechenbar herbeigeführt, kann er dennoch straflos sein. Dies ist vor Allem durch Rechtfertigungsgründe möglich, die man auf der Ebene der **Rechtswidrigkeit** prüft. Der bekannteste Rechtfertigungsgrund ist **Notwehr** (§ 3 StGB). Weitere Rechtfertigungsgründe sind ua **rechtfertigender Notstand**, **Einwilligung**, **Pflichtenkollision**, Erziehungsrechte, **Anhalterecht Privater**.

Rechtfertigender Notstand

Beim rechtfertigenden Notstand besteht die Notstandssituation darin, dass ein unmittelbar drohender Nachteil auf ein Rechtsgut besteht. Während bei der Notwehr ein „gegenwärtiger oder unmittelbar drohender *Angriff*" vorliegt, ist es beim Notstand ein „unmittelbar drohender *Nachteil*".

Als Notstandssituation ist eine Güterabwägung vorzunehmen und sich angemessen zu verteidigen. Außerdem muss das Mittel zur Verteidigung **ultima ratio** sein, eine andere Möglichkeit darf es also nicht geben.

Beim rechtfertigenden Notstand ist die Güterabwägung außerdem so zu gestalten, dass das zu rettende Rechtsgut höherwertiger sein muss, als dasjenige, das geopfert wird. Es kann – im Unterschied zur Notwehr – auch in Rechtsgüter eingegriffen werden, die einem Dritten gehören, der mit dem drohenden Nachteil gar nichts zu tun hat.

Rechtswidrigkeit

Die Ebene der Rechtswidrigkeit behandelt die Frage, ob das vom Täter gesetzte Verhalten auch gesellschaftlich missbilligt wird. Da zumeist bei Erfüllung des objektiven und des subjektiven Tatbestandes die Handlung auch gesellschaftlich missbilligt wird, kann eine **Rechtfertigung** nur im Ausnahmefall (etwa auf Grund von **Notwehr**) erfolgen.

Retterproblematik

Die Rechtsprechung rechnet Retter, außer bei grober Unvernunft dieser, dem Erstverursacher zu und bejaht daher den Risikozusammenhang zwischen einer Verletzung des Retters und der Erstverursachung des Täters. Die Lehre dagegen zählt Retter zu den Menschen, die sich einer **freiwilligen Selbstgefährdung** aussetzen und rechnet sie daher nicht zu, weil bei diesen der Risikozusammenhang durchbrochen sei.

Risikozusammenhang

Auf der Ebene des Risikozusammenhanges stellt man sich die Frage, ob der eingetretene Erfolg im Schutzzweck der Norm liegt.

Es muss daher zuerst bei der **objektiven Sorgfaltswidrigkeit** festgestellt werden, wogegen der Täter konkret verstoßen hat: Gesetz, Verkehrsnorm oder gegen das Verhalten einer **Maßfigur**.

Dann stellt sich die Frage ob die Norm oder Verhaltensvorschrift genau das Eintreten jenes Erfolges verhindern wollte. Wenn ja, dann ist der Schutzzweck der Norm erfüllt.

Risikoerhöhung gegenüber rechtmäßigem Alternativverhalten

Bei der Risikoerhöhung gegenüber rechtmäßigem Alternativverhalten ersetzt man das Verhalten des Täters mit dem eines rechtmäßigen Verhalten – also im Unterschied zu der **Kausalität** bei der das *gesamte* Verhalten des Täters weggedacht wird. Es wird sodann geprüft, ob das rechtmäßige Alternativverhalten auch zum Erfolg geführt hätte. Wurde das Risiko des Erfolgseintritts durch das Täterverhalten im Vergleich zum rechtmäßigen Alternativverhalten zweifelsfrei erhöht, ist dieser Prüfschritt zu bejahen.

Rechtzeitigkeit

Rechtzeitigkeit liegt bei **Tätiger Reue** vor, wenn diese erfolgt, bevor die Behörden vom Verschulden des Täters erfahren haben. Vom Verschulden des Täters erfahren hat eine Behörde, sobald Informationen vorliegen, die einen konkreten Anhaltspunkt bieten, dass der Täter an dieser Straftat beteiligt war.

Rücktritt § 16

Ist ein Delikt noch nicht vollendet, befindet es sich im Stadium des Versuches. Es muss daher geprüft werden, ob der Täter von seinem Versuch **freiwillig** zurückgetreten ist. Ist dies der Fall, und erfüllt der Täter alle für diesen Versuchsrücktritt nötigen Elemente, wird er für das entsprechende Delikt straffrei (liegt ein **qualifizierter Versuch** vor, lebt aber eventuell ein anderes Delikt wieder auf).

Es ist darauf zu achten, ob es sich um einen **beendeten** oder **unbeendeten Versuch** handelt, denn danach bemisst sich die Rücktrittshandlung.

Schuldebene

Nachdem im Rahmen einer Fallprüfung festgestellt wird, dass das Verhalten eines Täters den objektiven und subjektiven Tatbestand erfüllt und auch rechtswidrig war, muss man sich die Frage stellen, ob das Verhalten dem Täter auch vorwerfbar ist. Schuldausschließungsgründe sind etwa das geringe Alter, ein zurechnungsunfähiger Zustand auf Grund von Berauschung oder der **entschuldigende Notstand**.

Schuldgeprägte Sonderdelikte

Schuldgeprägte Sonderdelikte betreffen innere Vorgänge des Täters, zB die besondere psychische Gesinnung des Täters, wie bspw derjenige der eine Amtsstellung zur Deliktsbegehung ausnutzt (§ 313 StGB) oder aufwühlende Umstände einer Geburt (§ 79 StGB).

Bei schuldgeprägten Sonderdelikten (bspw § 76) ist eine Beteiligung nicht möglich, ein Beteiligungstäter haftet dann für ein eigenes Delikt. Wer also jemandem, der sich in einem heftigen Gemütszustand befindet und in diesem Gemütszustand einen Mord begeht, hilft, macht sich nach § 12, 3. Fall, 75 strafbar.

Schwere Körperverletzung

Eine schwere Körperverletzung liegt vor, wenn ein hoher Gefährlichkeitsgrad besteht und Berufsunfähigkeit oder Heilungsdauer von über 24 Tage vorliegt. Gerechnet wird dabei ohne den Tag des verletzenden Ereignisses und solange, bis die Krankheitssymptome oder Verletzungserscheinungen im Wesentlichen abgeklungen sind.

Als „an sich schwer" bezeichnet man bestimmte Körperverletzungen, zu denen bereits gesicherte Judikatur vorliegt: So wurde als an sich schwer beurteilt: Oberschenkeldurchschuss, Bauchstich, Knochenbrüche außer der kleinen Zähe, wenn 2 Zähne ausgeschlagen wurden, sofern dadurch Kau und Bissfunktion beeinträchtigt ist oder ab 2 Schneidezähnen, mehrere Rippenbrüche (Achtung, nicht bei bloß einer Rippe!), verschobener Nasenbeinbruch (im Unterschied zum unverschobenen, der eine leichte Körperverletzung ist), Gehirnerschütterung mit retrograder Amnesie.

Alles andere sind leichte Körperverletzungen. Ist gar nichts zu sehen oder eine bloße Hautrötung mit einer Dauer unter 5 Minuten gegeben, dann liegt keine Körperverletzung, sondern eine Misshandlung vor, die für sich allein nicht strafbar ist. Eine Misshandlung ist die Beeinträchtigung eines anderen in seinem körperlichen Wohlbefinden.

Sthenischer Affekt

Ein **Notwehrexzess** aus sthenischem Affekt liegt vor, wenn der Exzess aus Wut, Rachegedanken oder Entrüstung gesetzt wurde. Davon zu unterscheiden ist ein Exzess aus **asthenischem Aspekt**, bei dem aus Trauer, Angst oder Bestürzung gehandelt wird.

Subjektsuntauglichkeit

Bsp: *A möchte einen Baubescheid für seinen Nachbarn ausstellen, obwohl er weiß, dass sein Nachbar nicht die Voraussetzungen für die Erlangung eines Baubescheides erfüllt. A ist jedoch nicht einmal Beamter. Zur Ausstellung eines solchen „Bescheides" kommt es letztlich nicht.*

Die Subjektsuntauglichkeit ist eine von drei Möglichkeiten, die eine Problematik bei der **Tauglichkeit** des **Versuchs** darstellen können (abzugrenzen von der **Objektsuntauglichkeit** und der **Untauglichkeit der Handlung**). Von einer Untauglichkeit des Subjekts spricht man immer dann, wenn das Gesetz bestimmte Merkmale des ***Täters*** vorschreibt und diese aber vom Agierenden nicht erfüllt werden. Dies kann vor allem bei den Amtsdelikten der Fall sein, wenn der Täter selbst kein Amtsträger ist. Auch kann keine Veruntreuung begangen werden, wenn ein Gut dem Täter gar nicht anvertraut worden ist.

Subjektsuntauglichkeit kann nur bei Sonderdelikten vorkommen. Es wird stets objektiv ex ante geprüft, weshalb im Ergebnis meist nicht nach dem jeweiligen **Sonderdelikt** bestraft werden kann, weil es sich um einen absolut untauglichen Versuch handelt.

Sonderdelikte

Sonderdelikte sind Delikte, bei denen der Täter besondere Eigenschaften benötigt, um sich strafbar zu machen. So braucht der unmittelbare Täter bei der „Tötung eines Kindes bei der Geburt" (§ 79 StGB) das Merkmal „Mutter" und den psychischen Zustand durch den Geburtsvorgang. Einen Amtsmissbrauch wiederum kann nur begehen, wer „Beamter" ist, genauso kann die Deliktsbegehung unter Ausnützung einer Amtsstellung nur von einem Amtsträger begangen werden.

Unterschieden werden muss zwischen unrechtsgeprägten und **schuldgeprägten Sonderdelikten**. Eine Beteiligung ist nur bei **unrechtsgeprägten Sonderdelikten** möglich.

Sonderkönnen

Ein **Maßmensch** ist mit rechtlich geschützten Werten verbunden, besonnen und einsichtig. Er stammt aus dem Verkehrskreis des Täters. Sonderkönnen, wie etwa eine überdurchschnittlich schnelle Reaktionsfähigkeit des Täters, ist nicht zu berücksichtigen. Ein außergewöhnlich guter Arzt handelt daher auch dann nicht sorgfaltswidrig, wenn er bei einer Behandlung nur durchschnittlich agiert und deswegen einen Fehler macht, den einzig und allein sein Sonderkönnen zu verhindern vermocht hätte.

Sonderwissen

Ein Maßmensch ist mit rechtlich geschützten Werten verbunden, besonnen und einsichtig. Er stammt aus dem Verkehrskreis des Täters. Sonderwissen wie beispielsweise, dass sich neben einer Durchfahrtsstraße eine Schule befindet und dort regelmäßig Kinder die Straße queren ist zu berücksichtigen. Wusste ein Täter also, dass seine Handlung gefährlicher war, als sie nach außen hin scheint, so muss er sich dies auf seine objektive Sorgfaltswidrigkeit anrechnen lassen und er verhält sich dadurch sorgfaltswidrig. In dem Zusammenhang gilt also tatsächlich: Unwissenheit schützt vor Strafe.

Subjektiver Tatbestand

Der subjektive Tatbestand betrifft Vorgänge „im Kopf" des Täters. Es stellt sich dabei die Frage danach, was im Verhältnis auf das Opfer mit der Handlung bezweckt werden wollte, war eine Verletzung gewollt? Oder lag gar Absicht vor? Dabei ist wichtig, dass es nur darauf ankommt, ob der Täter das Verhalten setzen wollte, oder nicht. Das dahinterliegende Motiv ist für die Frage des subjektiven Tatbestandes vollkommen egal: Ob der Täter aus Angst, **Notwehr** oder Rache agiert oder einen eiskalten Plan verfolgte, ist zur Beurteilung seines Vorsatzes gleichgültig.

Subsumtionsirrtum

Hierbei glaubt der Täter, ein anderes Delikt zu verwirklichen, als jenes, welches er tatsächlich verwirklicht (zB verwechselt er Raub und räuberischen Diebstahl). Ein Subsumtionsirrtum ist unbeachtlich.

Tauglichkeit

Die Tauglichkeit wird stets bei der **Versuchsstrafbarkeit** geprüft. Sie beschreibt die Frage, ob die Verwirklichung eines Deliktes überhaupt ***möglich*** sein kann. Es kann hierbei eine **Objektsuntauglichkeit**, eine **Subjektsuntauglichkeit** oder **Untauglichkeit der Handlung** vorliegen.

Objektsuntauglichkeit

Bsp: *A möchte B töten, er trifft aber ein Kaninchen.*

Objektsuntauglichkeit bedeutet, dass das Objekt (es kann auch ein Mensch sein), an dem das Delikt hätte verübt werden sollen, nicht dafür geeignet war.

Tatbestandslosigkeit

Bsp: *A möchte die Vase von B stehlen. In Wahrheit ist dies seine eigene Vase.*

Jede Norm des Besonderen Teils des StGB kann man in den **objektiven** und den **subjektiven Tatbestand** unterteilen.

Diese Normen beschreiben daher Voraussetzungen, die vorliegen müssen, damit ein Täter sich strafbar macht. Es können aber umgekehrt auch Ausnahmen normiert werden, die der Gesetzgeber bewusst nicht unter einen Tatbestand subsumieren wollte. In diesen Situationen spricht man von Tatbestandslosigkeit.

Tatbestandslosigkeit führt dazu, dass man direkt zu Beginn der Fallprüfung aussteigt und bereits die Erfüllung des objektiven Tatbestandes verneint. Der Täter bleibt somit straflos. Im hier genannten Beispiel fehlt die Voraussetzung des Tatbestandsmerkmals „fremd", weswegen der Täter nicht für einen Diebstahl bestraft werden kann.

Tatbildirrtum

Bsp: *A nimmt im Gasthaus eine Jacke vom Kleiderhaken, die er für seine eigene hält.*

Beim Tatbildirrtum fehlt dem Täter der **Vorsatz** auf ein objektives Tatbestandsmerkmal, er verkennt die Wirklichkeit.

Die Konsequenz eines Tatbildirrtums des Täters ist nicht die sofortige Straflosigkeit (wie bspw beim Fehlen des erweiterten Vorsatzes wie Bereicherungsvorsatz) sondern eine **doppelt bedingte Fahrlässigkeitsprüfung**.

Tatbildvorsatz

Siehe Vorsatz

Tateinheitslehre

Die Tateinheitslehre achtet beim **Versuchsrücktritt** auf ein Gesamtbild, nämlich das ganze Tatgeschehen. Sofern man davon ausgeht, dass der Täter mit weiteren Handlungen innerhalb desselben Tatgeschehens den Erfolg herbeiführen könnte, ist es ein **unbeendeter Versuch**, von dem durch Aufgabe weiteren Handelns strafbefreiend zurückgetreten werden kann.

Fehlgeschlagen ist ein Versuch nur dann, wenn es gar keine andere Möglichkeit mehr gibt, den Erfolg noch zu herbeizuführen, zB wenn das geplante Opfer bereits in Sicherheit ist.

Einen anderen Ansatz verfolgt die **Einzelaktslehre**.

Tätige Reue

Die tätige Reue ist ein persönlicher Strafaufhebungsgrund, sie gilt für denjenigen der sich ihr bedient (und nur denjenigen, das bedeutet, sie gilt nicht für etwaige **Mittäter**). Tätige Reue wird in Sonderbestimmungen des Strafgesetzbuches geregelt. Die Bekannteste ist § 167 StGB.

Für die Tätige Reue gibt es konkrete Voraussetzungen, nur wenn ein Täter alle Voraussetzungen erfüllt, wird er straflos.

Notwendig ist zunächst, dass das Delikt vollendet wurde. Im Versuchsstadium eines Delikts, also vor Vollendung, kommt Tätige Reue nicht in Frage. Weiters muss es sich um ein reuefähiges Delikt handeln, denn nicht alle Delikte sind einer Reue zugänglich. Welche Delikte reuefähig sind, erkennt man an den Bestimmungen wie bspw §§ 167 oder 226 StGB, die explizit aufzählen, für welche Delikte sie gelten.

Ist ein Delikt vollendet und einer tätigen Reue grundsätzliche zugänglich, bedarf es der **Freiwilligkeit**, **Rechtzeitigkeit** und **Vollständigkeit**.

Tatplantheorie

Zur Unterscheidung, ob ein **beendeter** oder **unbeendeter Versuch** vorliegt gibt es verschiedene Konstrukte: So kann die **Einzelaktstheorie** und die **Tateinheitslehre** dazu herangezogen werden. Die frühere hM entschied nach einer Tatplanperspektive, das bedeutet, es wurde darauf geachtet, ob ein Täter von vorneherein mehrere Teilakte zur Verwirklichung seines Erfolges geplant hatte, oder ob er dachte, mit einem einzelnen Akt (bspw Schlag) den Erfolg herbeizuführen. Je nachdem ist der einzelne Akt dann ein beendeter oder unbeendeter Versuch.

Teilnahmesystem

Nach dem Teilnahmesystem braucht es zur Beteiligung an einem Delikt **Vorsatz** des unmittelbaren Täters. Hat der „**Bestimmende**“ keinen Vorsatz erweckt, ist er nach dem Teilnahmesystem auch kein Bestimmungstäter und somit straflos. Verwendet jemand aber die andere Person als vorsatzloses Werkzeug, da sich diese gar nicht bewusst ist, was sie tut, agiert er als verdeckter unmittelbarer Täter und haftet auch dementsprechend (als unmittelbarer Täter).

Überholende Kausalität

Bsp: *A gibt Gift in den Tee von B. Noch bevor das Gift wirkt, wird B von Z erschossen.*

Im gegenständlichen Fall überholt der zweite Täter mit seiner Tat den ersten Täter.

Es haftet sodann A für den Versuch und Z für den vollendeten Mord an B.

Dies erkennt man auch an der **CSQN-Formel**, denn wenn man sich das Handeln von A wegdenkt, wäre B dennoch tot, der Erfolg ist also ihm nicht *zurechenbar* eingetreten (A hat jedoch vollen Tötungsvorsatz). Denkt man sich dagegen Bs Handeln weg, würde der Erfolg in der konkreten Gestalt (erschossen werden) entfallen. Es würde erst später ein anderer Erfolg (Tod durch Gift) eintreten. Daher haftet B, der für den konkreten Erfolg kausal war, für das vollendete Delikt.

Übernahmefahrlässigkeit/Einlassungsfahrlässigkeit

Bsp: *A fährt betrunken mit seinem Fahrrad. Alkoholbedingt bemerkt er zu spät, dass das vor ihm fahrende Auto abgebremst hat und es kommt zu einem Auffahrunfall bei dem der Fahrer des Autos eine Prellung der Halswirbelsäule erleidet.*

Im Rahmen der Prüfung des entsprechenden Fahrlässigkeitsdeliktes (auf der Ebene der subjektiven Sorgfaltswidrigkeit) ist zu prüfen, ob der Täter in der exakten Sekunde des Unfalls hätte besser handeln können. Wenn der Täter jedoch in dieser Sekunde nicht anders hätte handeln können (etwa, weil er alkoholbedingt nicht schneller reagieren konnte, als er reagierte), dann handelt er nicht subjektiv sorgfaltswidrig. Die Unfallsekunde selbst kann ihm also nicht zum Vorwurf gemacht werden. Es kann ihm jedoch angelastet werden, dass er die Tätigkeit in seinem Zustand überhaupt übernommen hat.

Es wird daher ein Schritt zuvor betrachtet und an den Zeitpunkt angeknüpft, zu dem sich der Täter in die gefährliche Tätigkeit eingelassen hat (daher auch: „Einlassungsfahrlässigkeit“). In diesem Zeitpunkt wird sodann das gesamte Geschehen nochmals geprüft und die Zurechenbarkeit zu diesem Zeitpunkt betrachtet.

Andere Fälle der Übernahmefahrlässigkeit können Ausbildungsmängel sein. Dabei übernimmt der Täter eine Tätigkeit für die er nicht ausreichend ausgebildet wurde und auf Grund dessen kommt es zu einem Vorfall und einem strafrechtlich relevanten Erfolg. Auch da kann dem Täter zum Zeitpunkt des Vorfalls nicht angelastet werden, dass es zum Vorfall gekommen ist, weil er nach seinen Fähigkeiten (in diesem Zeitpunkt betrachtet) alles ihm denkmögliche unternommen hat, um sich sorgfaltsgemäß zu verhalten. Es ist ihm jedoch vorwerfbar, dass er die Tätigkeit übernimmt.

Merke: Bei der Übernahmefahrlässigkeit muss immer in weiterer Folge das gesamte Delikt (zum Zeitpunkt der Übernahme der Tätigkeit) vollständig geprüft werden. Die Ebene der Zurechenbarkeit wird also zweimal, aber verschieden geprüft.

Ultima ratio

Bei der Prüfung einiger Rechtfertigungsgründe auf der Ebene der **Rechtswidrigkeit** wird gefordert, dass die Rechtfertigungshandlung ultima ratio war. Dies bedeutet, dass es keinerlei andere Möglichkeiten für den Täter gegeben hatte, sich zu verteidigen, außer, durch die von ihm gesetzte Handlung.

Unbeendeter Versuch

Bsp: *A möchte B erwürgen und drückt dessen Hals zu. B röchelt, lebt aber noch.*

Bei einem unbeendeten Versuch weiß der Täter, dass er noch weiterhandeln müsste, um den Erfolg herbeizuführen.

Für den **Versuchsrücktritt** beim unbeendeten Versuch genügt als Rücktrittshandlung die **freiwillige** Aufgabe der Tathandlung, um straffrei zu werden.

Unechte Unterlassungsdelikte

Bsp: *Eine Bergsteigergruppe versucht den Kilimandscharo zu erklimmen. Der Bergsteiger B stürzt dabei in eine Schlucht und bleibt stark blutend liegen. Die anderen wollen ihr Etappenziel jedoch nicht verpassen und klettern weiter und lassen B liegen.*

Unechte Unterlassungsdelikte stellen grundsätzlich ein Handeln unter Strafe und werden nur in Kombination mit § 2 zum Unterlassungsdelikt.

Sie gehen den echten Unterlassungsdelikten vor und benötigen **Garantenstellung** des Täters. Es handelt sich dabei um **Sonderdelikte**, an denen man sich als **Beitragstäter** ohne Garantenstellung nur in Verbindung mit § 14 Abs 1 StGB beteiligen kann. Außerdem ist das Gleichwertigkeitsprinzip zu prüfen.

Unrechtsgeprägte Sonderdelikte

Bsp: *Jemand überzeugt einen Polizisten, den Strafzettel bleiben zu lassen.*

Bei unrechtsgeprägten Sonderdelikten ist eine Beteiligung grundsätzlich möglich, es bedarf dazu § 14 Abs 1 StGB. Die Unrechtsprägung bedeutet, dass äußere Merkmale vorliegen, die der Täter des Sonderdelikts erfüllen muss (bspw Beamtenstellung bei § 302 StGB oder Befugnisse wie bei § 153 StGB). Diese sind objektive Merkmale und betreffen nicht die Schuld des Täters, sind also nicht in seiner Psyche gelegen. Eine Beteiligung ist daher denkbar: Es wird in der Konstellation des obigen Bsps vom Polizisten § 12, 1. Fall, 302 verübt. Der Beteiligungstäter macht sich gemäß §§ 12, 2. Fall, 14 Abs 1, 302 StGB strafbar.

Unmittelbarer Täter

Bsp: *A wartet mit dem Fluchtfahrzeug vor der Bank. B hat X die Waffe für den Überfall geliehen. X geht mit der Waffe in die Bank und überfällt diese, springt mit dem Geld ins Fluchtfahrzeug und fährt davon.*

Wenn mehrere Täter agieren, dann ist unmittelbarer Täter nur derjenige, der die Handlung setzt, die unmittelbar zum Erfolg führt (also die Tathandlung setzt). Im gegenständlichen Beispiel ist X der unmittelbare Täter, während A und B Beitragstäter sind.

Untauglichkeit der Handlung

Bsp: *A möchte B mit einem Buttermesser umbringen, indem er ihm ins Herz sticht. Die Klinge dringt nicht einmal ansatzweise durch die Brust des B.*

Die Untauglichkeit der Handlung ist eines von drei Problemen, die einem auf der Ebene der **Tauglichkeit** eines Versuches begegnen können (abzugrenzen von der **Objekts-** und der **Subjektsuntauglichkeit**). Die Untauglichkeit der Handlung beschreibt, dass ein Täter den Erfolg mit der von ihm gewählten Handlung gar nicht hätte herbeiführen können.

Zur Beurteilung der Frage ob dies einen tauglichen Versuch darstellt ist auf die Theorie des **begleitenden Beobachters** und auf die **objektiv ex-ante** Betrachtung zurückzugreifen.

Verbotsirrtum nach § 9

Bsp: *A glaubt, dass Beihilfe zum Selbstmord in Österreich legal ist, da er selbst aus der Schweiz kommt. Er hilft daher X, der in Wien wohnhaft ist, sich selbst das Leben zu nehmen.*

Beim Verbotsirrtum wird über eine rechtliche Situation geirrt: Der Täter weiß, welches Verhalten er setzt, er weiß aber nicht, dass er das Verhalten nicht setzen darf, oder er denkt, dass es dafür einen Rechtfertigungsgrund gibt.

Beim **direkten** Verbotsirrtum erkennt der Täter gar nicht, dass seine Tat Unrecht ist. Beim **indirekten** Verbotsirrtum glaubt der Täter, dass er einen Rechtfertigungsgrund hat, oder irrt über die Grenzen von diesem.

Vorwerfbar ist ein Verbotsirrtum, wenn das Unrecht der Tat für den Täter sowie für jedermann leicht erkennbar ist, es einschlägige Vorschriften gibt oder Beruf, Beschäftigung oder sonstige Umstände nahelegen, dass sich der Täter mit den entsprechenden Vorschriften hätte bekannt machen müssen. Ein vorwerfbarer Verbotsirrtum ist maximal ein Strafmilderungsgrund nach § 34 Abs 1 Z 12 StGB, wirkt aber nicht als Schuldausschluss.

Ein nicht vorwerfbarer Verbotsirrtum wirkt als Schuldausschlussgrund und ist dann gegeben, wenn es sich um einen Verstoß gegen Nebengesetze handelt. Dies ist aber nur dann der Fall, wenn es sich um Nebengesetzte dreht, über die sich der Täter nicht informieren musste.

Versuchsrücktritt

Siehe Rücktritt

Versuch

Bsp: *A möchte B erschießen. Er zieht seine Waffe und drückt ab. Wie durch ein Wunder überlebt B den Schuss.*

Ist bei einem Delikt der Erfolg nicht (zurechenbar) eingetreten, hatte der Täter aber Vorsatz darauf, spricht man von einem Versuch. Ein Versuch kann, nach österreichischem Recht, aber nur dann überhaupt in Erwägung für eine Strafbarkeit gezogen werden, wenn der Täter bereits eine **Ausführungshandlung** oder eine der **Ausführung unmittelbar vorangehende Handlung** gesetzt hat.

Jegliches Handeln davor und insbesondere seine Gedanken sind nicht strafbar (keine „Gedankenpolizei"). Kauft ein späterer Täter also bspw eine Waffe oder denkt nur intensiv darüber nach, den X zu töten, ist dies noch eine straflose Vorbereitungshandlung. Eine Ausnahme hiervon sind jedoch eigens normierte Vorbereitungsdelikte (etwa § 151 StGB).

Versuchter Beitrag

Der versuchte Beitrag zeichnet sich dadurch aus, dass der Beitrag an sich nicht „klappt".

Das passiert zB dadurch, dass der Beitrag nicht verwendet wird (etwa weil die zur Verfügung gestellte Waffe ignoriert wird oder der unmittelbare Täter die Tat erst gar nicht durchführt).

Der Satzteil „versucht" bezieht sich hierbei also auf den Beteiligungstäter, sein Akt scheitert.

Ein versuchter Beitrag ist nach § 15 Abs 2 e contrario straflos.

Vis absoluta

Bsp: *A steht am Sprungbrett und blickt hinunter. B schleicht sich heran und stößt A vom Sprungbrett, wodurch A auf den Schwimmer C fällt, welcher schwer verletzt wird.*

Die vis absoluta spielt bei der Beurteilung des strafrechtlichen **Handlungsbegriffes** eine Rolle.

Sie beschreibt einen Vorgang, der vom Handelnden nicht beeinflussbar ist. Da eine andere Handlungsmöglichkeit für ihn nicht bestand, bleibt er diesfalls mangels Erfüllung des Handlungsbegriffes auch straflos.

Vis compulsiva

Bsp: *A steht am Sprungbrett und blickt hinunter. B kommt zu A und zwingt diesen mit vorgehaltener Waffe vom Brett zu springen. A folgt dieser Anweisung und springt auf den unter ihm schwimmenden C, welcher dadurch schwer verletzt wird.*

Hierbei wird der Handelnde zu einem bestimmten Verhalten gezwungen. Der Agierende erfüllt jedoch im Gegensatz zur **vis absoluta** den **Handlungsbegriff**, da er sich anders verhalten könnte.

Bei der Prüfung kann in Folge festgestellt werden, dass der Täter den objektiven und subjektiven Tatbestand erfüllt. Erst auf der **Schuldebene** kann die Aktion schließlich entschuldigt sein, weil Zwang vorlag.

Vollständigkeit

Als Merkmal der **Tätigen Reue** bei Vermögensdelikten ist Vollständigkeit notwendig. Diese liegt vor, wenn die gesamte Schadenssumme wieder rückbezahlt wurde. Im Zweifel empfiehlt es sich bei Sachwerten daher immer, eher eine zu hohe Summe zu bezahlen, als zu niedrig.

Vorsatz

Es gibt drei Vorsatzarten, nämlich den **Eventualvorsatz**, die **Wissentlichkeit** und die **Absichtlichkeit**. Wird im Delikt keine spezielle Vorsatzform verlangt, genügt es, wenn der Täter mit Eventualvorsatz handelt. Wird Wissentlichkeit oder Absichtlichkeit gefordert, findet sich ein entsprechender Hinweis im Gesetzestext.

Vorsatz-Fahrlässigkeitskombination

Bsp: *A stellt B das Bein. B stolpert tatsächlich und schlägt sich den Kopf auf wodurch er leicht verletzt wird.*

Bei Vorsatz-Fahrlässigkeitskombinationen hat der Täter Vorsatz auf einen Teil des Deliktes, fahrlässig tritt aber eine intensivere Folge ein.

So möchte der Täter bei § 83 Abs 2 das Opfer misshandeln, diesem also ein unangenehmes Gefühl vermitteln und in seinem Wohlbefinden zwar beeinträchtigen, es aber nicht verletzen. Fahrlässig tritt aber eine Verletzung ein.

Wissentlichkeit

Bsp: *A missbraucht seine Befugnis als Machthaber um sich selbst EUR 10.000,00 zu überweisen.*

Im Rahmen des subjektiven Tatbestandes beim Vorsatzdelikt kommen drei Arten des Vorsatzes in Frage. Diese sind **Eventualvorsatz**, Wissentlichkeit und **Absichtlichkeit**.

Etwas weniger schwerwiegend als die Vorsatzform der Absichtlichkeit, aber immer noch stärker als der bloße Eventualvorsatz, ist die Wissentlichkeit gemäß § 5 Abs 3 – bei dieser weiß der Täter, dass er einen gesetzmäßigen Erfolg herbeiführt.

Es gibt Delikte, die speziell diese Vorsatzform benötigen, beispielsweise § 153 Abs 1 StGB; § 165 Abs 2 und Abs 3 StGB; § 207a Abs 3a StGB etc.

Zufällig abwesendes Objekt

Bsp: *A bricht in die Villa des B ein, da er weiß, dass diese einen Safe hat und sich darin viele Goldbarren befinden. Was A nicht weiß ist, dass B die Goldbarren einen Tag zuvor auf die Bank gebracht hat. Der Tresor ist daher leer.*

Im Rahmen einer entsprechenden Versuchsprüfung wäre im gegenständlichen Beispiel die **Tauglichkeit** des Tatobjektes (etwaige **Objektsuntauglichkeit**) zu prüfen. Der **begleitende Beobachter** würde die Tatausführung für möglich erachten, weshalb nach dieser Theorie ein relativ untauglicher Versuch vorliegen würde.

Nach einer **objektiven ex-ante** Beurteilung wäre der Versuch absolut untauglich, da der Tresor zum Zeitpunkt des Einbruches leer war. Dies stellt jedoch zweifelsfrei eine unbefriedigende strafrechtliche Lösung dar, da der Täter lediglich auf Grund puren Zufalls straffrei wird, obwohl sein Handeln von Vorsatz sowie Vorsatz der unrechtmäßigen Bereicherung getragen war. Aus diesem Grund findet in solchen Konstellationen bei der objektiven ex-ante Beurteilung die Theorie des zufällig abwesenden Objektes Anwendung.

Beim zufällig abwesenden Objekt handelt es sich um eine Sache, die sich normalerweise an einem bestimmten Ort befindet, jedoch im Fall der strafbaren Handlung zufällig nicht vor Ort ist. Hier macht *Fuchs* in seiner objektiven ex ante Beurteilung zur Tauglichkeit des Versuchs eine Ausnahme: In dem Fall ist der Versuch trotzdem bei Kenntnis aller Umstände nur relativ untauglich und daher strafbar. Der Zufall soll dem Täter demnach nicht zu Gute kommen.